高职高专土建专业"互联网+"创新规划教材

房地产投资分析

第二版

主　编◎刘永胜
副主编◎田明刚　吕正辉　蒋　英
参　编◎宋　成　袁燕霞　何英波
主　审◎周小平　王顺喜

内 容 简 介

本书反映国内外房地产投资分析的新动态，结合大量房地产投资实例，参阅《房地产开发项目经济评价方法》和《建设项目经济评价方法与参数》（第三版），按照行动导向、工作过程系统化课程体系要求，构建了住宅置业投资分析、商铺置业投资分析、写字楼置业投资分析、住宅地产项目开发投资分析、商业地产项目开发投资分析 5 个学习情境，系统地阐述了不同类型的房地产投资分析的主要内容，包括住宅、商铺和写字楼等的资金时间价值、投资环境分析、市场分析、财务分析及不确定性分析，以及投资决策方法等基础知识。

本书采用全新体例编写，每个学习情境都设置了投资分析实例、知识链接、观察与思考等模块。此外，每个学习情境结尾还设有练习题、实训题等多种题型供读者练习。通过对本书的学习，读者可以掌握房地产置业投资和房地产开发投资的基本理论与操作技能，具备自行编制房地产置业投资分析报告和房地产开发项目可行性研究相关财务报表的能力。

本书既可作为高职高专院校房地产类相关专业的教材和指导书，也可作为房地产类各专业职业资格考试的培训教材，还可作为备考从业和执业资格考试人员的参考书。

图书在版编目（CIP）数据

房地产投资分析 / 刘永胜主编 . —2 版 . —北京：北京大学出版社，2022.10
高职高专土建专业"互联网 +"创新规划教材
ISBN 978-7-301-33403-4

Ⅰ.①房… Ⅱ.①刘… Ⅲ.①房地产投资—投资分析—高等职业教育—教材 Ⅳ.① F293.35

中国版本图书馆 CIP 数据核字（2022）第 176926 号

书　　　名	房地产投资分析（第二版） FANGDICHAN TOUZI FENXI（DI-ER BAN）
著作责任者	刘永胜　主编
策划编辑	杨星璐
责任编辑	伍大维
数字编辑	蒙俞材
标准书号	ISBN 978-7-301-33403-4
出版发行	北京大学出版社
地　　　址	北京市海淀区成府路 205 号　100871
网　　　址	http://www.pup.cn　新浪微博：@ 北京大学出版社
电子信箱	pup_6@163.com
电　　　话	邮购部 010-62752015　发行部 010-62750672　编辑部 010-62750667
印刷者	北京溢漾印刷有限公司
经销者	新华书店
	787 毫米 ×1092 毫米　16 开本　18.75 印张　456 千字 2016 年 9 月第 1 版 2022 年 10 月第 2 版　2022 年 10 月第 1 次印刷
定　　　价	52.00 元

未经许可，不得以任何方式复制或抄袭本书之部分或全部内容。
版权所有，侵权必究
举报电话：010-62752024　电子信箱：fd@pup.pku.edu.cn
图书如有印装质量问题，请与出版部联系，电话：010-62756370

第二版前言

本书为北京大学出版社"高职高专土建专业'互联网+'创新规划教材"之一。为适应 21 世纪职业技术教育发展需要，培养具备房地产投资咨询、房地产估价、房地产经纪和物业管理专业技术技能的应用型人才，我们结合当前房地产投资常用技术方法和行业发展的前沿问题编写了本书。

本书突破现有相关教材的框架，按照房地产投资对象和投资方式分类来编制学习情境，由住宅到商铺再到写字楼，由置业投资到开发投资，将知识点与工作过程中的技能点对应，由浅入深，注重理论与实践相结合。此外，本书采用全新体例编写，内容丰富，案例翔实。

本书内容可按照 60~80 学时安排，推荐学时分配如下：学习情境 1 安排 10~16 学时，学习情境 2 安排 8~10 学时，学习情境 3 安排 8~10 学时，学习情境 4 安排 16~20 学时，学习情境 5 安排 18~24 学时。教师可根据不同的使用专业灵活安排学时，对每个学习情境的主要知识点在课堂上重点讲解，知识链接、投资分析实例和二维码拓展内容可安排学生课后阅读，练习题和实训题可安排学生课后练习，重点是使学生掌握财务指标计算方法和搜集市场分析资料的渠道，学会用 Excel 进行财务表格编制和财务函数计算，能够绘制盈亏平衡分析图和敏感性分析图并判断项目的经济可行性。

本书由杭州科技职业技术学院刘永胜任主编，杭州科技职业技术学院田明刚、吕正辉和江苏城乡建设职业学院蒋英任副主编，浙江博南土地房地产评估规划有限公司宋成、杭州科新后勤管理服务有限公司袁燕霞和中联资产评估集团湖南华信有限公司何英波参编。本书具体编写分工如下：田明刚和袁燕霞编写学习情境 1，刘永胜和何英波编写学习情境 2，吕正辉和蒋英编写学习情境 3，刘永胜和宋成编写学习情境 4，刘永胜和袁燕霞编写学习情境 5。全书由刘永胜负责统稿。北京师范大学周小平教授和祥生地产集团有限公司副总经理王顺喜对本书进行了审读，并提出了很多宝贵意见，北京大学出版社对本书的编写工作也提供了很大的帮助，在此一并表示感谢！

在编写本书的过程中，编者参考和引用了国内外大量文献资料，在此谨向原书作者表示衷心的感谢。

由于编者水平有限，书中难免存在不足和疏漏之处，敬请各位读者批评指正。

编　者

2022 年 2 月

资源索引

目 录

学习情境 1　住宅置业投资分析 1

  1.1　认识住宅 2
  1.2　影响住宅置业投资的因素分析 10
  1.3　住宅置业投资估算及财务分析 18
  1.4　住宅置业投资决策分析 36
  小结 40
  练习题 40
  实训题 42

学习情境 2　商铺置业投资分析 43

  2.1　认识商铺 44
  2.2　认识商铺置业投资 50
  2.3　各类商铺置业投资特点分析 53
  2.4　影响商铺置业投资的因素分析 69
  2.5　商铺置业投资估算 76
  2.6　商铺置业投资财务分析 79
  2.7　商铺置业投资决策分析 90
  小结 94
  练习题 94
  实训题 96

学习情境 3　写字楼置业投资分析 97

  3.1　认识写字楼 98
  3.2　影响写字楼置业投资的因素分析 111

3.3 写字楼置业投资客户分析 ... 124
3.4 写字楼置业投资估算 ... 126
3.5 写字楼置业投资财务分析 ... 127
3.6 写字楼置业投资方案经济比选 ... 146
小结 ... 151
练习题 ... 151
实训题 ... 154

学习情境 4　住宅地产项目开发投资分析 ... 155

4.1 住宅地产项目开发投资环境分析 ... 156
4.2 住宅地产市场分析 ... 168
4.3 住宅地产项目开发经营方案 ... 170
4.4 住宅地产项目开发投资估算 ... 172
4.5 住宅地产项目开发投资财务分析 ... 192
4.6 住宅地产项目开发投资不确定性分析 ... 199
小结 ... 212
练习题 ... 212
实训题 ... 215

学习情境 5　商业地产项目开发投资分析 ... 217

5.1 认识商业地产 ... 221
5.2 商业地产市场分析 ... 230
5.3 商业地产项目开发定位分析 ... 237
5.4 商业地产项目开发规划设计分析 ... 245
5.5 商业地产项目业态组合规划 ... 255
5.6 商业地产项目开发投资财务分析 ... 261
5.7 商业地产项目开发投资风险分析 ... 263
小结 ... 284
练习题 ... 284
实训题 ... 285

参考文献 ... 291

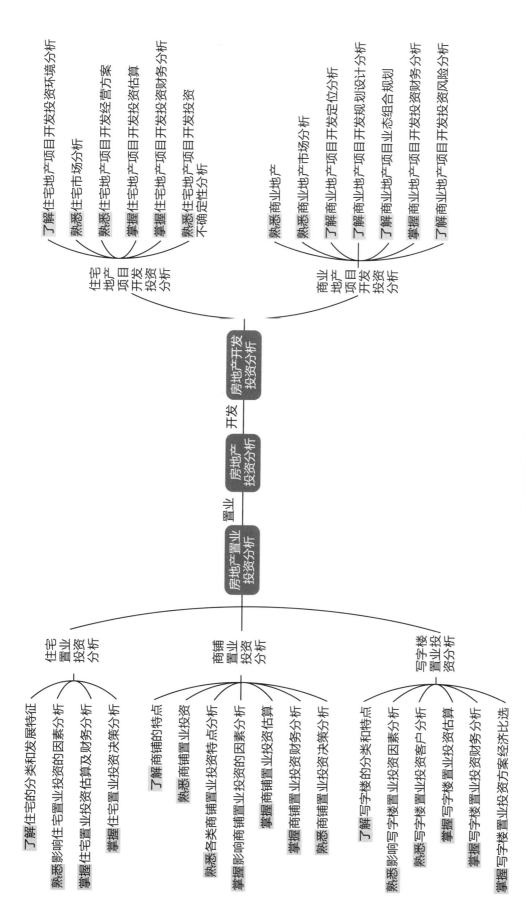

全书思维导图

学习情境 1 住宅置业投资分析

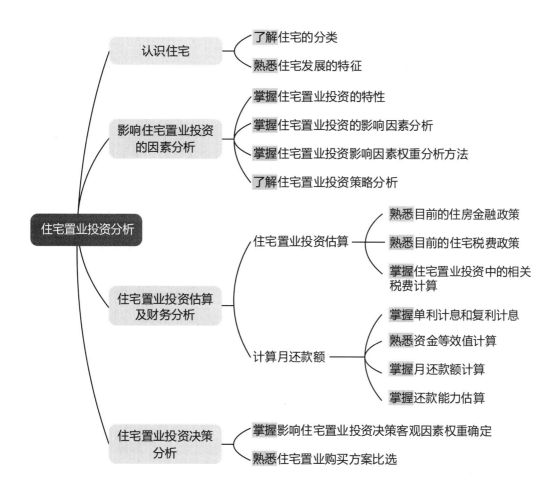

任务导入

2022年，某教师想在杭州市区买一套80～100平方米的住宅，具体要求如下。

（1）位置：城西区域。

（2）总价控制在400万元以内。

（3）首付不低于30%，组合贷款：住房公积金贷款最高限额为该家庭住房公积金账户余额的15倍，其余部分用商业银行的商业贷款。

（4）配套要求：附近有小学、超市、银行等，交通比较方便。

（5）距离学校不超过3千米。

（6）该教师家庭年收入在40万元左右，住房公积金账户余额为10万元，属于首次置业，目前租房居住，租金为4 500元/月。

根据具体要求向该教师出具一份住宅置业分析报告。

1.1 认识住宅

普通住宅

住宅置业投资往往是投资者购置住宅后，自己居住，或寻机出售，或租赁经营以获取收益的商业活动。住宅置业投资主要有以盈利为目的的住宅买卖投资、用于自己消费的住宅置业投资、用于出租经营的住宅置业投资等。在投资住宅前，我们首先要认识住宅。

1.1.1 住宅的分类

住宅就是供人们生活居住的房屋，其种类繁多，主要可按以下方式进行分类。

（1）按级别分类，住宅主要分为高档住宅、普通住宅、公寓式住宅、别墅等。

公寓式住宅

（2）按高度（层数）分类，住宅主要分为低层住宅、多层住宅、中高层住宅、高层住宅、超高层住宅等。

（3）按结构形式分类，住宅主要分为砖木结构住宅、砖混结构住宅、钢混框架结构住宅、钢混剪刀墙结构住宅、钢混框架-剪刀墙结构住宅、钢结构住宅等。

共有产权住房

（4）按户型分类，住宅主要分为普通单元式住宅、错层式住宅、复式住宅、跃层式住宅等。

（5）按政策属性分类，住宅主要分为公共租赁房（廉租房）、已购公房（房改房）、经济适用住房、住宅合作社集资建房、共有产权住房等。

1.1.2 住宅发展的特征

住宅是与人类关系最为密切的建筑形态,居住建筑的本质和目的是给人创造一个安全舒适的生活环境。住宅发展是物质增长的过程,同时也是人居环境、居住文化建设的过程。研究人类居住环境和住宅建设的发展,已成为规划师、设计师、建筑师和广大居民的共识。住宅发展的特征主要有以下几个方面。

住宅的舒适性

1. 住宅的舒适性

住宅是人一生中最重要的生活空间,人的一生有一半以上的时间在这个空间中活动,因此住宅质量的好坏是人们生活质量高低的一个重要标志。21世纪住宅发展的特征首先就体现为舒适性。住宅建设必须转变思想,树立以人为本的新观念,针对客户对购买面积的要求,尽可能地满足其个人喜好,提供灵活的间隔;根据家庭人口的变化、生活习惯、个人爱好、职业需求等进行灵活的调整,以满足其居住的个性需求,提供一个更安全、舒适的空间,满足居家的会客、起居、餐饮、学习、工作、洗漱及储藏等方面的要求。

住宅在功能化方面要求"住得下、分得开""住得舒适、身心健康""保障人身、财产安全"。住宅内部有关设施的方便性是住宅舒适性的内在要素;在室内环境上,讲究自然、韵味、浪漫与色彩的和谐统一,以保持优雅、宁静、舒适的居室氛围。住宅室外配套设施要完备,交通组织要合理,环境要幽静宜居。

2. 住宅的生态性

住宅的生态性是指运用生态学原理和遵循生态平衡及可持续发展的原则,即综合系统效率最优原则,设计、组织建筑内外空间中的各种物质因素,使物质、能源在建筑系统内有秩序地循环转换,从而获得一种高效、低耗、无污染、生态平衡的建筑环境。人们渴望回归自然,希望更多地和大自然接触。这里讲的环境不仅涉及住宅的自然环境,如空气、水质、土地绿化、动植物、能源等,还涉及住宅的人文环境、经济环境和社会环境。住宅的生态性体现为:在住宅建设和住宅发展中始终以生态为中心,特别注意与自然环境的结合与协调,善于因地制宜、因势利导地组合一切可以运用的元素,充分利用阳光、通风,注重大自然的、地理的、景观的、人文的环境与大环境相对接,在环保、绿化、安居、道路管网等方面进行系统规划和管理,使住宅环境处于良性循环状态。

住宅的生态性

住宅的生态性至少可以理解为以下几点。

(1)住宅建设应营造生态园林,创造出绿地、风雨长廊、漫步小径、假山流水、瀑布等相互搭配而协调的新型园林景观。在总体布局上,应考虑满足日照要求和绿地空间,形成特色;在户型设计上,应充分利用环境特点,使主要空间享有最佳景观。

（2）提高住宅区的绿化程度，排除有毒、有害植物，改善住宅区微气候。

（3）使用环保建筑材料，在住宅建设中推广新型墙体材料、节能材料及节能采暖和空调制冷系统等的应用，提高绿色建材、绿色饰材的应用量，推进资源回收与开发的应用力度。

（4）以动态观念和发展眼光看待住宅空间、私车泊位。建立地下车库，将车库设在住宅区绿地下面，实行人车分流，把噪声和车辆尾气污染降到最低限度。

（5）重视住宅的外观设计，协调楼宇周边环境，临街住宅不宜设置面向路面的外飘阳台；要采用隔声效果较好的外墙建材，减少噪声干扰；为使住宅采光充分，户型设计应多面向阳。

（6）住宅区安全、卫生，内外交通方便，具有完备的公共服务配套设施，服务方式、项目、时间便捷。住宅区环境不仅要保证居民的日常安全，而且要考虑在发生特殊情况（如发生火灾、地震等）下的安全。住宅区空气要保持清新。住宅区饮水要符合标准，尤其是在水池二次供水的情况下，供水应用新型管材。室外公共设施要清洁卫生。

（7）住宅区生态环境建设的协调性。住宅区室外环境的美观，取决于建筑群体的组合、建筑小品的装饰、绿化种植的配置方式、建筑立面处理和建筑墙面装饰材料与色彩的选配等。住宅生态环境应配套协调，富有人情味、生活气息和地方风格，能给人以明快、淡雅、亲切之感。

（8）培养住宅区居民的生态伦理观念，广泛开展生态教育活动，形成强烈的住宅区生态文化氛围。

总之，住宅的生态性的目标是实现住宅区的人文环境与生态环境和谐统一，营建高效、节能、环保、健康、舒适、生态平衡的居住环境。

3. 住宅的智慧化

信息化时代的到来和计算机的普及，将带来家庭生活及住宅建设的重大变革。随着人们生活水平的不断提高，人们对生活舒适性、安全性的要求也相应提高，这也促使了住宅智慧化的发展。住宅建设应强调以人为本、以科技为导向，尽可能将现代环境、生态、智能、节能等新技术融入住宅建设和居住生活之中，实现住宅的智慧化。

智慧化的住宅是理想的生活场所。智慧化的住宅包括五大功能，即安全保障功能、居家医疗保健功能、节能环保功能、智能家电功能和社区服务功能。

住宅的智慧化

（1）安全保障功能。随着房屋安保系数的提升，智能系统就像有个看门管家一样，全方位地保护房屋，不仅防盗效果好，而且防火、防漏气效果也很好，遇到紧急情况会触发警报；智能系统还能随时关注家里的动态，及时反馈家中老人和小孩的活动信息。例如，最初以防盗为目的的住宅安防功能目前已发展出更加人性化的功能，如"童叟跟踪定位系统"，这一系统可以通过传感器跟踪到家中老人和小孩的位置，为老人和小孩提供更多安全保障。如今，这一功能也更多地被一些老年公寓采用。

（2）居家医疗保健功能。通过家中具有通信网络接口的医疗保健仪器、设备建立的居家医疗保健系统，医生可以远程监护和治疗居家治疗的患者。

（3）节能环保功能。住宅的智慧化将在节能和环保方面起到重要作用，例如，住宅区的特殊传感器能够对住宅区环境进行实时监测，并在发生异常情况时及时报警。它不仅能够提供能力范围内的信息交换，还可以帮助户主节约各种资源、制订时间计划，实现对家电、照明、室内外感应、窗帘、报警、计算机、定时、远程电话等的控制。只需一部手机，即可做到对房屋的全面使用和保护。

（4）智能家电功能。住宅中的家用电器设备包括"三电"，即信息家电、生活家电和娱乐家电三类。其中信息家电和生活家电具备联网功能，并具有一定的感知、控制功能；娱乐家电则逐步发展成为集音视频、IP联网功能于一体的"家庭影院"。

（5）社区服务功能。未来智慧化的住宅将为我们提供智慧化的生活场景。清晨，住户能被柔和的轻音乐叫醒，房间内的微波炉已经根据自动定时加热功能将前一天准备的早餐热好；出门前轻轻按下手机app上的"关电键"，家中的电器（除需要24小时插电的电器外）就会被全部关闭，智能安防系统也随之进入警备状态；若出门匆忙或是发现下雨了，则只需在手机上轻轻一按，门窗就会自动上锁关好；在回家的路上可提前遥控打开家中的空调和热水器，回家即可感受到空调带来的舒适，还能马上享受热水澡，而不需要等待；饭后还可以使用家庭影院系统观看电影，享受电影院的感觉。

4. 住宅的文化性

我国是一个具有悠久历史文化传统的国家，居住文化源远流长。著名历史学家周谷城说过："文化都是从解决衣食住行的问题开始的。"文化是人类行为的精神内涵，居住作为人的最主要的行为之一，也是文化的一项基本内容。住宅的文化，不仅是居住者的文化，也是建筑者的文化，是与住宅消费有关各方面的综合体，应当包括住宅建筑艺术、环境营造艺术、居室美化艺术，以及居住的风俗习惯、居住质量、居住人际关系等。在住宅建设中要不断地加大文化的分量，使人们对文化内涵的需求从住宅区布置、建筑风貌、艺术品的陈设等各个方面来体现，建筑造型艺术更要体现地方特色、民族风情。作为一个家庭来讲，要涵盖健身、视听、读书、艺术品收藏等各方面，文化性、文化气质要渗透到生活的更深层次。因此，住宅建设作为一种文化现象，应具备以下要素。

（1）优良的施工质量。它包括新颖的设计、精细的施工、严格的管理和过硬的质量。整个设计、施工、管理的过程，既是住宅建设的过程，也是创造文明与美的过程。

（2）优美的居住环境。居住环境包括自然环境和文化环境。衡量住宅区自然环境是否优美的指标有空气洁净度、噪声干扰程度、地理环境、绿化美化程度等。依山傍水、闹中有静、小桥流水、曲径通幽、鸟语花香都是优美的自然环境。居住在这样的环境中，会使人心旷神怡、康乐延年。文化环境是指住宅区内外的学校、文化设施及周围的文化氛围。

良好的文化环境，对于提高人的文明程度、综合素质，以及培养后代都起着很大的作用。近年来，购房者对住宅区周边的教育水准、人口素质、环境质量、社会治安等方面都非常关注。

（3）优质的物业服务。物业服务是住宅文化不可缺少的一部分。物业服务的根本宗旨在于为广大住户创造美好的生活，包括房屋及附属设施的修缮与管理；环境卫生保洁，花木绿化养护；供电、通信、燃气、给排水、化粪池、消防等设施的维护；道路维护；地下车库管理；公众代办性质的服务、专项服务；日常生活类（如接送孩子等）服务；商业服务；金融服务；等等。要为住户创造一个安全、舒适、欢乐、宁静、祥和的生活环境，充分体现对住户的关爱，积极倡导文化观念。

住宅文化和住宅建设本身有着天然的联系。住宅的文化性体表现在住宅区位的选择，住宅区的规划，楼宇的外观造型及单体设计，建筑的施工质量，住宅的装备水平（厨房、卫生间装备，空调、采暖装备，智能化技术装备，室内装饰及陈设），住宅的功能（功能配置、面积分配、使用率、功能房面积、空间及场景布置），住宅区的文化设施建设，环境的绿化程度（绿化系统、防止污染系统、生态型新能源利用系统），建筑小品的品位和住宅区文化氛围，居民的卫生习惯、文化修养、情趣、消费价值观念、生活质量水平及住宅区的物业服务等方面。

住宅文化水平是与住宅业的发展水平相一致的，随着人们生活水平的逐步提高，人们对住宅提出了越来越高的要求，住宅文化品位的高低，直接影响着整整一代或几代人的文化修养，因此提高住宅的文化性是住宅业发展的必然趋势。

总之，随着国力的增强，人们生活水平的提高，我国住宅发展进入了一个新的换代期，它要求住宅的决策者、开发者、设计者、建设者必须跟上世界建筑发展的潮流和我国经济发展的步伐，重视住宅发展特性的研究，实现人居环境的特色建设。这是我国住宅发展的必然趋势，也是日益激烈的市场竞争给住宅发展提出的新课题。

观察与思考

从住宅置业的居住方面思考目前住宅置业投资需要关注的因素。

知识链接

住宅分类

低层住宅

在日常生活中，住宅一般根据高度（层数）来划分，其划分标准为：1~3层为低层住宅，4~6层为多层住宅，7~10层为中高层住宅，11~30层为高层住宅，30层（不包括30层）以上为超高层住宅。

1. 低层住宅

低层住宅主要是指（一户）独立式住宅、（二户）联立式住宅和（多户）联排式住宅。与其他类型住宅相比，低层住宅最具有自然的亲和性（其往往设有住户专用庭院），适合儿童和老人的生活；住户间干扰少，有宜人的居住氛围。这种住宅虽然为居民所喜爱，但受到土地价格与利用效率、市政与配套设施、规模、位置等客观条件的制约，供应总量有限。

2. 多层住宅

多层住宅主要是借助公共楼梯垂直交通，是一种最具有代表性的城市集合住宅。它与中高层和高层住宅相比，有一定的优势。

多层住宅

（1）在建设投资上，多层住宅不需要像中高层和高层住宅那样增加电梯、高压水泵、公共过道等方面的投资。

（2）在户型设计上，多层住宅户型设计空间比较大，居住舒适度较高。

（3）在结构施工上，多层住宅通常采用砖混结构，因而多层住宅的建筑造价一般较低。

但多层住宅也有不足之处，主要表现在以下几方面。

（1）多层住宅的底层和顶层的居住条件相对不算理想。底层住户的安全性、采光性差，卫生间容易溢粪返味。顶层住户因不设电梯而上下不便；此外，屋顶隔热性、防水性差。

（2）难以创新。由于设计和建筑工艺定型，因此多层住宅在结构上、建材选择上、空间布局上难以创新，存在"千楼一面、千家一样"的弊端。如果要有所创新，则需要加大投资，又会失去价格成本方面的优势。

多层住宅的平面类型较多，基本类型有梯间式、走廊式和独立单元式。

3. 中高层住宅

一般而言，中高层住宅主要指7~10层高的住宅。中高层住宅从高度上说具有多层住宅的氛围，但又是较低的高层住宅，故又称小高层住宅。市场推出的这种中高层住宅，似乎是走了一条多层住宅与高层住宅的中间之道。这种中高层住宅相比多层住宅有它自己的特点。

（1）中高层住宅的建筑容积率高于多层住宅，节约土地，房地产开发商的投资成本较多层住宅有所降低。

（2）中高层住宅的建筑结构大多采用钢筋混凝土结构，从建筑结构的平面布置角度来看，大多采用板式结构，在户型方面有较大的设计空间。

（3）中高层住宅由于设计了电梯，楼层又不是很高，增加了居住的舒适感。但由于容积率的限制，与高层住宅相比，中高层住宅的价格一般比同区位的高层住宅高，这就要求开发商在提高品质方面花更大的心思。

4. 高层住宅

高层住宅是城市化、工业现代化的产物，依据外部形体可将其分为塔楼和板楼。相较于其他类型的住宅，高层住宅的优缺点如下。

高层住宅

（1）优点：高层住宅土地使用率高，眺望性好，建在城区具有良好的生活便利性，对买房人有很大的吸引力。

（2）缺点：高层住宅，尤其是塔楼，在户型设计方面有较大的难度，在每层内很难做到每个户型设计的朝向、采光、通风都合理。而且高层住宅投资大，建筑的钢材和混凝土消耗量都高于多层住宅，还要配置电梯、高压水泵，增加公共过道和门窗，另外还要从物业管理费中为修缮维护这些设备支付经常性费用。

高层住宅内部空间的组合方式主要受住宅内公共交通系统的影响。按住宅内公共交通系统分类，高层住宅分为单元式和走廊式两大类。其中单元式又可分为独立单元式和组合单元式，走廊式又分为内廊式、外廊式和跃廊式。

5. 超高层住宅

超高层住宅是指30层以上、高度超过100米的住宅。超高层住宅的楼面地价最低，但其房价却不低。这是因为随着建筑高度的不断增加，其设计的方法理念和施工工艺较普通高层住宅及中低层住宅会有很大的变化，需要考虑的因素会大大增加。例如，电梯的数量、消防设施、通风排烟设备和人员安全疏散设施会更加复杂，同时其结构荷载会大大增加，本身的抗震要求也会大大提升。另外，超高层建筑由于高度突出，多受人瞩目，因此在外墙面的装修上档次也较高，造成其成本很高。若建在市中心或景观较好的地区，虽然住户可欣赏到美景，但对整个地区来讲却不太协调。因此，许多国家并不提倡多建超高层住宅。

 知识链接

别　　墅

别墅是改善型住宅，一般是在郊区或风景区建造的供休养用的园林住宅，是用来享受生活的居所。现在对别墅的普遍认识是，除"居住"这个住宅的基本功能外，更主要的是体现生活品质及享用特点的高级住所，现代词义中为独立的庄园式居所。别墅分为以下5种：独栋别墅、联排别墅、双拼别墅、叠拼别墅、空中别墅。

（1）独栋别墅：即独门独院，上有独立空间，下有私家花园领地，私密性极强的单体别墅，一般房屋周围都有面积不等的绿地、院落，如图1.1所示。独栋别墅是历史最悠久的一种别墅，市场价格较高，也是别墅建筑的终极形式。

（2）联排别墅（Townhouse）：一般建在靠近城市且交通方便的郊区，高度一般不超过5层，虽然邻居之间有共用墙，但独门独户，见天见地，有自己的院子和车库，如图1.2所示。联排别墅是大多数经济型别墅采取的形式之一。

（3）双拼别墅：是联排别墅与独栋别墅之间的中间产品，是由两个单元的别墅拼联组成的独栋别墅，如图1.3所示。在美国比较流行的2-PAC别墅就是一种双拼别墅。双拼别墅既降低了社区密度，又增加了住宅采光面，使其拥有了更宽阔的室外空间。双拼别墅基本是三面采光，外侧的居室通常会有两个以上的采光面，一般来说窗户较多、通风良好，采光和观景效果好。

图1.1 独栋别墅

图1.2 联排别墅

（4）叠拼别墅：是联排别墅的叠拼式的一种延伸，介于别墅与公寓之间。它由多层复式住宅上下叠加在一起组合而成，下层有花园，上层有屋顶花园，一般为4层带阁楼建筑，如图1.4所示。与独栋别墅相比，叠拼别墅的稀缺性、私密性要差一些，定位也大多是第一居所。与联排别墅相比，叠拼别墅的布局更为合理，独立面的造型也更为丰富，同时在一定程度上克服了联排别墅长进深的缺点；而且，叠下有实用的半地下室，叠上有空间宽敞的露台，虽然没有联排别墅的"见天见地"，但是优势不减，甚至更为灵动宜人。

图1.3 双拼别墅

图1.4 叠拼别墅

（5）空中别墅：发源于美国，称为"penthouse"，即"空中楼阁"，原指位于城市中心地带高层建筑顶端的豪宅，如图1.5所示。一般理解是建在公寓或高层建筑顶端具有别墅形态的大型复式或跃式住宅。与普通别墅相比，空中别墅具有地理位置好、视野开阔、通透等优势，拥有强大的市场竞争力；空中别墅还有层高优势，一般住宅的层高是2.7～2.9米，空中别墅的层高标准是3米以上（有3.1米、3.3米、3.6米不等），比普通住宅的层高高几十厘米，这也意味着空中别墅的通风更顺畅，采光更好。

图1.5 空中别墅

1.2 影响住宅置业投资的因素分析

投资住宅的目的不外乎 4 种：一是寻求理想的回报。投资住宅一般能获得 8%～10% 的收益。二是出于保值的考虑。住宅因为土地的特性对市场波动有一定的抗跌力，能够起到很好的保值效果。三是追求资产的升值。城市土地具有不可再生性，这就使得某些地段的住宅变得珍贵和稀有，投资这类住宅，能使资产升值。四是控制风险。住宅的功能独特，市场变化缓慢，容易把握，投资者能较好地控制风险。可以说，投资住宅虽然收益较为平缓，但初期投入相对不太大，风险也相对较小。

1.2.1 住宅置业投资的特性

1. 区位选择的重要性

位置的固定性或不可移动性，是住宅最重要的一个特性。对于股票、债券、黄金、古玩及其他有形或无形的财产来说，如果持有人所在地没有交易市场，那么他可以很容易地将其拿到其他有此类交易市场的地方去进行交易。然而，住宅则截然不同，它不仅受地区经济的束缚，还受其周围环境的影响。所谓"住宅的价值就在于其区位"，就是强调区位对住宅置业投资的重要性。

住宅的不可移动性，要求住宅所处的区位必须对开发商、置业投资者和租客都具有吸引力。也就是说当某住宅置业投资能使开发商通过开发投资获取适当的开发利润，能使住宅置业投资者获取合理、稳定的经常性收益，能使租客方便地开展其经营活动以赚取正常的经营利润并具备支付租金的能力时，其投资才具备基本的可行性。

当投资者准备进行一项住宅置业投资时，必须重视对所处宏观区位的研究。很显然，投资者肯定不愿意对自然环境日益恶化、经济环境面临衰退、人口不断流失、城市功能日渐衰退的地区内的住宅进行投资。此外，住宅置业投资价值的高低，不仅受其当前净租金水平的影响，而且与其所处地区的住宅整体升值潜力密切相关。由于住宅的不可移动性，投资者在进行投资决策时，对未来地区环境的可能变化和某宗住宅的具体情况的考虑是并重的。通过对城市规划的了解和分析，投资者可以做到正确并有预见性地选择投资区位。

2. 适宜于长期投资

土地不会毁损，投资者在其上所拥有的权益通常为 70 年，而且拥有该权益的期限还可以根据法律规定延长；地上建筑物及其附属物也具有很好的耐久性。因此住宅具有生命周期长的特点，相应地，住宅置业投资是一种长期投资。

住宅同时具有经济寿命和自然寿命。经济寿命是指在正常市场和运营状态下，住宅的经营收益大于其运营成本，即净收益大于零的持续时间；自然寿命则是指住宅从地上建筑物建成投入使用开始，直至建筑物由于主要结构构件和设备的自然老化或损坏，不能继续保证安全使用的持续时间。

自然寿命一般要比经济寿命长得多。从理论上来说，当住宅的维护费用高到没有租客问津时，不如干脆就让它空置。但实际情况是，如果住宅的维护状况良好，其较长的自然寿命可以令投资者从一宗住宅置业投资中获取几个经济寿命，因为如果对建筑物进行一些更新改造、改变建筑物的使用性质或目标租客的类型，相较于重新购置另一宗住宅少，投资者可以节省投资，并继续获取可观的收益。

3. 适应性

适应性，是指为了适应市场环境的变化，投资者调整住宅使用功能的方便程度。住宅本身并不能产生收益，也就是说住宅的收益是在使用过程中产生的。由于这个原因，住宅置业投资者需要及时调整住宅的使用功能，使之既适合住宅市场的需求特征，又能增加置业投资的收益。例如，公寓内的租客希望获得洗衣服务，那就可以通过增加自助洗衣房、提供出租洗衣设备来解决这一问题。

按照租客的意愿及时调整住宅的使用功能十分重要，这可以极大地增加对租客的吸引力。对住宅置业投资者来说，如果其投资的住宅适应性很差，则意味着其面临着较大的投资风险。由于住宅市场需求的多样性，开发商要避免开发建设"贫富皆宜"的单一项目，而要开发建设有一定特殊性、适合特定目标群体、富有个性化的项目，以满足日益多样的市场需求。

4. 各异性

各异性，是指住宅市场上不可能有两宗完全相同的住宅。由于受区位和周围环境的影响，土地不可能完全相同，两栋建筑物也不可能完全一样，即使是在同一条街道两旁同时建设的两栋采用相同设计形式的建筑物，也会由于其内部附属设备、临街情况、物业管理情况等的差异而有所不同，而这种差异往往最终反映在两宗住宅的租金水平和出租率等方面。

此外，业主和租客也不希望其所拥有或承租的住宅与附近的另一住宅雷同。因为建筑物所具有的特色甚至成为某一城市的标志性建筑，不仅对建筑师具有里程碑或纪念碑的意义，而且对扩大业主和租客的知名度、增强其在公众中的形象和信誉，都有重要作用。从这种意义上来说，每宗住宅在住宅市场中的地位和价值都是独一无二的。

5. 政策影响性

政策影响性，是指住宅置业投资容易受到政府政策的影响。由于住宅在社会经济活动中的重要性，各国政府均对住宅市场倍加关注，经常会有新的政策措施出台，以调整住宅开发建设、交易和使用过程中的法律关系和经济利益关系。而住宅不可移动性等特性的存在，使其很难避免这些政策调整所带来的影响。政府的土地供给、住房、金融、财政税收等政策的变化，均会对住宅的市场价值产生影响，进而对住宅置业投资产生影响。

6. 专业管理依赖性

专业管理依赖性，是指住宅置业投资离不开专业化的投资管理活动。住宅置业投资，需要投资者考虑租客、租约、维护维修、安全保障等多方面的问题，即便住宅置业投资者委托了专业的住宅租赁管理公司，也要有能力审查批准住宅租赁管理公司的管理计划，与住宅租赁管理公司一起制定有关的经营管理策略和指导原则。此外，住宅置业投资还需要房地产经纪人、律师等提供专业服务，以确保住宅置业投资总体收益的最大化。

7. 相互影响性

相互影响性，是指住宅价值受其周边住宅、城市基础设施与市政公用设施和环境变化等的影响。政府在道路、公园、博物馆等公共设施方面的投资，能显著地提高附近住宅的价值。例如，城市快速轨道交通线的建设，能使沿线住宅大幅升值；大型城市改造项目的实施，也会使周边住宅价值大大提升。从过去的经验来看，能准确预测政府大型公共设施投资建设并在附近预先投资的置业者，往往都能获得巨大的成功。

8. 变现性差

变现性差，是指住宅置业投资无损变现的能力差，这与住宅资产流动性差的特征密切相关。住宅资产流动性差的原因：一方面，由于住宅的各种特征因素存在显著差异，购买者也会存在对各种特征因素的特定偏好，因此通常需要通过搜寻才能实现住宅与购买者偏好的匹配；另一方面，对同一住宅而言，不同买方和卖方的心理承受价格都存在差异，因此只有经过一段时间的搜寻和讨价还价，实现买卖双方心理承受价格的匹配，才能达成交易。而住宅价值量大的特点所导致的买卖双方交易行为的谨慎，以及住宅市场交易分散、信息不对称等特点，又进一步延长了搜寻的时间。在住宅价格下跌严重时，住宅的变现性差甚至会使住宅置业投资者因为无力及时偿还贷款而"弃房断供"。

1.2.2 住宅置业投资的影响因素分析

1. 地理位置及环境

地理位置及环境包括拟购住宅在市内的具体位置，周围污染情况，湖泊、河流分布情况，周边是否有绿地广场，居住区人员构成情况，居室视野条件，居住环境情况等方面。地理位置处于市中心的住宅，通常要比其他地方的住宅价格高，因为处于或靠近市中心，公共配套设施完善，居住生活方便，是许多人向往的住处，住宅的价格自然也就不菲。但住宅置业投资考虑的是综合因素，住宅在不在市中心并不是所有人都看重的。因为市中心人多车多，过于嘈杂，其实并不宜居，并且在寸地寸金的地方，往往也缺乏绿地广场，想要找一处安静、舒适的地方散步也会比较困难。

住宅置业投资一定要考虑住宅周围的污染情况与防洪涝情况，如果污染严重，一时又无法治理，则即使住宅的价格很低，这些区域的住宅也应尽量回避。同时还要了解住宅所处的地势情况，尽量避开低洼之地，以防雨季受淹或影响出行，在南方或容易受淹的地方尤其应该加以重视。回避了污染与低洼之地，若能在邻近水质较好的湖泊（包括人工湖）、河流的地方安居，则是不错的选择；周围若还分布着绿地广场，且房间临窗视野开阔，能够不出屋就欣赏到美丽的风景，那就更好不过了。除了自然环境，人文环境也是考虑的因素之一。每一个社区都有自己的文化背景，文化层次越高的社区，住宅越具有增值的潜力。住宅置业投资时若能买到人文环境好的地方，如选择住户整体素质高、邻里和谐的住宅区，对于以后的居住生活是有好处的。如果居住地人员成分十分复杂，在一些问题上很难统一思想（如是否安装暖气设施等），这将有可能影响以后的居住生活。生态、人文、经济等环境条件的改善也会使住宅升值。生态环境要看住宅区是否具有健康舒适、高效清洁、和谐优美三大特点。要重视城市规划的指导功能，尽量避免选择坐落在工业区的住宅。

2. 住宅建筑品质

选择有投资价值的住宅，自然不能忽视住宅建筑品质。住宅建筑品质一般从以下几个方面来考察和判断。

（1）住宅结构主要分钢混结构、砖混结构、钢结构和木结构，后两种结构在一般城市商品住宅中较为少见，我们不做分析。相对来说，钢混结构的使用寿命和抗震强度要高于砖混结构，且钢混结构用的都是填充墙，更方便以后住户装修；但从造价上来说，钢混结构一般比砖混结构高，工艺也更复杂。高层住宅一般以钢混结构为主，而多层（7层以下）的钢混结构住宅则更受住宅置业投资者的青睐。除了钢混结构本身的优势，多层住宅还可以在房顶安装太阳能热水器，既省了开支，又践行了低碳生活。而高层住宅公摊面积一般都要较多层住宅多一些，得房率低，也不利于安装太阳能热水器等，这属于不利因素，买房时需要加以考虑。

（2）住宅越是耐用，投资人就越节省，其投资回报就越多。住宅的耐用性具体体现在以下几方面：①住宅的材质要经得住时间的考验，是真材实料；②住宅施工工艺要精细；③住宅的设备要耐用；④有良好的物业服务，它相当于对固定资产的维修和保养的支持系统。对于期房，投资时很难识别其质量，这就需要投资者一要了解开发商和施工方的知名度与口碑，二要了解开发商的实力，三要了解开发商和施工方以往开发住宅的质量，然后做出综合判断。

（3）理想的住宅户型设计是要做到房间可利用面积达到最大化，基本没有无效使用面积，一般每层双户型的多层住宅单元具备这样的特点。住宅朝向是购买住宅时一个非常重要的参考指标。通常来讲，房屋朝向的优劣顺序通常分为南、东南、东、西南、西、北，朝南的房子最好，朝北的房子最差，这是与气象因素和人的心理偏好有关联的。此外，住宅户型设计要适于人们的居住和使用，具体体现在以下几个方面：住宅的功能空间布置要适合人们的行为习惯；住宅的功能空间和用具的尺度要符合人体活动舒适性的要求；住宅要有良好的通风采光，以维护人与自然的交流通道，才能有益于保持使用者的良好的生存状态；住宅要最大限度地引入人文的或自然的景观，以满足人的安全感、超脱感、优越感等心理需求；住宅要有较高的智慧化水平。

（4）得房率即使用面积与建筑面积之比，具有合适的得房率这一点也很重要。因为投资者购买的虽然是建筑面积，但实际用的只是使用面积，有的住宅建筑面积很大，但使用面积却很有限。一般来说，使用面积与建筑面积相比，比值在0.8左右是比较理想的（高层住宅通常小一些，多层住宅通常大一些）。比值过大或过小都不好，比值过大会过多挤占公摊面积，使公用部分显得拥挤不堪，住户会感到压抑；比值过小则得到的使用面积有限，很不实惠。

（5）楼层及楼层净高也是不可忽略的因素。多层住宅一般选3~5层比较好，高层住宅一般选越高楼层越好，但一般要避免选顶层。不过，高楼层视野虽好，但也存在等电梯的时间长、逃生救援不便等问题。楼层净高理论上是高一些为好，但开发商为了节省造价不可能建得很高，一般不低于2.8米即可，过低则显得十分压抑。

（6）所在住宅区车位配比也是住宅置业投资时需要考虑的重要因素。随着汽车保有量的不断增加，车位成为住宅置业投资者必须考虑的因素。

3. 市场供求状况

住宅置业投资者大多数是在市场供不应求的时候才去投资的，如果市场已经供过于求，投资者则应当格外小心。这时要考虑两个方面：一是价格很低，将来升值空间比较大；二是做长线投资，否则很容易被套住，短期内解不了套。在进行住宅置业投资分析时，应考虑下列市场供求变化。

（1）政策变化影响市场需求。住房政策的变化，常常会给住宅置业投资带来商机。例如，2015年部分城市陆续取消住宅限购政策后，商品住宅市场需求量上升，住宅市场价格企稳，部分城市开始出现环比上涨。

（2）城市经济发展与旧城改造带来的需求变化。城市建设的发展不断给住宅置业投资带来商机，投资者可利用对这些变化的预见进行旧房投资，低价买入旧房，以待获取高额的拆迁赔偿。这方面的投资虽有商机，但也有风险，应当注意两个问题：一是投资的旧房最好是商品房，这样较容易获得正常的赔偿；二是如果所投资的旧房不是商品房，就要看当地政府的政策规定对旧房拆迁是否有利，如果赔偿过低则会导致投资失败。一些迅速发展的城市，如能预计到某些地段将变为重点发展区，投资购买这类地区的住宅，日后就有可能获得较高的回报。

（3）经济发展周期对市场需求的影响。投资者进行住宅置业投资时，应当关注当地经济发展周期的变化。一般来说，经济发展周期处于低谷时是购进的好时机，当经济发展进入高潮时是卖出的好时机。经济发展快速增长，会刺激房价不断攀升，如果投资者提前入市购入住宅，在房价高涨时卖出，投资就能成功；但如果投资者在经济发展高峰时期或房价处于高峰时期购入住宅，投资被套牢的可能性就很大。

（4）城市住宅用地供应对市场需求变化的影响。住宅置业投资入市的时机与城市住宅用地供应量的大小也有一定的关系。当土地供应量过大时，一手房的市场供应量也相应过大。在这样的情况下，可供购买的一手房新产品也多，选择余地大，二手房的短期投资买卖也就相应难做。但有时一手房市场也可能会因市场供过于求而出现滞销，有的开发商会因银行逼债而急于回笼资金，降价抛售，投资者也可趁机吸纳。

住宅市场虽然多变，但只要把握住宅市场供求的脉搏，抓住有利时机购入和出手，住宅置业投资仍可游刃有余。

4. 住宅物业服务

物业服务是现代住宅区不可缺少的一部分，规范、周到的物业服务可以让人居住无忧，安全需要得到满足。优良的物业服务还包含水、电、气、暖的正常供应，在北方城市暖气的供应尤为重要，有老人、孩子的家庭更应该考虑这一点。

选择好的物业服务，还意味着住宅区会有良好的规划和绿化，在规划整洁、绿化优美的地方居住，会让人感到赏心悦目、心情愉快。但对于投资期房的人来说，所买住宅未来的物业服务是好是坏尚无法知晓，这就需要买房人提前了解住宅所在区域住宅开发的规模、开发商和物业服务企业的知名度。一般来说，由知名开发商开发的成规模的住宅区，将来的物业服务相应也会比较好；零星的不成规模的商品住宅，物业服务相对会差一些。

5. 住宅产权状况

拟投资购买的住宅，其产权一定要合法、有效、手续齐全，无任何法律纠纷和经济纠纷。要弄清拟投资购买的住宅有无银行抵押或其他抵押，也要弄清其是否已出租。住宅产权的年限与法定的使用功能也很重要，例如，有的住宅位置虽然很好，但是其土地使用剩余年限已经不多了；有的房屋法定使用功能为住宅，但是转让时已作商店使用，投资购买时就不能按照商业用房来购置。

6. 公共配套设施

公共配套设施是指为居民提供公共服务产品的各种公共性、服务性设施。由于公共配套设施受到行政区域因素和社会资源分配因素的制约,因此对房价的影响较为显著。当然,住宅区的规模反过来也同样影响着行政区域的划分和社会资源的分配,从而决定或者影响着公共配套设施。在我国目前体制下,一般来说,某地区的行政组织级别决定着该地区的公共配套设施的规模和完善程度。

7. 开发商的品牌

身处楼市调控期,因各种原因导致楼盘质量缩水的事情时有发生。譬如,某开发商因资金链断裂,致使房屋交付时间一拖再拖;或者因房价下调,开发商在建筑用材上使用价格较低的替代材料,致使房屋的品质和质量大幅下降。购买品牌开发商的楼盘,可以最大限度降低复杂市场环境下可能出现的各种风险,如延期交房、烂尾楼,甚至开发商携款潜逃等。相比普通开发商,品牌开发商体现的是更好的资金实力、更强的产品营造能力,以及更精细的管理能力。这意味着其在市场火爆时,能给产品带来更大的升值潜力;在市场低迷时,拥有更好的抵抗风险的能力。

品牌开发商资金实力雄厚,出现延期交房甚至烂尾楼的可能性较小,也很少会因成本价格的浮动而偷工减料、以次充好。即便出现了质量等问题,获得妥善解决的可能性也比较大。因此,品牌开发商已经成为决定购房者下单的重要因素。购房者可以通过了解开发商已开发的楼盘来综合评定一家开发商的资金实力、信誉和口碑等。

1.2.3 住宅置业投资影响因素权重分析方法

住宅置业投资影响因素权重分析主要是比较各项因素的重要程度,用0~1评分法、0~4评分法、环比评分法等方法,计算各项因素的功能指数,作为该因素的权重。下面主要介绍0~1评分法、0~4评分法的使用方法。

(1)0~1评分法:将各因素一一对比,重要者得1分,不重要者得0分,然后为防止功能指数中出现0的情况,用各加1分的方法进行修正。最后用修正得分除以总得分即为功能指数。

(2)0~4评分法:将各因素逐一对比,很重要的因素得4分,另一个很不重要的因素得0分;较重要的因素得3分,另一个较不重要的因素得1分;当两个因素同样重要或基本同样重要时,则两个因素各得2分。

【例1-1】某住宅置业投资有F_1~F_5五个影响因素,各因素的重要性关系为:F_3相对于F_4很重要,F_3相对于F_1较重要,F_2和F_5同样重要,F_4和F_5同样重要。试用0~4评分法计算各因素的权重。

解:用0~4评分法计算各因素的权重,具体计算见表1-1。

表 1-1　0~4 评分法各因素权重计算表

因素	F_1	F_2	F_3	F_4	F_5	得分	权重
F_1	×	3	1	3	3	10	0.25
F_2	1	×	0	2	2	5	0.125
F_3	3	4	×	4	4	15	0.375
F_4	1	2	0	×	2	5	0.125
F_5	1	2	0	2	×	5	0.125
合计						40	1.000

1.2.4 住宅置业投资策略分析

在进行住宅置业投资策略分析时应具体注意以下几方面。

（1）确保合法可靠，减少投资的盲目性。买房先买产权，只有取得合法的产权，投资者才拥有对住宅的收益权和处分权。不动产证是住宅产权的唯一合法凭证，投资前一定要确保所购住宅的安全性，查明住宅开发及销售是否合法，明确购买的是住宅的所有权还是使用权。

（2）投资要有前瞻性。投资者要仔细研究城市规划方案，关注城市基本建设进展情况，寻找发掘隐藏的投资价值，主要有交通条件的改善，人们生活方式和品位的变化，新技术发明带来的改变等。此外，还要把握好投资时机，投资过早资金可能被套牢，投资过晚则可能丧失上升空间。

（3）追求长期稳定的收入。住宅置业投资是一种长线投资，回报率特别高的项目很可能会被复制，随着供应量的增长反过来又会降低其回报率。应注意"物以稀为贵"，资源的有限性决定了投资的增值潜力，因此要尽量寻找、选择具有不可替代优势的潜力住宅。

（4）把握循环周期。在实际操作时注意审时度势，灵活应变。如购入住宅后遇市场转淡，则不必急于折价出售，可转而做长线投资，将住宅出租，收取租金支付贷款，静待房价升高之日。

（5）用动态的眼光观察。任何事物的优劣不是绝对的，在不断变化的市场中可能瞬间发生突变从而影响投资收益。例如，客观地理位置虽不可变，但其社会位置却是随着经济和城市的发展而不断变化的，现在的热点地段将来未必还热，现在的冷门地段将来也未必不热。

（6）注意心理因素。同投资股票一样，住宅置业投资也是买一种预期，如住宅某项品质的普遍认同会使其购买需求转旺，促成其价格上涨。

1.3 住宅置业投资估算及财务分析

1.3.1 住房置业投资估算

每个家庭在购房时，都要对自己中意的住宅的总价格进行估算，并结合自己家庭的收入情况，决定是否购买。置业顾问也可以帮购房者进行置业投资估算，提供咨询服务。由于住宅市场是区域型市场，各地住房政策不一样，因此置业顾问要熟悉当地目前的住房金融业务和税费政策及相关规定，以便为购房者提供精准的服务。

1. 目前的住房金融业务

1）政策性住房金融业务

（1）政策性住房金融业务的概念。

在住房金融结构中，政策性住房金融主要是建立住房公积金制度。我国的住房公积金制度是在借鉴新加坡中央公积金制度的基础上建立起来的，目前已成为我国住房金融体系的重要组成部分，是政策性住房金融的主要制度性安排。政策性住房金融业务是指商业银行接受各级地方政府、资金管理部门委托所办理的存款、贷款和结算等住房金融业务。

（2）政策性住房金融业务的分类。

① 政策性住房存款业务，是指商业银行接受各级地方政府、资金管理部门委托，以政策性住房资金为资金来源所经营的一项政策性存款业务。政策性住房存款按会计核算分为以下内容。

A. 个人住房公积金存款，是指国家机关、国有企业、城镇集体企业、外商投资企业、城镇私营企业及其他城镇企业、事业单位、民办非企业单位、社会团体及其在职职工缴存的长期住房储金。

B. 个人住房补贴存款，是指职工所在单位为实行"住房分配货币化"，向职工个人发放的专项用于住房的补贴资金，为职工个人所有，专户管理。

C. 其他住房资金存款，是指除个人住房公积金补贴外的其他住房资金存款业务，主要包括城市住房基金、单位售房款、住房建设债券等。

② 政策性住房贷款业务，是指商业银行接受当地住房资金管理部门委托，以政策性住房资金为资金来源，根据其确定的项目和条件代理发放、监督使用、协助收回，并收取一定比例的手续费，同时受托银行不承担风险的住房贷款业务。目前商业银行办理的政策性住房贷款是指个人住房公积金贷款，是指按《住房公积金管理条例》规定，对按时足额缴存住房公积金的借款人，在购买、建造、翻建、大修自住住房时，以其所购住房或其他具有所有权的财产作为抵押物或质押物，或由第三人为其贷款提

供保证并承担偿还本息的连带责任而申请的以住房公积金为资金来源的住房贷款。

2）商业性住房金融业务

这里我们所需要了解的主要是个人住房自营贷款，是以银行信贷资金为来源向购房者个人发放的贷款，也称商业性个人住房贷款。各银行的贷款名称也各不相同，如中国建设银行和中国农业银行称为个人住房贷款，中国工商银行称为个人购房贷款。

在不同时期，不同的商业银行，商业性个人住房贷款利率下调幅度和最低首付款比例是有所调整的。例如，2011年1月26日，国务院常务会议再度推出八条房地产市场调控措施，要求强化差别化住房信贷政策，对贷款购买第二套住房的家庭，首付款比例不低于60%，贷款利率不低于基准利率的1.1倍；2019年8月25日，央行发布公告称，自2019年10月8日起，新发放商业性个人住房贷款利率以最近一个月相应期限的贷款市场报价利率（LPR）为定价基准加点形成。其中，首套商业性个人住房贷款利率不得低于相应期限的LPR，二套商业性个人住房贷款利率不得低于相应期限的LPR加60个基点。按照这个调整规则，暂时以8月20日发布的首期新LPR计算，也就是说10月8日后新发放的商业性个人住房贷款，首套商业性个人住房的贷款利率不低于4.85%，二套商业性个人住房的贷款利率不低于5.45%。

2. 目前的住宅税费政策

购房者在购买住宅过程中，要缴纳一定的税费。如果购买的是一手房，则需要缴纳契税、房产税、物业维修基金、产权登记费、交易手续费、物业服务费等税费；如果是二手房，还可能要承担增值税、教育费附加、城市维护建设税、个人所得税、测绘费、土地增值税、合同公证费、佣金等。下面主要介绍其中的契税、物业维修基金、增值税、个人所得税、房产税。

1）契税

契税是以所有权发生转移变动的不动产为征税对象，向产权承受人征收的一种财产税。应缴税范围包括土地使用权出售、赠与和交换，房屋买卖、赠与与交换等。根据2021年9月1日实施的《中华人民共和国契税法》的相关规定，购买住宅需要缴纳的契税为购房总价的3%～5%（不同的省、自治区、直辖市税率不同）。根据国家规定，房屋买卖要向国家缴纳契税，征收标准为：普通住宅1.5%，高档住宅3%，全部由买方承担。有的地方政府规定，住房须同时满足3个条件才能认定为普通住房：住宅小区建筑容积率在1.0（含）以上，单套建筑面积在144（含）平方米以下，实际成交价低于同级别土地上住房平均交易价格1.2倍以下（不同城市有不同的标准，如长春市规定：实际成交价不高于本地段住房交易价格的1倍）。2016年2月17日，财政部、国家税务总局、住房和城乡建设部联合发布《关于调整房地产交易环节契税、营业税优惠政策的通知》（财税〔2016〕23号），要求从2月22日起，对个人购买家庭唯一住房（家庭成员范围包括购房人、配偶以及未成年子女，下同），面积为90平方米及以下的，减按1%的税率征收契税；面积为90平方米以上的，减按1.5%的税率征收契税。

契税

2）物业维修基金

物业维修基金是依据有关法规筹集的用于新商品房（包括经济适用住房）和公有住房出售后的共用部位、共用设施设备维修之用的专门款项。2008年2月1日正式实施的《住宅专项维修资金管理办法》规定，商品住宅的业主、非住宅的业主按照所拥有物业的建筑面积交存住宅专项维修资金，每平方米建筑面积交存首期住宅专项维修资金的数额为当地住宅建筑安装工程每平方米造价的5%~8%。各地方城市在具体实施时，都有各自的地方标准，如杭州市主城区的规定是：不带电梯的物业每平方米建筑面积35元，带电梯的多层、小高层（中高层）、高层等物业每平方米建筑面积65元，排屋、别墅每平方米建筑面积45元。

3）增值税

销售不动产征收5%的增值税，征收销售不动产增值税的同时用当期的增值税额为计税依据征收城市建设维护税（市级7%、建制镇5%、乡级工矿区1%）、教育费附加3%（部分地方还有地方教育附加2%）。一手房是开发商缴纳增值税，住宅置业投资者不需要缴纳；如果住宅置业投资者购买的是二手房，往往卖方会把增值税转嫁给买方。根据财政部的最新相关规定，自2016年5月1日起，北上广深地区个人将购买不足2年的住房对外销售的，按照5%的征收率全额缴纳增值税；个人将购买2年以上（含2年）的非普通住房对外销售的，以销售收入减去购买住房价款后的差额按照5%的征收率缴纳增值税；个人将购买2年以上（含2年）的普通住房对外销售的，免征增值税。非北上广深地区个人将购买不足2年的住房对外销售的，按照5%的征收率全额缴纳增值税；个人将购买2年以上（含2年）的住房对外销售的，免征增值税。另外，如果所售房产为非住宅类，如商铺、写字间或厂房等，则无论是否过2年都需要全额征收增值税。例如，李女士于2019年1月在杭州购买了1套价值200万元的住房，2020年5月以220万元的含税价格售出，则需缴纳的增值税=[220/（1+5%）]×5%≈10.48（万元）。

4）个人所得税

税率交易总额的1%或两次交易差的20%由卖方缴纳。以家庭为单位出售非唯一住宅需缴纳个人所得税。在这里有两个条件：①家庭唯一住宅；②购买时间超过5年。如果这两个条件同时满足即可免交个人所得税；任何一个条件不满足都必须缴纳个人所得税。如果是家庭唯一住宅但是购买时间不足5年，则需要以纳税保证金的形式先予缴纳，若在一年以内能够重新购买住宅并取得产权，则可以全部或部分退还纳税保证金，具体退还额度按照两套住宅交易价格较低的1%退还。地方税务局会审核卖方夫妻双方名下是否有其他房产，作为家庭唯一住宅的依据，其中包括虽然产权证没有下放但是房管部门已经备案登记的住房（不包含非住宅类房产）；如果所售房产是非住宅类房产，则不管什么情况都要缴纳个人所得税。下面以原值为100万元的一套二手房为例，估算两种不同纳税方式下以不同价格交易的应纳个人所得税（表1-2）。

表 1-2 原值为 100 万元的二手房交易个人所得税估算　　　单位：万元

房屋信息			可扣税金及合理费用（B）			应纳税基（C）	应纳个人所得税（D）		个人所得税占成交价比例（D/A）
成交价（A）	年限	贷款额	增值税及附加（5.55%）	装修费用（10%）	贷款利息		新政策（差额20%）	原政策（总额1%）	
140	3	70	7.77	10.00	13.80	8.43	1.69	1.40	1.20%
150	3	70	8.32	10.00	13.80	17.88	3.58	1.50	2.38%
160	3	70	8.88	10.00	13.80	27.32	5.46	1.60	3.42%
170	3	70	9.43	10.00	13.80	36.77	7.35	1.70	4.33%
180	3	70	9.99	10.00	13.80	46.21	9.24	1.80	5.13%
190	3	70	10.54	10.00	13.80	55.66	11.13	1.90	5.86%
200	3	70	11.10	10.00	13.80	65.10	13.02	2.00	6.51%

注：自 2008 年 11 月 1 日起，对个人销售或购买住房暂免征收印花税。

5）房产税

房产税是以房屋为征税对象，以房屋的计税余值或租金收入为计税依据，向产权所有人征收的一种财产税。房产税依照房产原值一次减除 10%～30% 后的余值计算缴纳。具体减除幅度，由省、自治区、直辖市人民政府规定。没有房产原值作为依据的，由房产所在地税务机关参考同类房产核定。房产出租的，以房产租金收入为房产税的计税依据。房产税的税率，依照房产余值计算缴纳的，税率为 1.2%；依照房产租金收入计算缴纳的，税率为 12%。下列房产免纳房产税：国家机关、人民团体、军队自用的房产；由国家财政部门拨付事业经费的单位自用的房产；宗教寺庙、公园、名胜古迹自用的房产；个人所有非营业用的房产；经财政部批准免税的其他房产。作为居住用途的住宅，目前我国只有上海、重庆对新增房产征收房产税。上海市房产税征收对象是指自 2011 年 1 月 28 日起本市居民家庭在本市新购且属于该居民家庭第二套及以上的住房（包括新购的二手存量住房和新建商品住房）和非本市居民家庭在本市新购的住房。适用税率暂定为 0.6%；但若应税住房每平方米市场交易价格低于本市上年度新建商品住房平均销售价格 2 倍（含 2 倍）的，税率暂减为 0.4%。

房产税

3. 住宅置业投资估算举例

在进行住宅置业投资所需资金估算时，一手房和二手房在类别上有所不同，各地区取费标准也不一样。下面以杭州市主城区一手房为例进行估算。

某家庭准备购买首套住宅，是位于杭州市某小区的一套 90 平方米的住宅。

（1）该套住宅单价 19 000 元/平方米，按照建筑面积 90 平方米计算，则

购房总价 =19 000×90=1 710 000（元），即 171 万元，首付 30%，首付款 =171×30%=51.30（万元）。

（2）该家庭为首次购房，建筑面积为 90 平方米，按照杭州市的规定缴纳契税的适用税率取 1%，则需要缴纳的契税 =171×1%=1.71（万元）。

（3）该住宅为带电梯的高层住宅，物业维修基金的缴纳标准为65元/平方米，则需要缴纳的物业维修基金=90×65=5 850（元），即0.585万元。

（4）产权代办费大约为400元，即0.04万元。

（5）交房时，还要一次性缴纳一年物业服务费，按照3元/平方米估算，物业服务费=3×90×10=2 700（元），即0.27万元。

（6）预计交房后装修和购置家具、设备等费用约20万元。

（7）估算结果：

共需资金=171+1.71+0.585+0.04+0.27+20=193.61（万元）

首付=51.30万元

后期费用=1.71+0.585+0.04+0.27+20=22.61（万元）

贷款总额=171−51.30=119.70（万元）

【思考】该家庭应该如何安排购房资金？如何选择贷款方式？

1.3.2 计算月还款额

1. 资金的时间价值

同样数额的资金在不同时间点上具有不同的价值，而不同时间发生的等额资金在价值上的差别称为资金的时间价值。这一点，可以将货币存入银行或是从银行借款为例来说明。如果现在将10 000元存入银行，一年后得到的本利和为10 600元，经过一年增加的600元，就是在一年内出让10 000元货币的使用权而得到的报酬。也就是说，这600元是10 000元在一年中的时间价值。

对于资金的时间价值，可以从两个方面理解。

（1）随着时间的推移，资金的价值会增加。这种现象叫资金增值。在市场经济条件下，资金伴随着生产与交换的进行不断运动，生产与交换活动会给投资者带来利润，表现为资金的增值。从投资者的角度来看，资金的增值特性使其具有时间价值。

（2）资金一旦用于投资，就不能用于即期消费。牺牲即期消费是为了能在将来得到更多的消费，个人储蓄的动机和国家积累的目的都是如此。从消费者的角度来看，资金的时间价值体现为放弃即期消费的损失所应得到的补偿。

资金时间价值的大小取决于多方面的因素。从投资的角度来看主要有：投资利润率，即单位投资所能取得的利润；通货膨胀率，即对因货币贬值造成的损失所应得到的补偿；风险因素，即对因风险可能带来的损失所应获得的补偿。

2. 利息与利率

（1）利息，是指占用资金所付出的代价或放弃资金使用权所得到的补偿。如果将一笔资金存入银行，这笔资金就称为本金。经过一段时间之后，储户可在本金之外再得到一笔

利息，这一过程可表示为

$$F_n = P + I_n$$

式中，F_n——本利和；

P——本金；

I_n——利息；

n——计息周期数。

计息周期是指计算利息的时间单位，如年、季度、月或周等，通常采用的时间单位是年。

（2）利率，是指在单位时间（一个计息周期）内所得的利息额与借贷金额（即本金）之比，一般以百分数表示。用 i 表示利率，其表达式为

$$i = I_1 / P \times 100\%$$

式中，I_1——一个计息周期的利息。

利率根据计算方法不同，分为单利和复利；根据与通货膨胀的关系，分为名义利率和实际利率；根据确定方式不同，分为法定利率和市场利率；根据银行业务要求不同，分为存款利率和贷款利率；根据利率与市场资金供求的关系，分为固定利率和浮动利率；根据利率之间的变动关系，分为基准利率和套算利率。

在市场经济条件下，利率的高低主要取决于社会平均利润率、资本供求状况、通货膨胀率水平、政策性因素和国际经济环境等。贷款利率水平主要取决于资金成本，此外还要加上税收、经营费用、风险成本及收益等。其他各种类型利率的高低及其与基准利率的差异，则主要取决于资金筹措的成本费用和融出资金所承担的风险大小等。

3. 单利计息与复利计息

利息的计算有单利计息和复利计息两种。

（1）单利计息，是指仅按本金计算利息，利息不再生息，其利息总额与借贷时间成正比。单利计息时的利息计算公式为

$$I_n = Pni \tag{1-1}$$

n 个计息周期后的本利和为

$$F_n = P(1 + in) \tag{1-2}$$

我国个人储蓄存款和国库券的利息就是以单利计息的，计息周期为年。

（2）复利计息，是指对于某一计息周期来说，如果按本金加上先前计息周期所累计的利息进行计息，即利息再生利息。按复利方式计算利息时，利息的计算公式为

$$I_n = P[(1+i)^n - 1] \tag{1-3}$$

n 个计息周期后的本利和为

$$F_n = P(1+i)^n \tag{1-4}$$

我国房地产开发贷款和住房抵押贷款等都是按复利计息的。由于复利计息比较符合资金在社会再生产过程中运动的实际状况，所以在投资分析中一般采用复利计息。

复利计息还有间断复利计息和连续复利计息之分。计息周期为一定的时间区间(如年、季、月等)的复利计息,称为间断复利计息;计息周期无限期缩短的复利计息,则称为连续复利计息。从理论上讲,资金在不停地运动,每时每刻都在通过生产和流通领域增值,因而应该采用连续复利计息,但是在实际使用中都采用较为简便的间断复利计息。

4. 名义利率与实际利率

(1) 名义利率与实际利率的概念。

名义利率,是指一年内多次复利时给出的年利率,它等于每期利率与年内复利次数的乘积。

实际利率,是指一年内多次复利时,每年年末终值比年初值的增长率。

例如,某笔住房抵押贷款按月还本付息,其月利率为0.4%,通常可以理解为"年利率4.8%,每月计息一次"。这里的年利率4.8%称为名义利率。当按单利计息时,名义利率和实际利率是一致的;但当按复利计息时,上述"年利率4.8%,每月计息一次"的实际利率则不等于名义利率(4.8%)。

例如,年利率为12%,存款额为10 000元,期限为一年,分别以一年1次计息、一年4次(按季利率)计息、一年12次(按月利率)计息,根据式(1-2)、式(1-4)得

一年1次计息:

$$F=10\,000\times(1+12\%)=11\,200(元)$$

一年4次计息:

$$F=10\,000\times(1+3\%)^4\approx11\,255.09(元)$$

一年12次计息:

$$F=10\,000\times(1+1\%)^{12}\approx11\,268.25(元)$$

这里的12%,对于一年1次计息来说既是实际利率又是名义利率;3%和1%则称为周期利率。由上述计算可知

$$名义利率 = 周期利率 \times 每年的计息周期数$$

对于一年计息4次和12次来说,12%就是名义利率,而一年计息4次时的实际利率=$(1+3\%)^4-1\approx12.55\%$,一年计息12次时的实际利率=$(1+1\%)^{12}-1\approx12.68\%$。

(2) 名义利率与实际利率的关系式。

设名义利率为r,若年初借款为P,在一年中计算利息m次,则每一计息周期的周期利率为r/m,一年后的本利和为

$$F=P(1+r/m)^m \tag{1-5}$$

其中利息为$I=F-P=P(1+r/m)^m-P$。

故实际利率i与名义利率r的关系式为

$$i=(F-P)/P=[P(1+r/m)^m-P]/P=(1+r/m)^m-1 \tag{1-6}$$

通过上述分析和计算，可以得出名义利率与实际利率存在着下述关系。

① 实际利率比名义利率更能反映资金的时间价值。

② 名义利率越大，计息周期越短，实际利率与名义利率的差异就越大。

③ 当每年计算利息次数 $m=1$ 时，实际利率与名义利率相等。

④ 当每年计算利息次数 $m>1$ 时，实际利率大于名义利率。

⑤ 当每年计算利息次数 $m \to \infty$ 时，实际利率与名义利率的关系为 $i=e^r-1$。

另外，两者之间的关系还可以从是否剔除了通货膨胀因素的影响来区分。名义利率是包含了通货膨胀因素的利率，而实际利率是名义利率剔除通货膨胀因素影响后的真实利率。设名义利率为 r、实际利率为 i、通货膨胀率为 R_d，则三者之间的关系为 $i=[(1+r)/(1+R_d)]-1$。

【例 1-2】 某人申请一笔银行贷款的年利率为 12%，借贷双方约定按月计息，则该笔贷款的实际利率是多少？

解： 已知 $r=12\%$，$m=12$，根据式（1-6）得

$$i=(1+12\%/12)^{12}-1 \approx 12.68\%$$

5. 资金等效值计算

1）资金等效值的概念

资金等效值是指在考虑时间因素的情况下，不同时点发生的绝对值不等的资金可能具有相同的价值，也可以解释为"与某一时间点上一定金额的实际经济价值相等的另一时间点上的价值"。在以后的讨论中，我们把等效值简称为等值。

例如，现在借入 10 000 元，年利率是 15%，一年后要还的本利和为 11 500 元。这就是说，现在的 10 000 元与一年后的 11 500 元虽然绝对值不等，但它们是等值的，即其实际经济价值相等。

通常情况下，在资金等效值计算的过程中，人们把资金运动起点时的金额称为现值，把资金运动结束时与现值等值的金额称为终值或未来值，而把资金运动过程中某一时间点上与现值等值的金额称为时值。

2）复利计算

（1）常用符号。

在复利计算和考虑资金时间因素的计算中，常用的符号包括 P、F、A、G、s、n 和 i 等，各符号的具体含义如下。

P——现值；

F——终值（未来值）；

A——连续出现在各计息周期期末的等额支付金额，简称年值；

G——每一时间间隔收入或支出的等差变化值；

s——每一时间间隔收入或支出的等比变化值；

n——计息周期数；

i——每个计息周期的利率。

（2）公式与系数。

① 一次支付终值系数和现值系数。如图 1.6 所示，如果在时间点 $t=0$ 时的资金现值为 P，并且利率 i 已定，则复利计息的 n 个计息周期后的终值 F 的计算公式为

$$F = P(1+i)^n \tag{1-7}$$

式（1-7）中的 $(1+i)^n$ 称为一次支付终值系数。

当已知终值 F 和利率 i 时，很容易得到复利计息条件下现值的计算公式

$$P = \frac{F}{(1+i)^n} \tag{1-8}$$

式（1-8）中的 $\dfrac{1}{(1+i)^n}$ 称为一次支付现值系数。

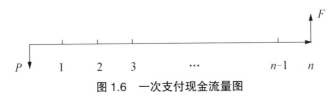

图 1.6　一次支付现金流量图

② 等额序列支付现值系数和资金回收系数。如图 1.7 所示，等额序列支付是指在现金流量图上的每个计息周期期末都有一个等额支付金额 A。此时，其现值可以这样确定：把每个 A 都看作是一次支付中的 F，用一次支付复利计息公式求其现值，然后相加，即可得到所求的现值。其计算公式是

$$P = A\frac{(1+i)^n - 1}{i(1+i)^n} = \frac{A}{i}\left[1 - \frac{1}{(1+i)^n}\right] \tag{1-9}$$

式（1-9）中的 $\dfrac{(1+i)^n - 1}{i(1+i)^n}$ 称为等额序列支付现值系数。

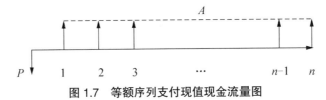

图 1.7　等额序列支付现值现金流量图

由式（1-9）可以得到当现值 P 和利率 i 为已知时，求复利计息的等额序列支付年值 A 的计算公式为

$$A = P\left[\frac{i(1+i)^n}{(1+i)^n - 1}\right] \tag{1-10}$$

式（1-10）中的 $\dfrac{i(1+i)^n}{(1+i)^n - 1}$ 称为等额序列支付资金回收系数。

③ 等额序列支付储存基金系数和终值系数。如图 1.8 所示，等额序列支付储存基金系

数和终值系数就是在已知 F 的情况下求 A，或在已知 A 的情况下求 F。因为前面已经有了 P 和 A 之间的关系，我们也已经知道了 P 和 F 之间的关系，所以很容易就可以推导出 F 和 A 之间的关系。其计算公式为

$$A = F\left[\frac{i}{(1+i)^n - 1}\right] \quad (1-11)$$

式（1-11）中的 $\frac{i}{(1+i)^n - 1}$ 称为等额序列支付储存基金系数。

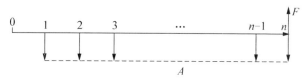

图 1.8　等额序列支付终值现金流量图

通过式（1-11），我们可以很容易地推导出

$$F = A\left[\frac{(1+i)^n - 1}{i}\right] \quad (1-12)$$

式（1-12）中的 $\frac{(1+i)^n - 1}{i}$ 称为等额序列支付终值系数。

④ 等差序列现值系数和年费用系数。如图 1.9 所示，等差序列是一种等额增加或减少的现金流量序列。也就是说，这种现金流量序列的收入或支出，每年（或计息周期）以相同的数量发生变化。

图 1.9　等差序列支付现金流量图

A. 如果以 G 表示收入或支出的等差变化值，已知第一年的现金收入或支出流量为 A，则第 n 年年初现金收入或支出流量为 $A_1+(n-1)G$。计算等差序列现值系数公式为

$$P = A_1\left[\frac{(1+i)^n - 1}{i(1+i)^n}\right] + \frac{G}{i}\left[\frac{(1+i)^n - 1}{i(1+i)^n} - \frac{n}{(1+i)^n}\right] \quad (1-13)$$

式（1-13）中的 $\frac{1}{i}\left[\frac{(1+i)^n - 1}{i(1+i)^n} - \frac{n}{(1+i)^n}\right]$ 称为等差序列现值系数。

B. 若要将等差现金流量序列换算成等值等额序列支付 A，则公式为

$$A = A_1 + G\left[\frac{1}{i} - \frac{n}{(1+i)^n - 1}\right] \quad (1-14)$$

式（1-14）中的 $\frac{1}{i} - \frac{n}{(1+i)^n - 1}$ 称等差序列年费用系数。

⑤ 等比序列现值系数和年费用系数。如图 1.10 所示，等比序列是一种等比例增加或减少的现金流量序列，也就是说，这种现金流量的收入或支出每年以一个固定的比例发生变化。如建筑物的建造成本每年以 10% 的比例逐年增加，住宅的价格或租金水平每年以 5% 的速度逐年增加等。

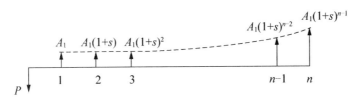

图 1.10 等比序列支付现金流量图

A. 如果以等比系数 s 表示收入或支出每年变化的百分率，第一年的现金收入或支出流量为 A_1，则第 n 年年初现金收入或支出流量为 $A_1(1+s)^{n-1}$。计算等比序列现值系数公式为

$$P = \begin{cases} \dfrac{A_1}{i-s}\left[1-\left(\dfrac{1+s}{1+i}\right)^n\right] & (i \neq s) \\ nA_1/(1+i) & (i = s) \end{cases} \quad (1-15)$$

式（1-15）中的 $\dfrac{1}{i-s}\left[1-\left(\dfrac{1+s}{1+i}\right)^n\right]$ 称为等比序列现值系数。

B. 若要将等比现金流量序列换算成等值等额序列支付 A，则公式为

$$A = A_1 \cdot \dfrac{i}{i-s}\left[1-\dfrac{(1+s)^n-1}{(1+i)^n-1}\right] \quad (1-16)$$

式（1-16）中的 $\dfrac{i}{i-s}\left[1-\dfrac{(1+s)^n-1}{(1+i)^n-1}\right]$ 称为等比序列年费用系数。

（3）复利系数的标准表示法。

为了减少书写上述复利系数时的麻烦，可采用一种标准表示法来表示各种系数。这种标准表示法的一般形式为（X/Y, i, n）。X 表示所求的是什么，Y、i、n 表示已知的是什么。例如，F/P 表示已知 P 求 F，而（F/P, 10%, 25）表示一个系数，这个系数若与现值 P 相乘，便可求得按年利率为 10% 复利计息时 25 年后的终值 F。表 1-3 汇总了上述 10 个复利系数的标准表示法，以及系数用标准表示法表示的复利计算公式。

表 1-3 复利系数标准表示法及复利计算公式汇总

系数名称	标准表示法	所求	已知	公式
一次支付终值系数	(F/P, i, n)	F	P	$F=P$(F/P, i, n)
一次支付现值系数	(P/F, i, n)	P	F	$P=F$(P/F, i, n)
等额序列支付现值系数	(P/A, i, n)	P	A	$P=A$(P/A, i, n)
等额序列支付资金回收系数	(A/P, i, n)	A	P	$A=P$(A/P, i, n)

续表

系数名称	标准表示法	所求	已知	公 式
等额序列支付储存基金系数	$(A/F, i, n)$	A	F	$A=F(A/F, i, n)$
等额序列支付终值系数	$(F/A, i, n)$	F	A	$F=A(F/A, i, n)$
等差序列现值系数	$(P/G, i, n)$	P	G, A_1	$P=A_1(P/A, i, n)+G(P/G, i, n)$
等差序列年费用系数	$(A/G, i, n)$	A	G, A_1	$A=A_1+G(A/G, i, n)$
等比序列现值系数	$(P/s, i, n)$	P	s, A_1	$P=A_1(P/s, i, n)$
等比序列年费用系数	$(A/s, I, n)$	A	s, A_1	$A=A_1(A/s, I, n)$

知识链接

现 金 流 量

1. 现金流量的概念

现金流量（Cash Flow）管理是现代企业理财活动的一项重要职能，建立完善的现金流量管理体系，是确保企业生存与发展、提高企业市场竞争力的重要保障。

现金流量是现代理财学中的一个重要概念，是指企业在一定会计期间按照现金收付实现制，通过一定经济活动（包括经营活动、投资活动、筹资活动和非经常性项目）而产生的现金流入、现金流出及其总量情况的总称，即企业一定时期的现金和现金等价物的流入和流出的数量。例如，销售商品、提供劳务、出售固定资产、收回投资、借入资金等，形成企业的现金流入；购买商品、接受劳务、购建固定资产、对外投资、偿还债务等，形成企业的现金流出。衡量企业经营状况是否良好，是否有足够的现金偿还债务，资产的变现能力等，现金流量是一个非常重要的指标。

工程经济中的现金流量是拟建项目在整个项目计算期内各个时点上实际发生的现金流入和流出，以及流入和流出的差额（又称净现金流量）。现金流量一般以计息周期（年、季、月等）为时间量的单位，用现金流量表或现金流量图来表示。

房地产投资活动可以从实物形态和货币形态两个方面进行考查，现在我们来看看房地产投资现金流量。从实物形态上看，房地产置业投资活动表现为投资者利用所购置的房地产，通过物业管理活动，最终为租户提供可入住的生产或生活空间。从货币形态上看，房地产置业投资活动表现为投入一定量的资金，花费一定量的成本，通过房屋出租或出售获得一定量的货币收入。

对于一个特定的经济系统而言，投入的资金、花费的成本和获取的收益，都可以看成是货币形式（包括现金和其他货币支付形式）体现的资金流出或流入。在房地产投资分析中，把某一项投资活动作为一个独立的系统，把一定时期各时点上实际发生的资金流出或流入称为现金流量。其中，流出系统的资金称为现金流出，流入系统的资金称为现金流入。现金流出与现金流入之差称为净现金流量。

经济活动的类型和特点不同，现金流入和现金流出的具体表现形式也会有很大差异。

对于房地产开发投资项目来说，现金流入通常包括销售收入、出租收入、利息收入和贷款本金收入等，现金流出主要包括土地费用、建造费用、还本付息、运营费用、税金等。

房地产投资分析的目的，是要根据特定房地产投资项目所要达到的目标和所拥有的资源条件，考查项目在不同运行模式或技术方案下的现金流出与现金流入，选择合适的运行模式或技术方案，以获取最好的经济效果。

2. 现金流量的表达方式

现金流量的表达方式有现金流量表和现金流量图两种。

1）现金流量表（表1-4）

现金流量表以现金的流入和流出反映企业在一定会计期间的经营活动、投资活动和筹资活动的动态情况，反映企业现金流入和流出的全貌。用表格的形式描述不同时点上发生的各种现金流量的大小和方向，可以明确表示该项目在不同时点上所发生的相应数额的现金流入和现金流出的情况，还可以计算出不同时点上的净现金流量和累计净现金流量，为投资分析直接提供所需数据。

表1-4 现金流量表

项目名称	年份							
	0	1	2	3	4	…	$n-1$	n
现金流入								
现金流出								
净现金流量								
累计净现金流量								

2）现金流量图（图1.11）

现金流量图是一种反映特定系统资金运动状态的图式，即把现金流量绘入一时间坐标图中，表示出各现金流入、现金流出与相应时间的对应关系，如图1.11所示。运用现金流量图，可以全面、形象、直观地表达特定系统的资金运动状态。

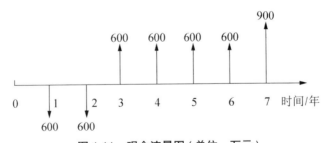

图1.11 现金流量图（单位：万元）

现以图1.11为例说明现金流量图的绘图方法和规则。

（1）以横轴为时间轴，向右延伸表示时间的延续，轴线等分成若干间隔，每一间隔代表一个时间单位，通常是年（在特殊情况下也可以是季或半年等）。时间轴上的点称为时点，通常表示的是该年年末的时点，同时也是下一年年初的时点。零时点即为第一年开始的时点，代表现值。

（2）与横轴相连的垂直箭线代表不同时点的现金流量情况，垂直箭线的长度根据现金流量的大小按比例画出。箭头向下表示现金流出，箭头向上表示现金流入。在各箭线的上方（或下方）注明现金流量的数值。

总之，要正确绘制现金流量图，必须把握好现金流量的三要素，即现金流量的大小（现金数额）、方向（现金流入或流出）和时点（现金流量发生的时间）。

【例1-3】有一个投资项目，固定资产投资为50万元，流动资金为20万元，全部为贷款，利率为8%。项目于第2年投产，产品销售收入第2年为50万元，第3～8年为80万元；经营成本第2年为30万元，第3～8年为45万元；第2～8年折旧费用为6万元；第8年年末处理固定资产可得收入8万元。根据以上条件制作项目投资现金流量表，并画出现金流量图。

解：项目投资现金流量表见表1-5。

表1-5 项目投资现金流量表 单位：万元

项目名称	年份				
	0	1	2	3～7	8
1. 投资	50	20			
① 固定资产投资	50				
② 流动资金		20			
2. 销售收入			50	80	80
3. 经营成本			30	45	45
4. 期末残值					8
5. 流动资金回收					20
6. 净现金流量	-50	-20	20	35	63

项目投资现金流量图如图1.12所示。

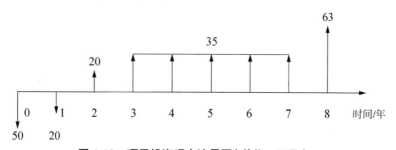

图1.12 项目投资现金流量图（单位：万元）

【例1-4】某项目第1年和第2年各有固定资产投资400万元，第2年投入流动资金300万元并当年达产，每年有销售收入580万元，生产总成本350万元，折旧费70万元，项目寿命期共10年，期末有固定资产残值120万元。根据以上条件制作项目投资现金流量表，并画出项目投资现金流量图。

解：项目投资现金流量表见表1-6。

表1-6 项目投资现金流量表　　　　　　　　　　　　　单位：万元

项目	年份			
	0	1	2～9	10
1. 投资	400	700		
① 固定资产投资	400	400		
② 流动资金		300		
2. 销售收入			580	580
3. 经营成本			280	280
① 总成本			350	350
② 折旧			70	70
4. 期末残值				120
5. 流动资金回收				300
6. 净现金流量	-400	-700	300	720

项目投资现金流量图如图1.13所示。

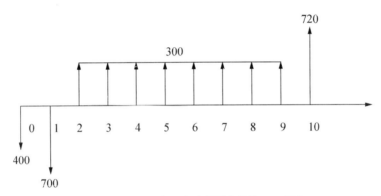

图1.13　项目投资现金流量图（单位：万元）

6. 月还款额计算

1）还款方式

（1）等额本息还款。这是目前最为普遍，也是大部分银行长期推荐的方式。把按揭贷款的本金总额与利息总额相加，然后平均分摊到还款期限的每个月中。贷款人每个月还给银行固定金额，但每月还款额中的本金比例逐月递增、利息比例逐月递减。

等额本息还款的计算公式为

$$月还款额 = [贷款本金 \times 月利率 \times (1+月利率)^{还款月数}] / [(1+月利率)^{还款月数} - 1] \tag{1-17}$$

采用这种还款方式，贷款人每月还相同的数额，操作相对简单。每月承担相同的款项也方便安排收支。对于收入比较稳定，且经济条件不允许前期投入过大的家庭，可以选择这种还款方式。公务员、教师等职业属于收入和工作机会相对稳定的群体，很适合这种还款方式。

但是，这种还款方式也有缺陷，由于利息不会随本金数额归还而减少，银行资金占用时间长，还款总利息较以下要介绍的等额本金还款方式要高。

（2）等额本金还款。所谓等额本金还款，又称利随本清、等本不等息还款。贷款人将本金分摊到每个月内，同时付清上一交易日至本次还款日之间的利息。这种还款方式相对等额本息还款而言，总的利息支出较低，但是前期支付的本金和利息较多，还款负担逐月递减。

等额本金还款的计算公式为

每月还款金额＝（贷款本金/还款月数）+（本金－已归还本金累计额）× 月利率　　（1–18）

使用等额本金还款，开始时每月负担比等额本息还款要重。但是，随着时间推移，还款负担逐渐减轻。这种还款方式很适合目前收入较高，但是预计将来收入会减少的人群。实际上，很多中年以上的人群，经过一段时间的事业打拼，有一定的经济基础，考虑到年纪渐长，收入可能随着退休等其他因素减少，就可以选择这种还款方式。

（3）一次还本付息。此前，银行对这种还款方式的规定是，贷款期限在一年（含一年）以下的，实行到期一次还本付息，利随本清。但是，随着还款方式的变革，一年的期限有望最高延长至5年。但该还款方式银行审批严格，一般只对小额短期贷款开放。

这种还款方式操作简单，但适应的人群面比较窄。必须注意的是，此还款方式容易使贷款人缺少还款强迫外力，从而造成信用损害。采用这种还款方式，贷款人最好有较好的自我安排能力。

（4）按期付息还本。按期付息还本就是贷款人通过和银行协商，为贷款本金和利息归还制定不同还款时间单位，即自主决定按月、季度或年等时间间隔还款。实际上，就是贷款人按照不同财务状况，把每个月要还的钱凑成几个月一起还。

例如，贷款20万元，10年期，贷款人可以把利息和本金分开还，利息仍然按月或季度还款，数目递减。按照规定，贷款人一次最少要还6个月的本金，为10 000元；下一次还本金时限不能超过一年。

这种还款方式适用于收入不稳定人群，以及个体经营工商业者。在当前中小企业融资较为困难的情况下，以住房抵押从银行借到一笔资金比通过企业本身向银行申请流动资金贷款容易得多。因此，一些有能力全款买房的购房者仍选择按揭。不过，据了解，目前很多年轻购房者也有选择按期付息还本方式的倾向。

（5）本金归还计划。贷款人经过与银行协商，每次本金还款不少于10 000元，两次还款间隔不超过一年，利息可以按月或季度归还。

本金归还计划是等额本金还款的变体。例如，贷款20万元，15年期，采用等额本金还款，首个月本金为1 111元左右，利息为918元。贷款人可以把利息和本金分开还，利息仍然按月或季度还款，数目递减。按照规定，贷款人最少一次要还10个月的本金，为11 110元，超过10 000元的限制；下一次还本金时限不能超过一年。

这种还款方式是银行专为非月收入人群制定的，尤其考虑到年终有大额奖金的人群。

目前流行的在家办公一族（如网络作家、艺术家、设计师和软件设计员等），很多没有每月固定收入，但每完成一个作品可能就有一笔比较大的收入，他们很适用这种还款方式。

（6）等额递增和等额递减还款。这两种还款方式没有本质上的差异。作为目前几大银行的主推方式，它们是等额本息还款方式的另一种变体。它们把还款年限进行了细化分割，每个分割单位中，还款方式等同于等额本息。它们的区别在于，每个时间分割单位的还款数额可能是等额递增或是等额递减的。

以贷款10万元，10年限为例，如果按照最普通的等额本息还款方式，贷款人如果不提前还贷，那么这10年期间每个月的还款金额就是1 085.76元。如果选择等额递增还款，假设把10年时间分成等分的5个阶段，那么第一个两年内可能每个月只要还700多元，第二个两年每增加到900多元，第三个两年每月还款额增加到1 100多元，依此类推。等额递减还款则恰恰相反，第一个两年每月还款额为1 300多元，随后每两年每月还款额递减200元，直到最后一个两年减至每月还款额为700多元。

等额递增还款方式适合于目前还款能力较弱，但是预期未来收入会逐步增加的人群。很多年轻人需要买房，并且工作业绩不错，虽然目前的收入负担房贷较困难，但是考虑到未来收入会大幅增加，即可以采用等额递增还款；相反，如果预期未来收入将减少，或者目前经济很宽裕，则可以选择等额递减还款。

2）应用举例

【例1-5】某家庭以14 000元/平方米的价格购买了一套建筑面积为100平方米的住宅，银行为其提供了30年期的住房抵押贷款，该贷款的年利率为6%，首付款比例为30%，等额本息还款。该家庭贷款月还款额是多少？

解：（1）住宅总价=1.4×100=140（万元）。

（2）首付款=140×30%=42（万元），抵押贷款总额=140-42=98（万元）。

（3）贷款月利率=6%/12=0.5%，还款月数=30×12=360（月）。

（4）根据式（1-17）得

月还款额=[980 000×0.5%×(1+0.5%)^{360}]/[(1+0.5%)^{360}-1]≈5 875.60（元）

【例1-6】某购房者拟向银行申请60万元的住房抵押贷款，银行根据购房者未来收入增长的情况，为他安排了等比递增还款抵押贷款。若年抵押贷款利率为6.6%，期限为15年，购房者的月还款额增长率为0.5%，则该购房者第10年最后一个月份的月还款额是多少？

解：（1）贷款总额=60万元，贷款月利率=6.6%/12=0.55%，月还款额增长率=0.5%，还款月数=15×12=180（月）。

（2）根据式（1-15）得

第一个月的还款额 A_1=600 000×(0.55%-0.5%)/[1-(1+0.5%)^{180}/(1+0.55%)^{180}]
≈3 503.07（元）。

（3）该购房者第10年最后一个月份的月还款额为

$A_n = A_1 \times (1+s)^{n-1}$ = 3 503.07×(1+0.5%)$^{120-1}$≈6 341.77（元）

提示：对于等比序列现值系数公式，大家要记住 $i=s$、$i \neq s$ 两种情况，尤其是 $i=s$ 这种情况。对于公式 $A_n=A_1\times(1+s)^{n-1}$ 也应掌握。

【例1-7】某家庭预购买一套面积为80平方米的经济适用住宅，单价为13 500元/平方米，首付款为房价的30%，其余申请公积金和商业组合抵押贷款。已知公积金和商业贷款的利率分别为4.8%和6.6%，期限均为20年，公积金贷款的最高限额为50万元。该家庭申请公积金和商业组合抵押贷款后的最低月还款额是多少？

解：（1）住宅总价 =1.35×80=108（万元）。

（2）首付款 =108×30%=32.40（万元），贷款总额 =108-32.40=75.60（万元）。

（3）商业贷款总额 =75.60-50=25.60（万元）。

（4）公积金贷款月利率 =4.8%/12=0.4%，商业贷款月利率 =6.6%/12=0.55%，还款月数 =20×12=240（月）。

（5）根据式（1-17）得

公积金贷款月还款额 A_1=［500 000×0.4%×（1+0.4%）^{240}］/［（1+0.4%）^{240}-1］
$\approx$ 3 244.79（元）

商业贷款月还款额 A_2=［256 000×0.55%×（1+0.55%）^{240}］/［（1+0.55%）^{240}-1］
$\approx$ 1 923.77（元）

（6）家庭申请公积金和商业组合抵押贷款后的最低月还款额 $A=A_1+A_2$=3 244.79+1 923.77=5 168.56（元）。

【例1-8】某家庭以40 000元/平方米的价格购买了一套建筑面积为120平方米的住宅，银行为其提供了20年期的住房抵押贷款，该贷款的年利率为6%，抵押贷款价值比率为70%。如该家庭在按月等额还款10年后，于第10年年初一次提前偿还了贷款本金80万元，从第10年开始的抵押贷款月还款额是多少？

解：（1）住宅总价 =4×120=480（万元）。

（2）贷款总额 =480×70%=336（万元）。

（3）根据式（1-17）得该家庭前10年的月还款额为

A=［3 360 000×0.5%×（1+0.5%）^{240}］/［（1+0.5%）^{240}-1］$\approx$ 24 072.08（元）。

（4）根据式（1-17）得提前还款后减少的月还款额为

A_1=［800 000×0.5%×（1+0.5%）^{240}］/［（1+0.5%）^{240}-1］$\approx$ 5 731.45（元）。

（5）该家庭从第10年开始的抵押贷款月还款额 $A'=A-A_1$=24 072.08-5 731.45=18 340.63（元）。

1.3.3 还款能力估算

上面我们主要讨论了买房后的月还款额，实际上我们在购买住宅时，首先要根据现有存款或能筹集的资金及家庭的年收入来决定购买多大面积、什么价位的住宅。商业银行一般根据"借款人偿还住房贷款的月支出不得高于其月收入的50%"的标准合理核定贷款成数。

【例1-9】某家庭预计在今后10年内的月均收入为16 000元,如果其中的30%可用于支付住房抵押贷款的月还款额,年贷款利率为12%,则该家庭有偿还能力的最大抵押贷款申请额是多少?

解:(1)该家庭每月可用于支付抵押贷款的月还款额 $A=16\,000 \times 30\%=4\,800$(元);

月贷款利率 $i=12\%/12=1\%$,计息周期数 $n=10\times12=120$(月)。

(2)根据式(1-9),得该家庭有偿还能力的最大抵押贷款额为

$$P=0.48 \times [(1+1\%)^{120}-1] / [1\% (1+1\%)^{120}] \approx 33.46(万元)$$

【例1-10】某家庭以抵押贷款的方式购买了一套价值为250万元的住宅,首付款为房价的30%,其余房款用抵押贷款支付,抵押贷款的期限为20年,按月等额偿还,年贷款利率为12%,则该家庭的月还款额为多少?如果该家庭50%的收入可以用来支付抵押贷款月还款额,则该家庭需月收入多少才能购买上述住宅?

解:(1)该家庭贷款总额 $=250 \times (1-30\%)=175$(万元),月贷款利率 $i=12\%/12=1\%$。根据式(1-10),得该家庭月还款额为

$$A=[1\,750\,000 \times 1\% \times (1+1\%)^{240}] / [(1+1\%)^{240}-1] \approx 19\,269.01(元)$$

(2)该家庭至少月收入 $=19\,269.01 \div 50\%=38\,538.02$(元)。

1.4 住宅置业投资决策分析

购房者进行住宅置业投资,要注意自住和投资兼顾,不仅要考虑住宅所处的现状,还要考虑住宅未来的升值潜力,特别是现在大多数购房者购买期房,更加要关注该地区经济社会未来的发展趋势和该楼盘的升值潜力,要对这些因素进行综合评价之后再做出购买决策。本节将采用定性和定量相结合的分析方法,对影响住宅置业投资决策的客观因素进行分析。

1.4.1 影响住宅置业投资决策客观因素权重确定

影响住宅置业投资决策的客观因素很多,特别是现在有些城市的购房政策如购房落户、购房入学等都是影响购买决策的现实因素,甚至是影响购房决策的决定性因素。这里我们主要从区域因素(地段位置、自然环境、周边配套、交通出行、楼盘品质)、个别因素(户型、得房率、楼层、朝向、物业服务)等出发进行综合分析决策。

我们利用 0~1 评分法确定各因素权重，具体见表 1-7。

表 1-7 0~1 评分法确定各因素权重

因素	地段位置	自然环境	周边配套	交通出行	楼盘品质	物业服务	户型	得房率	楼层	朝向	合计	权重
地段位置	1	1	1	1	1	1	1	1	1	1	10	0.18
自然环境	0	1	1	1	1	1	1	1	1	1	9	0.16
周边配套	0	0	1	1	1	1	1	1	1	1	8	0.15
交通出行	0	0	0	1	1	1	1	1	1	1	7	0.13
楼盘品质	0	0	0	0	1	1	1	1	1	1	6	0.11
物业服务	0	0	0	0	0	1	1	1	1	1	5	0.09
得房率	0	0	0	0	0	1	0	1	1	1	4	0.07
户型	0	0	0	0	0	1	0	0	1	1	3	0.05
楼层	0	0	0	0	0	1	0	0	0	1	2	0.04
朝向	0	0	0	0	0	1	0	0	0	0	1	0.02
合计	—	—	—	—	—	—	—	—	—	—	55	1

1.4.2 住宅置业购买方案比选

理性的购房者会仔细分析有意向的几个楼盘，对影响购买的因素进行对比分析，结合价格（包括总价和单价）与家庭经济承受能力，做出购买决策。购买方案比选利用比较法的思想，综合评价各因素，为购房者提供购买决策参考。以下用某购房者可以选择的 3 栋别墅为例进行分析探讨。

1. 意向别墅基本概况

意向别墅 A：该别墅属于新明半岛小区。新明半岛小区位于余杭闲林镇以西 02 省道南侧新明大道附近，占地面积约 57 万平方米，总建筑面积约 76 万平方米，规划 5 000 户，配套相当齐全。在这 57 万平方米景观型成熟生活区中，配备餐饮娱乐、超市、优质教育资源和医疗保健中心，不仅满足日常生活所需，更把人的生活完全解放。365 米私家景观大道，艺术灯柱两旁林立，配合高低错落的坡地建筑，整个社区遍布着鱼雕、叠水喷泉、景观泳池、珍稀林木，涵盖运动健康、大型商务活动、高尚文化品位三大主题。该别墅采用钢混结构，建筑面积约 380 平方米，成交单价为 45 460 元 / 平方米。

意向别墅 B：该别墅属于绿城云栖玫瑰园小区。绿城云栖玫瑰园小区位于之江国家旅游度假区核心位置，之江路 168 号，距离市中心武林广场 18 千米，距离西湖 11 千米，距离钱江新城市民中心约 17 千米（车行距离），城市景观大道之江路和梅灵路交会并流，使得绿城云栖玫瑰园周边交通极为便捷。依托之江度假区内的优质资源，医疗、购物、休闲等配套齐全，高尔夫等高端休闲资源触手可及，亦可尽享主城区及钱江新城 CBD 完善的城市配套。项目占地面积约220亩（1亩≈666.7平方米），背靠五云山脉，地势东北高、西南低，东北部为35°左右山坡地，逐渐向西、南趋于平坦，园内环抱约40亩景观湖，容积率仅约0.29，建筑规划顺应湖泊位置及天然地势，仅规划88户法式园景排屋、园景合院、山景合院、中式大宅，整个园区内绵延江南临水而居的风雅气韵，是继绿城九溪玫瑰园后之江的又一个"山水之间的理想家园"。该别墅采用钢混结构，建筑面积为560平方米，成交单价为42 850元/平方米。

意向别墅C：该别墅属于金成江南春城竹海水韵小区。金成江南春城竹海水韵小区是金成集团倾力打造的高品质精装修楼盘，采用了德国旭勒、德国汉斯格雅、西班牙乐家等众多世界一线家居品牌。位于杭州大城西板块，杭州景观大道天目山路延伸段北侧。楼盘附近就是西溪国家湿地公园、梧桐港、小白菜文化园，沿途及周边风景秀丽，具有良好的自然生态环境。总建筑面积约64万平方米，项目规划由芦花洲、润泽园、荷塘轩、咏竹园、竹邻间等组团组成。低密度高尚水岸社区内以别墅、多层建筑和高层建筑为主，由精品公馆、精装联排别墅、精装叠加别墅、精装电梯花园洋房等类型丰富的高品质住宅组成，建筑风格稳重大气。景观设计由世界知名公司澳大利亚的PLACE景观设计公司完成。该别墅采用钢混结构，建筑面积为500平方米，成交单价为43 150元/平方米。

2. 对意向别墅与购房者希望购买的别墅标准进行比较分析

购房标准与各意向别墅各因素对比见表1-8。

表1-8 购房标准与各意向别墅各因素对比

比较因素	权重	购房标准	意向别墅A	意向别墅B	意向别墅C
地段位置	0.18	距市中心不超过15千米	距市中心35千米	距市中心14千米	距市中心20千米
自然环境	0.16	绿化率大于50%，容积率小于1	绿化率45%，容积率1.2	绿化率55%，容积率小于0.8	绿化率45%，容积率1.0
周边配套	0.15	基本齐全	不齐全	基本齐全	基本齐全
交通出行	0.13	附近有交通生活型主干道	附近有交通型主干道	附近有交通生活型主干道	附近有交通型主干道
楼盘品质	0.11	品牌房地产开发商开发	新明集团	绿城集团	金成集团
物业服务	0.09	品牌物业服务企业管理	绿城物业	绿城物业	金成物业
得房率	0.07	90%以上	92%	85%	88%
户型	0.05	平面布局基本合理、功能基本齐全	平面布局较合理、功能基本齐全	平面布局合理、功能齐全	平面布局基本合理、功能齐全
楼层	0.04	地下一层、地上两层	地下一层、地上三层	地下一层、地上两层	地下一层、地上两层
装修	0.02	简装	中端精装	高端精装	高端精装
合计	1	—	—	—	—

3. 按照评分标准进行赋分

（1）赋分标准。

① 地段位置按距离市中心15千米为100分，每减少1千米加1分，每增加1千米减1分。

② 自然环境综合考虑绿化率、容积率、景观设计和植被的档次等，绿化率为50%时为100分，每增加1个百分点加1分，每减少1个百分点减1分；容积率为1时为100分，每增加0.1减1分，每减少0.1加1分；景观设计和植被的档次以符合购房标准为100分，对意向购买对象可酌情加减分，控制在±10分以内。

③ 周边配套分为齐全、较齐全、基本齐全、不齐全、没有配套5个档次，以基本齐全为100分，每上升1档加2分，每下降1档减2分。

④ 交通出行主要考虑周边道路类型，分为交通型主干道、交通生活型主干道、生活型主干道、生活型次干道、支路5种类型，以交通生活型主干道为100分，每上升1档加5分，每下降1档减5分。

⑤ 楼盘品质主要以品牌实力为评分依据，分全国品牌、省内品牌、市级品牌、小品牌、无品牌5个档次，以全国品牌为100分，每降低1档减5分。

⑥ 物业服务主要以品牌实力为评分依据，分全国品牌、省内品牌、市级品牌、小品牌、无品牌5个档次，以全国品牌为100分，每降低1档减5分。

⑦ 得房率是使用面积占建筑面积的比例，以得房率90%为100分，每上升1个百分点加1分，每降低1个百分点减1分。

⑧ 户型主要考虑建筑设计，功能分区，屋顶形式，有无露台、花园、车库、游泳池等，平面布局分为合理、较合理、基本合理、较不合理、不合理5个等级，功能分为齐全、较齐全、基本齐全、较不齐全、不齐全5个等级，以平面布局基本合理、功能基本齐全为100分，每上升1个等级加5分，降低1个等级减5分。

⑨ 楼层综合考虑地上和地下情况，以地下一层、地上两层为100分，地下增加1层减10分，地上增加1层减10分，地下无建筑面积减10分。

⑩ 装修情况以简装100分、毛坯房80分、中端精装110分、高端精装120分进行打分。

（2）对有购买意向的别墅进行赋分，具体见表1-9。

表1-9 对比因素赋分表

比较因素	权重	购房标准	意向别墅A	意向别墅B	意向别墅C
地段位置	0.18	100	80	101	95
自然环境	0.16	100	93	107	95
周边配套	0.15	100	98	100	100
交通出行	0.13	100	105	100	105
楼盘品质	0.11	100	90	100	90
物业服务	0.09	100	100	100	90

续表

比较因素	权重	购房标准	意向别墅A	意向别墅B	意向别墅C
得房率	0.07	100	102	95	98
户型	0.05	100	105	120	105
楼层	0.04	100	90	100	100
装修	0.02	100	110	120	120
加权合计	1	100	94.72	102.35	97.46

4. 决策建议

在家庭经济能力可以承受的范围内，建议购买意向别墅B。购买高端房产时要注意的问题：第一，高端房产必须处在城市的核心位置，如商业中心、教育中心、科技中心等，因为这些地段的资源相对集中，有很强的抗风险能力；第二，关注稀缺地块的高端房产，因为它们往往临河、临湖、临江、临公园，具有不可复制性，以后很难再有；第三，选择适宜居住的高端房产，因为越是宜居，拿出来卖的就越少，物以稀为贵；第四，注意开发商的品牌实力，同时物业服务的品质也是楼盘品质的重要组成部分；第五，关注建筑本身的品质，品质决定它的价值和升值潜力，因为差的开发商造不出品质高的房产；第六，注重考察园林设计，好的高端房产必须要善于在有限的空间内营造有深度的园林；第七，视自己的经济实力而定。

小　　结

本学习情境主要从认识住宅开始，分析住宅置业投资的影响因素，并利用资金时间价值的原理进行投资估算与财务分析，重点要求掌握家庭还款能力分析和应负担的各种税费、住宅置业的相关金融政策，最后简单介绍了住宅置业投资决策过程分析。

练　习　题

一、单项选择题（每题的备选答案中只有1个最符合题意，请把正确答案的编号填在对应的括号中）

1.著名历史学家周谷城说过："文化都是从解决衣食住行的问题开始的。"文化是人类行为的精神内涵，居住作为人的最主要的行为之一，也是文化的一项基本内容。这体现了住宅的（　　）。

A.舒适性　　　　B.文化性　　　　C.智慧化　　　　D.生态性

2. 下列属于居住房地产的是（　　）。
   A. 商铺　　　　B. 集体宿舍　　　　C. 旅馆　　　　D. 娱乐房产
3. Townhouse 是（　　）。
   A. 独栋别墅　　B. 联排别墅　　　　C. 城镇　　　　D. 乡间别墅
4. 投资者进行住宅置业投资的主要目的一般是（　　）。
   A. 获取住宅当期收益　　　　　　B. 获取住宅未来收益
   C. 直接从事住宅开发经营活动　　D. 间接参与住宅开发经营活动
5. 投资者对住宅内部使用功能的变动（如在公寓内设置自助洗衣房提供洗衣服务等），体现了投资者对住宅（　　）的重视。
   A. 各异性　　　　　　　　　　　B. 适应性
   C. 相互影响性　　　　　　　　　D. 专业管理依赖性
6. 当房地产开发商将建成后的住宅用于（　　）时，短期开发投资就转变成了长期置业投资。
   A. 出售　　　　B. 抵押　　　　　　C. 转让　　　　D. 租赁
7. 买卖双方要经过多次搜寻或长时间议价才能完成住宅交易，这个过程反映了住宅的（　　）。
   A. 不可移动性　B. 适应性　　　　　C. 变现性差　　D. 相互影响性
8. 在下列房地产投资行为中，不能体现住宅置业投资特点的有（　　）。
   A. 买地—建房—卖房　　　　　　B. 买房—转售
   C. 买房—出租—转售　　　　　　D. 买房—出租

二、计算题（要求写出计算过程；需按公式计算的，要写出公式；仅有计算结果而无计算过程的，不得分。计算结果保留到小数点后两位）

1. 某家庭购买一套住宅，单价为 6 000 元/平方米，该家庭月收入 12 000 元，其中 50% 可用来支付房款，银行可为其提供 30 年期的住房抵押贷款，贷款利率为 6%，抵押贷款价值比例最大为 70%。根据该家庭的支付能力，最多可以购买多少平方米的住宅？

2. 某家庭估计在今后 10 年内的月收入为 16 000 元，如果月收入的 50% 可以用于支付住房抵押贷款的月还款，在年贷款利率为 12% 的情况下，该家庭有偿还能力的最大抵押贷款额是多少？（月收入发生在月初）

3. 某家庭过去 5 年月收入 24 000 元，每月存入银行 50% 准备购房，现利用该存款的本利和作为部分购房款，其余房款向银行申请住房抵押贷款。银行要求贷款 10 年还清，家庭收入目前为 30 000 元/月，预计月还款额增长率为 0.6%，初步安排月收入的 40% 用于还款。该家庭有偿还能力的住房价格应控制在多少万元？如果房价为 24 000 元/平方米，则所选住房建筑面积应控制在多少平方米？（设银行存款利率为 6%，贷款利率为 9.6%，按月复利计息）

4. 某家庭准备以抵押贷款方式购买一套住房。该家庭月总收入 7 000 元，最多能以月总收入的25%支付住房贷款的月还款额。年贷款利率为6%,最长贷款期限为20年。若最低首付款为房价的30%,采用按月等额偿还方式,试求:

(1) 该家庭能购买此房的最高总价是多少?

(2) 若第5年年末银行贷款利率上调为9%,为保持原月偿还额不变,则该家庭需在第6年年初一次性提前偿还贷款多少元?

实 训 题

1. 某家庭一家4口,包括1位老人,家有存款12万元,家庭月收入6 000元,日常开销约为3 000元。在购房时,有如表1-10所示的几种户型、面积、价格及标准可供选择。

表1-10 住宅置业投资选择

户 型	面积/平方米	价格/元	标准
两房两厅	80	3 500	成品房
三房两厅	100	3 500	成品房
三房两厅	120	3 000	毛坯房
四房两厅	140	3 000	毛坯房

其他条件如下。

(1) 抵押贷款付款方式:首付三成,贷款七成,20年,贷款年利率为5.7%。

(2) 预计办理购房各类手续费和税费共计1万元。

(3) 室内装修成本每平方米约500元,家居装饰成本每平方米约200元。

根据上述条件,请你为该家庭提供合理的住宅置业建议。

2. 撰写"任务导入"中的住宅置业分析报告(2 000~3 000字),并制作PPT汇报。

学习情境 2 商铺置业投资分析

- 商铺置业投资分析
  - 认识商铺
    - 了解商铺的概念
    - 熟悉商铺的分类
    - 熟悉商铺的特点
  - 认识商铺置业投资
    - 了解商铺置业投资的概念
    - 了解商铺置业投资的种类
    - 熟悉商铺置业投资的特点
    - 熟悉商铺置业投资的主体
    - 熟悉商铺置业投资的形式
  - 各类商铺置业投资特点分析
    - 熟悉商业街商铺置业投资特点分析
    - 熟悉市场类商铺置业投资特点分析
    - 熟悉社区商铺置业投资特点分析
    - 熟悉住宅底层商铺置业投资特点分析
    - 熟悉百货商场、购物中心商铺置业投资特点分析
    - 熟悉商务楼、写字楼商铺置业投资特点分析
    - 熟悉交通设施商铺置业投资特点分析
  - 影响商铺置业投资的因素分析
  - 商铺置业投资估算
    - 熟悉商业地产金融政策
    - 熟悉相关税费政策
    - 掌握商铺置业投资估算举例
  - 商铺置业投资财务分析
    - 掌握编制现金流量表
    - 掌握基本财务指标
    - 掌握商铺置业投资财务分析实例
  - 商铺置业投资决策分析
    - 掌握服务期相同的互斥方案的比选
    - 熟悉服务期不同的互斥方案的比选

任务导入

2022年，某公司经理想在杭州市区买一间30~80平方米的商铺，具体要求如下。

（1）位置：城东区域。

（2）单价控制在20 000~40 000元/平方米，总价控制在200万元以内。

（3）首付五成，商业贷款。

（4）商业氛围基本成熟，商铺有专业的物业资产管理公司负责运营管理等。

（5）附近有火车站或地铁站。

（6）该公司经理家庭年收入在30万元左右，属于首次投资置业，目前无银行贷款、无负债，个人信用良好。期望2023年7月后有租金收益，期望租金水平为20元/（日·平方米）。

请根据具体要求为该公司经理出具一份商铺置业投资分析报告。

2.1 认识商铺

2.1.1 商铺的概念

商铺

商铺，由"市"演变而来，《说文解字》将"市"解释为"集中交易之场所"，也就是今日之商铺。唐宋是中国封建社会的鼎盛时期，唐都城长安是当时东西方文化、商贸交流的中心，长安东西两市，商贾云集，店肆无数，商业十分繁荣。北宋时，商铺和市场是分开的，首都东京（开封）是当时最大的商业中心城市。据历史记载，东京东大街至新宋门，鱼市、肉市、漆器铺、金银铺最为集中；西大街至新郑门有鲜果市场、珠宝玉器行；皇城东华门外，无所不有。《清明上河图》曾翔实地记录了古代商铺、商业街市的境况。

上海位于长江三角洲东端，北濒长江口，南临杭州湾，明清时期仅为江苏省的一个县。上海的第一次崛起，是在20世纪二三十年代，当时的上海已成为全国最大的经济和商业中心，远东最大的商业中心城市。据《上海通史》记载，1933年上海共有商铺7.2万户，平均每平方千米136.5户，各地巨贾名商纷纷落户上海，十六铺、南京路、静安寺、霞飞路（今淮海中路）等商业中心街区初具雏形。

根据以上对商铺历史的回顾，我们可以对"商铺"做以下定义：商铺是专门用于商业经营活动的房地产，是经营者为消费者提供商品交易、服务及感受体验的场所。广义的商铺，其概念范畴不仅包括零售商业，还包括娱乐业、餐饮业、旅游业所使用的房地产，营利性的展览馆厅、体育场所、浴室，以及银行、证券等营业性的有建筑物实物存在的经营交易场所。现代商铺的定义和过去商铺的定义相比有相同的地方,即商铺首先是商品交易的场所;区别之处是现代商铺不仅包含了交易功能,而且包含了服务功能和感受体验功能。

提供商品交易的商铺,有百货商店、超市、专卖店、汽车4S店等。

提供服务的商铺,有餐饮店、美容美发店等。消费者在这种商铺里,通过得到经营者提供的服务,享受服务的品质。

提供感受体验的商铺,有电影城、KTV、健身房等。消费者在这类商铺里充分感受经营者创造的特别的情境、设施、氛围等,从中得到美感、娱乐、健康体验等,而经营者在此过程中实现收益。

商铺在发展过程中,已经从最初的经营物品商品发展到经营服务商品、体验商品的层面。很显然,以上不同经营商品的形态将直接决定商铺的位置、交通条件、定位、大小、空间、结构、装修方法、装修风格、商品类型、配套条件等。在此,对商铺的概念做足够的分析,有利于商铺置业投资者在投资过程中做初步的判断。

2.1.2 商铺的分类

从商铺的概念可以看出,其范围极为宽泛,不对它进行有效分类是无法深入进行相关研究的,更不要说对商铺置业投资进行专业的分析了。

商铺的形式多种多样。商铺在各种商业区、住宅区、专业市场,以及大型购物中心等商业房地产中随处可见,商业设施就是由大大小小的商铺组成的。尽管都是商铺,但很显然,不同地方、不同类型的商铺,其商业环境、运营特点、投资特点都有明显不同。

1. 按照开发形式分类

1)商业街商铺

商业街指以平面形式按照街的形式布置的单层或多层商业房地产形式。商业街沿街两侧的铺面及商业楼里面的铺位都属于商业街商铺(图2.1)。

与商业街的发展紧密联系的就是商业街商铺,商业街商铺的经营情况完全依赖于整个商业街的经营状况:运营良好的商业街,其投资者大多数收益丰厚;运营不好的商业街,往往令投资者、商铺租户、商铺经营者都面临损失。

图2.1 商业街商铺

2)市场类商铺

在这里我们所说的"市场"是指各种用于某类或综合商品批发、零售、经营的商业楼宇,有些是单层建筑,但大多是多层建筑。这类市场里面的铺位即我们所说的市场类商铺,如图2.2所示。

市场类商铺在零售业中所占比重比较大,在全国各地都有大量从事某种商品经营的专业批发市场和零售市场，如服装市场、图书交易市场、电子市场、家用电器市场、家具市场、建材市场等。

3）社区商铺

社区商铺指位于住宅社区内的商用铺位，其经营对象主要是社区的居民。社区商铺的表现形式主要是1～3层的商业楼或建筑底层或商业用途裙房，如图2.3所示。社区商铺现已打破原来以铺位形式为主的特点，铺面形式逐渐成为社区商铺的主流。社区商铺可以按照商铺的投资形式分为零售型社区商铺和服务型社区商铺两类。

图2.2 市场类商铺

图2.3 社区商铺

4）住宅底层商铺

住宅底层商铺指位于住宅等建筑物底层（包括地下一、二层及地上一、二层，或其中部分楼层）的商用铺面，如图2.4所示。

住宅底层商铺是目前市场极为关注、投资者热衷的商铺置业投资形式，很多房地产开发商充分认可住宅底层商铺的巨大价值。对于住宅底层商铺的投资者来讲，鉴于住宅底层商铺上面的住户将会带来稳定的客户流，住宅底层商铺未来的客户基础将相对可靠，换言之，投资者的投资风险相对较小。

5）百货商场、购物中心商铺

百货商场、购物中心商铺指各种类型百货商场、购物中心内的铺位，如图2.5所示。百货商场、购物中心的运营好坏对其中商铺经营状况的影响直接而深远。目前，国内有不少百货商场、购物中心商铺项目在多个大中城市开发建设。

图2.4 住宅底层商铺

图2.5 百货商场、购物中心商铺

6）商务楼、写字楼商铺

商务楼、写字楼商铺指诸如酒店、商住公寓、俱乐部、会所、展览中心、写字楼等内部可用于商业用途的空间，如图2.6所示。这类商铺的规模相对较小，但商业价值很值得关注。

7）交通设施商铺

交通设施商铺指位于地铁站、火车站、汽车客运站、飞机场等交通设施内及周围的商铺，以及位于道路两侧的各类中小型商铺，如图2.7所示。

图2.6　商务楼、写字楼商铺

图2.7　交通设施商铺

以上是按照商铺的开发形式对商铺进行的划分。该种分类方式便于投资者对商铺项目的类型从开发形式的角度进行理解，并形成不同的开发观念。

2. 按照投资价值分类

商铺作为房地产中新兴的典型投资形式，其投资收益能力及其投资价值无疑是商铺置业投资者最关心的问题。所投资的商铺如果投资价值不高，对于商铺置业投资者来讲，至少意味着短期的失败。

鉴于商铺置业投资价值的重要性，下面按照商铺的投资价值对商铺进行分类，以便投资者从投资收益的角度去判断投资方向及投资目标。

1）"都市型"商铺

"都市型"商铺指位于城市商业中心地段的商铺。鉴于其特殊的位置及所在地区自身的商业价值，通常，"都市型"商铺的客流量长期比较稳定，换言之，该类商铺的商业运营收益水平较高，如北京王府井商业街、北京西单商业街、上海南京路商业街、杭州湖滨路步行街等所在地区的商铺都属于典型的"都市型"商铺。

"都市型"商铺大多用作物品业态的经营，服务业态和体验业态所占的比重相对比较小，这比较符合商业价值原则。在客流量很大的地区，单位面积商业价值很高，只有物品业态才能够实现这一目标。但随着电子商务的发展，服务业态和体验业态所占的比重将大为增加。

2）"社区型"商铺

"社区型"商铺和社区商铺属于同样的概念。商铺所在社区通常都要经过从无到有、从不成熟到成熟的过程。实际上，一个社区成熟的过程就是其价值提升的过程：一个新的社区就好像证券市场的原始股，只要项目定位准确，发展环境良好，社区成熟所带来的商铺价值增长毋庸置疑。

需要指出的是，"社区型"商铺价值增长并不代表商铺的价格将永远增长。"社区型"商铺在价值增长的同时，也存在商铺价值提早被透支的情况。有些操作策划能力很强的开发商在商铺置业投资市场尚不成熟的阶段，通过对商铺项目进行良好的包装，从而达到提高市场预期的目的，最终使商铺价格远远高于其价值。如果商铺置业投资者在这种氛围下进行投资，其投资安全性会降低，其投资收益相应也会受到影响。

3）"便利型"商铺

"便利型"商铺指以食品、日常生活用品等经营为主，位于社区周边、社区内、写字楼内、写字楼周边等位置，用于补充大百货商场不足的小面积商铺。之所以称其为"便利型"商铺，是因为其所经营的商品均属于"便利"类型，如写字楼内的小超市、公寓社区内的小超市、住宅社区的干洗店等都属于该种类型。

鉴于"便利型"商铺的功能性特点和所处位置，其经营收益并不低，属于商铺市场细分的类型。目前在国内外有很多从事"便利型"商铺经营的零售商，其市场规模很大。

"便利型"商铺通常面积不是很大，从经营的角度来看其店面也不需要很大，这无疑降低了对投资者资金实力的要求。另外，鉴于其适应性较强，所以出租、转让、转租都比较容易。

4）专业街商铺

专业街商铺指经营某类特定商品的商业街或专业市场内的商铺。该类商铺的价值和商业街或专业市场所经营的产品关系密切。

5）其他商铺

其他商铺指除上述四大类商铺外的商铺，包括超市、购物中心、商品批发市场、非专业类商业街等在内的商铺。这类商铺通常由大型投资机构、开发商进行投资开发，主要采取出租经营的方式，散户可投资的空间相对较小，加上这类项目专业性较强，投资风险不易控制。从投资收益的角度来看，如果该类商铺的投资商、开发商、管理商足够专业，对项目定位、市场规模、市场策略的判断足够准确，那么该类商铺的投资收益相对较高。

3. 按照商铺的形式分类

按照商铺的形式可以将商铺分为铺面和铺位。铺面，是指临街有门面，可开设商店的房屋，俗称店铺或街铺。铺位，一般只是指大型综合百货商场、大卖场、专业特色街、购物中心等整体商用物业中的某一独立单元或某些独立的售货亭、售货角等，俗称店中店。由于商铺本身属性的不同，必然导致其差异性的存在。

2.1.3 商铺的特点

1. 收益性强,但具有不确定性

商铺属于经营性房地产,其主要特点是能够用以获得收益。住宅地产的收益来源于售价和建造成本之差,房屋交割完毕后,交易也就结束了,其现金流是确定并且是一次性的。而商铺的收益不但有销售收入,还有租金,同时随着商业经营的开展还会产生递延的附加值。租金是一个持续的现金流,随着周边环境的不断变化而变化,具有不确定性和高收益性。

2. 经营内容多,业态多样

在同一宗商铺,特别是大体量商业房地产中,往往会有不同的经营业态和内容,如一部分经营商品零售,一部分经营餐饮,一部分经营娱乐等。不同的经营业态和内容一般会有不同的收益水平,因此对商铺进行投资分析时需要区分不同的经营业态和内容分别进行投资测算。例如,应在市场调查分析的基础上测算不同经营业态和内容商铺的收益水平,并对不同经营业态和内容商铺设定不同的收益率。

3. 出租、转租经营多,产权分散复杂

商铺往往是销售给个体业主或公司的,业主又常常将其拥有的商铺出租给他人经营,有的承租人从业主手上整体承租后又分割转租给第三者,造成商铺产权分散、复杂,因此在进行商铺置业投资分析时要调查清楚产权状况,分清商铺产权人和承租人的身份。

4. 装修高档且复杂

为了营造舒适宜人的购物消费环境,商铺通常会有相对高档的装修,而且形式各异,投资时需要准确单独估算其价值。另外,商铺装修升级快,有些经营者买下或承租他人经营的商铺后,为了保持或建立自己的经营风格或品牌效应,一般会重新装修。因此在投资时应充分分析现有装修状况能否有效利用,如无法利用应考虑追加装修投入对投资价值的影响。

5. 垂直空间价值衰减性明显

商铺的价值在垂直空间范围内表现出明显的衰减性。一般来说,商铺的价值以底层为高(高楼的顶层商铺因有景观等因素,比较特殊),向上的方向其价值呈现快速的衰减,越到后面,价值衰减则越慢。这是因为底层对于消费者而言具有最便捷的通达度,不需要借助垂直的交通工具。而向上的楼层则需要借助垂直交通工具,通达的便捷度随之减弱。同理,地下商铺垂直向下的方向其价值依次衰减。

观察与思考

你所在的城市目前有哪些类型的商铺?

2.2 认识商铺置业投资

2.2.1 商铺置业投资的概念

所谓商铺置业投资,是指投资者为了获取经济利益而投入一定资金购买商铺的经济行为。商铺是一种不可多得的投资品种,它有较高的保值增值功能,而且风险小、回报高。商铺置业投资作为房地产中比较常见的投资类型,具有很高的市场关注率。

2.2.2 商铺置业投资的种类

商铺置业投资有多种分类方法,本书按照商铺的开发形式对商铺置业投资进行以下分类。
（1）商业街商铺置业投资。
（2）市场类商铺置业投资。
（3）社区商铺置业投资。
（4）住宅底层商铺置业投资。
（5）百货商场、购物中心商铺置业投资。
（6）商务楼、写字楼商铺置业投资。
（7）交通设施商铺置业投资。

2.2.3 商铺置业投资的特点

一般来说,一个市场繁荣的程度从当地商铺经营的收入情况可以一目了然,而经营收入的多少会直接影响商铺的租金多少,可以说,商铺的交易行情是消费市场的"晴雨表"。尽管目前由于电商迅猛发展、商业地产供求失衡等多方面原因,商铺受到的冲击比较大,但随着商铺价格的回归、业态的不断调整、线上线下的融合发展,特别是体验式消费商业模式的不断创新,商铺的投资回报率总体来说相对较高,其发展潜力仍然被看好,所以仍然受到很多投资者的关注。商铺置业投资的特点如下。

1. 投资收益稳定

住宅的租约期限一般为半年至一年,相对较短,而商铺的租约通常为3~5年甚至更长。租户对商铺的装修投资、盈利预期及长期规划,决定了商铺租约的稳定性。此外,租金的递增保证了商铺长期的收益增长。租金预付的付款方式也使租金收取较有保障。

2. 投资价值增值性强

商铺置业投资是一个长期的过程，它不会因房龄增长而降低其投资价值。相反，好的商铺因其稀有性或特定的供应条件，会随着商圈的发展成熟而不断升值，在价值提升的同时，租金的增长也是必然的。

3. 投资回报率较高

与传统的资本增值方式相比，投资商铺利润率较高。据业内人士分析，目前住宅用房的投资回报率基本下降到6%~8%，但商铺的投资回报率仅租金收益一项就可能达到10%~15%，有的甚至达到20%以上。如购买社区商铺，随着业主入住，人气上升，商铺价值也会随之提升。

需要指出的是，除商铺租金收益外，精明的商铺置业投资者还会充分利用商铺增值提高投资收益，在商铺升值到一定水平时及时卖出，完成对商铺的投资过程。

4. 投资方式灵活

调查显示，商铺的投资者主要有两种：一种是专业的商铺置业投资商，其拥有较雄厚的经济实力，通常会做大型商铺交易，即购买一些商铺的产权或经营权，然后出租给各个经营商，自己也捎带经营，但不以经营为主。另一种是小型商铺置业投资商，其通常拥有一定的闲置资金，用来投资一两个商铺。这种类型的投资者中一部分是为了出租后盈利，也有一部分是出于自营目的，还有少部分则纯粹是为了在买进卖出中赚取差价。

5. 投资关注商业新业态

目前的商铺市场需求变化主要呈现出以下几个方面的特点：一是受到电商冲击，导致部分商铺的需求出现回落，如经营电子类产品的商铺；二是消费者的需求出现变化，更加注重体验，所以能满足体验式消费的场所更有前途。因此现阶段商铺置业投资，要从以下两个方面来考虑：首先，要尽量避免日渐没落的商业模式，如经营电子类产品的商铺；其次，尽量选择能够满足新的需求的商铺，如增加体验式消费和服务性消费需求的商铺。

2.2.4 商铺置业投资的主体

商铺置业投资的主体是指投资商铺的个人或者机构。在此对商铺置业投资的主体加以区分，完全在于商铺置业投资的特殊性，并非所有商铺都适合任何类型的投资者，有些商铺适合个人投资，但有些商铺只适合机构投资。

显然，个人商铺置业投资者和机构商铺置业投资者的区别并不仅仅在于资金规模上，而在于商铺隶属项目的类型、规模、定位等所引发的深层区别上。本书将在后面的内容中对各类商铺的投资主体的适应性进行分析、介绍。

2.2.5 商铺置业投资的形式

商铺置业投资的形式主要分为购买和租赁两种。购买和租赁同时也是其他各种类型房地产通常的投资形式，有极大的相似性。但仔细对商铺置业投资进行研究可以发现，其中还包含很多个性化的内容。

1. 商铺购买

1）商铺上市初始交易购买

商铺上市初始交易购买，即商铺置业投资者从商铺的开发商手里购买的、尚未投入运营或尽管已经投入运营，但产权依然在开发商手里的商铺购买形式。商铺上市初始交易购买方式发生在商铺置业投资者和开发商之间，显然商铺置业投资者在投资过程中面对的大多是擅长房地产市场运作的开发商，商铺置业投资者能否通过开发商对拟购商铺的包装，而对该商铺的价值做出准确的判断，似乎并不是一件容易的事情。商铺置业投资者在此过程中的辨别能力、专业能力将决定其投资成败及投资收益的高低。

2）商铺二手购买

商铺二手购买，指商铺置业投资者从其他商铺置业投资者手里购买商铺的投资方式。商铺二手购买方式发生在商铺置业投资者之间，所以与商铺上市初始交易购买方式不同。在这种商铺购买方式中，商铺置业投资者需要判断拟购商铺的价值，如果需要也可以委托专业商铺咨询机构进行指导。

在商铺二手购买过程中，购买价格是谈判的核心内容。商铺置业投资者的投资操作如果足够科学、准确，那么他最终有可能买到物美价廉的商铺；与此相反，商铺置业投资者也有可能成为接力赛中的最后一个选手，购买后无法盈利出手，更糟的是，万一买到"垃圾"商铺，投资失败将不可避免。

2. 商铺租赁

1）商铺直接租赁

商铺直接租赁，指投资者从商铺产权方直接租用商铺，目的不是自己经营，而是出租盈利。即投资者以比较低的租金将商铺租下来，再转租。

进行商铺直接租赁的投资者如果不能与商铺产权方以足够低的租金达成协议，那么这种投资的可行性是值得怀疑的。因为如果租金太高，和市场租金之间的差距不大，那么再加上市场费用及管理费用等后，极有可能发生投资亏损。

2）商铺转租

商铺转租，指投资者从商铺租户手上租赁商铺，目的也不是自己经营，而是出租的投资方式。转租投资的情况较少发生，而且操作难度较大，毕竟经过转租后，留给投资者的利润空间已经很小了。但位置比较好的商业旺铺转租时，可以得到一定数额的转让费即承租权收益，这是对优先续租权的一种购买，是一种垄断利润。

2.3 各类商铺置业投资特点分析

2.3.1 商业街商铺置业投资特点分析

1. 商业街商铺的类型

商业街商铺的分类多种多样，可以按照经营商品的复合程度划分，也可以按照铺面商铺和商业建筑里面的铺位划分，还可以按照商业街建筑的单层或多层建筑形式划分。其中常用的是按照经营商品的复合程度划分的方式对商业街商铺进行分类。

按照经营商品的复合程度，我们将商业街商铺分为专业商业街商铺和复合商业街商铺。专业商业街商铺往往集中经营某一类（种）商品，如建材商业街、汽车配件商业街、酒吧街、休闲娱乐街等；复合商业街商铺对经营的商品类型不加限制，经营者可以按照自己的设想随意经营，如上海南京路商业街、武汉江汉路步行街等。

需要指出的是，鉴于专业商业街商铺经营商品的统一性特点，整个商业街的市场成本比较低，只要商业街的开发商对整个商业街进行恰当包装，那么所有的商铺就可以享受开发商统一市场宣传所带来的市场效果。从此特点可以得出结论：专业商业街从运营成本的角度符合市场规律和竞争规律。另外，由于专业商业街经营商品的品种具有简单化的特点，其规划设计的复杂程度较低，不太容易出现因开发商对商业街规划设计不合理而导致的对整个项目的运营产生负面影响的情况。

就复合商业街来讲，因为经营商品没有统一性、协调性，所以开发商对项目的市场宣传所能带给经营者的利益相对较少，这一点并不符合竞争规律。除此因素外，复合商业街的规划设计难度较高，开发商如操作不当，就会发生因投资者、经营者不认同项目的规划设计方案而导致的项目失败，也有可能出现因项目市场成本太高而引起竞争力降低的情况。在国内复合商业街成功的案例也不少，但基本上都属于经过几十年市场长期锤炼的品牌化商业房地产综合形式。北京的王府井商业街、西单商业街、前门大栅栏商业街都属于典型的复合商业街形式，它们都经过了长期的市场培育，在国内已经成为耳熟能详的商业街品牌，所以它们的成功是自然的，也是值得借鉴的。在大城市，往往已经形成了几个有市场影响力的复合商业街项目，如果再想新建其他复合商业街项目，市场风险无疑会比较大。而对于有些中小城市来讲，复合商业街尚处在初始发展阶段，有的甚至是当地的第一个复合商业街项目，这种情况下，项目的风险相对会比较低，但是必须谨慎判断项目的规模、定位等。

2. 专业商业街及其商铺的特点

1）专业商业街规模特点

专业商业街规模大小不一，和经营的商品类型有关。例如，经营服装的商业街和经营建材的商业街，其规模可能会有较大的差别：北京"女人街"属于典型的女性主题服装商业街，单个独立的"女人街"规模为1万多平方米；而北京十里河家居建材街，建筑规模则远远超过1万平方米，达到近10万平方米。商业街的规模必须体现市场需求，符合所经营商品适合的经营规模。如果盲目追求规模效应，那么商业街将会面临市场承接力不够引发的经营困境。

2）专业商业街规划设计特点

专业商业街规划设计一般沿街两侧布置商铺，单层建筑居多；专业商业街可以是一条街，也可以是一条主街和多条副街；专业商业街的长度不能太长，若超过600米，消费者就可能产生疲劳、厌倦的感觉。一个专业商业街项目到底该如何进行规划设计，如何把握规划设计准则，对于开发商来讲是一个需要重点考虑的问题。

3）专业商业街名称特点

专业商业街的名称往往体现商业街所在的位置和所经营的商品类型两大要素。例如，北京三里屯酒吧街，名称中就准确包含了位置元素"三里屯"和经营商品类型元素"酒吧"，这样的例子不胜枚举。正如我们在前文所谈到的，专业商业街会节省商铺经营者的市场成本，从北京三里屯酒吧街的例子中不难看出，消费者从其名称就可以得到他们所需要的信息，从而便于消费决策。

4）专业商业街商铺的特点

（1）商铺形式。

有些专业商业街完全采取铺面形式，如北京三里屯酒吧街；有些专业商业街完全采取铺位形式，如北京"女人街"；其他专业商业街则采取铺面、铺位相结合的方式，如北京十里河家居建材街。

铺面形式对商铺置业投资者而言意味着高售价、高租金和高收益，但对于开发商来讲，却意味着可开发面积减少。物品购买业态的商业街因为针对的客户群广泛，所以很少采取铺面形式，这样可以设置更多铺位；服务业态、体验业态的商业街则恰好相反，它们主要采取铺面形式。需要关注的是，采取铺面形式的专业商业街，投资成功的比例较高。

（2）投资回收形式。

出租经营为专业商业街店铺的主要投资回收形式，个别专业商业街的商铺采取出售的方式。有些专业商业街由于销售手续不容易拿到，因此，开发商多采取出售商铺一定年限使用权的方式。

3. 复合商业街及其商铺的特点

1）复合商业街规模特点

复合商业街大多数规模庞大，无论是北京的王府井商业街，还是上海的南京路商业街，都是商业"巨无霸"，沿街商业房地产开发面积达几十万平方米。新开发复合商业街的规模决策对开发商来说是一个考验，如果开发面积太大，超过了市场需求，开发商很容易投资失败。

2）复合商业街规划设计特点

复合商业街规划设计一般沿街两侧布置，大多数为多层建筑，长度往往比较长（有的达到2~3千米）。复合商业街规模庞大，对规划设计的水平有较高要求。开发商必须科学、合理地考虑交通组织、停车场规划、消防、环境、商业引导概念等问题，如果对上述问题未予考虑，或考虑得不够充分，轻则影响项目功能，重则导致项目失败。以北京平安大街为例，这条街初始规划目标是建成一条老北京特色街，但其最终的发展情况却令人失望。发生以上情况的原因何在？专家通过分析，认为该项目的规划设计问题比较大，首先是未充分考虑停车问题，没有足够的停车位，绝大多数商家无法正常经营；其次这条街的宽度是按照交通干道的标准确定的，所以与商业经营的功能需求有很大冲突。以上两个原因综合影响，直接导致了项目的失败。

3）复合商业街名称特点

复合商业街的名称主要体现其所在的位置，如杭州湖滨路步行街。既然复合商业街的名称要包含其所在地名，那么这个地名的品牌价值就需要很高，至少比较高；否则，开发商在项目运营过程中将面临极大的困难。一个陌生的、新开发的复合商业街，其市场前景值得商铺置业投资者谨慎考虑。

4）复合商业街商铺的特点

（1）商铺形式。

复合商业街商铺的形式主要是铺位形式，铺面较少。在运营成熟的复合商业街，铺面商铺的价值极高。如北京王府井商业街的铺面房，其房东则收益颇丰。

（2）投资回收形式。

复合商业街主要采取出租经营的方式。有些规模很大的复合商业街往往将沿街的土地出让给不同的开发商，由不同的开发商各自开发。针对这种多家开发商共同开发大规模复合商业街的情况，商铺置业投资者不仅要考虑拟投资项目的个案情况，而且要考虑复合商业街整体的规划等问题。也有一些新建复合商业街采取出售经营的方式。如果该类复合商业街是没有历史铺垫的项目，则其投资风险会比较大。

4. 投资策略

专业商业街商铺不仅适合机构投资者进行投资，也适合个人投资者进行投资。商铺的出售面积整体较小，所需要投入的资金数量不是很大，其投资风险也相对较低。租金收益水平尚可，有较大的升值空间，但商铺的自主权不高。

复合商业街商铺适合机构投资者和个人投资者进行投资，预期投资收益无论是租金收益还是升值收益都比较高。但因为复合商业街的市场打造、成熟度受较多因素影响，所以投资风险比较高，投资周期也比较长，个人投资者须谨慎对待该类投资品种。

2.3.2 市场类商铺置业投资特点分析

1. 市场类商铺的类型

市场类商铺一般按照市场经营的商品是单一类别还是综合类型分为专业市场商铺和综合市场商铺。专业市场商铺往往集中经营某一类（种）商品，如建材市场等；综合市场商铺经营的商品虽然有范围，但基本覆盖的是某一大类商品，如杭州新时代家居生活广场等。

需要指出的是，鉴于专业市场商铺经营商品的统一性特点，整个市场的营销成本比较低，只要该市场的开发商对整个市场的定位准确，那么所有的商铺就可以享受开发商统一市场宣传所带来的市场效果。从此特点可以得出结论：专业市场商铺的运营成本比较低。另外，由于专业市场商铺经营商品的品种具有简单化的特点，其规划设计的复杂程度较低，有利于开发商对项目进行合理规划。而综合市场商铺，因为经营的商品没有统一性，所以开发商对项目的市场宣传所能带给经营者的利益相对较少。除此因素外，综合市场商铺的规划设计难度相对专业市场商铺而言较高，对开发商的专业能力有要求。

2. 专业市场及其商铺的特点

1）专业市场规模特点

专业市场的规模大小和经营商品的类型没有关系，往往和市场所处地域的市场支撑能力、投资商的实力及市场经营的方式等因素密不可分。不同实力的投资商在同一个地区投资建设同样类型的专业市场，其规模可能会差别很大，当然其盈利能力也会差别很大。在这种情况下，商铺置业投资者自然要谨慎选择。经营同样商品的专业市场，批发、零售的投资形式对其规模的影响很大。例如，北京沙子口办公用品批发市场，其规模约1万平方米，专业批发办公所需的各类用品，在北京有很高的知名度，然而这种规模对于办公用品零售来讲则是不恰当的。

2）专业市场规划设计特点

专业市场的规划设计并不复杂，开发商往往将每层合理分区或分成几条步行街，商铺沿街布置或按照"岛"形布置。步行街的长度建议不要超过600米，否则消费者可能产生疲劳、厌倦的感觉。

3）专业市场名称特点

专业市场的名称体现所在的位置和所经营的商品类型两大要素。这种命名方式可以为消费者提供尽可能多的信息，如海宁皮革城、绍兴轻纺城等。

4）专业市场商铺的特点

（1）商铺形式。

专业市场商铺的形式主要为铺位形式，极少采用铺面形式。

（2）投资回收形式。

专业市场商铺的投资回收形式有采取商铺出租方式的，也有些采取商铺出售方式的，因此，专业市场商铺的投资回收形式差别较大。例如，东方家园、百安居都属于专营家居建材用品的专业市场，这类专业市场商铺基本上都是由经营商统一经营管理；北京沙子口办公用品批发市场属于批发类专业市场商铺，经营商采取商铺出租的方式；杭州四季青服装批发市场也属于专业市场商铺，开发商采取商铺出售、经营商接受业主委托统一经营管理的方式。需要指出的是，商铺置业投资者在选择专业市场商铺的时候，需要对商铺的投资形式进行深入了解，而且专业市场商铺的规模越大，经营商的管理对其价值的影响力也越大。

3. 综合市场及其商铺的特点

1）综合市场规模特点

综合市场的规模有大有小，其大小受所经营商品的类型影响比较大。研究者认为，在同等运营条件下，综合市场的竞争力比专业市场的竞争力要差，同样的成本可以打造出一个具有市场影响力的专业市场，但却未必可以打造出一个经营良好的综合市场。尤其当开发商在综合市场开发过程中，对项目的定位不科学，市场策略缺乏创新时，开发较大规模的综合市场将面临风险。

2）综合市场规划设计特点

综合市场规划设计的难度较高，需要解决各商品分区的功能协调问题，也需要解决各商品分区自身的功能需要问题，还需要解决总体客流引导、货物流疏导等问题，这些对规划设计单位的市场意识有很高的要求，设计师不能简单地只从建筑的角度确定设计方案。北京万通新世界商品批发市场属于综合市场类型，其所经营的产品包括化妆用品、皮具、钟表、眼镜、饰品、服装、家居用品、礼品、床上用品、办公用品、通信设备等，产品种类繁多。经营商将该市场定位为批发中低档生活、办公用品的批发市场。由于经营的商品种类庞杂，经营商对该市场进行了合理的功能分区，首先按层进行划分，各层商品的种类与大型百货店的布置方式类似；各层进行区域划分，各区域之间及区域内均利用宽 2 米左右的主通道和宽 1.3 米左右的辅助通道连通。万通新世界商品批发市场的内部设计比较拥挤，但这种拥挤的设计方式比较符合目标消费者的需求。万通新世界商品批发市场的规划设计解决的大多数是小商品零售商和消费者的需求，因为是小商品，所以通道不需要太宽，里面也可以拥挤一点，但如果是经营其他类型的商品，其规划设计则要体现不同的技术要点。

3）综合市场名称特点

综合市场的名称往往体现其建筑名称或地理位置名称、所经营商品的类别及经营的方式三大要素。以上信息最大限度地体现在名称里,以便于市场推广,如义乌小商品批发市场。

4)综合市场商铺的特点

(1)商铺形式。

综合市场商铺的形式主要是铺位形式,铺面形式相对较少。

(2)投资回收形式。

综合市场商铺大多数采取出租商铺的投资回收形式,现在陆续有一些综合市场商铺项目采取商铺销售的形式。

4. 投资策略

专业市场商铺是比较适合个人投资者投资的品种,目前在商铺置业投资市场以高价成交的商铺不少出自专业市场商铺项目。从专业市场商铺的发展情况来看,无论是在产品选择、定位、规模,还是在市场策略、运营管理等方面,国内开发商都已经有了比较丰富的经验,所以尽管投资收益水平未必最高,但较低的投资风险下较高的投资收益率还是值得选择的。当然,在专业市场商铺置业投资过程中,投资者必须对专业市场商铺项目的市场环境做出准确判断。

综合市场商铺外部的市场条件是商铺置业投资的核心因素,商铺价值更多来自其所处综合市场的价值,具体商铺的个性化因素对商铺置业投资价值的影响不是很大。与专业市场商铺相比,综合市场商铺的投资风险相对较大。个人投资者在投资过程中,应谨慎对待综合市场商铺项目。

2.3.3 社区商铺置业投资特点分析

1. 社区商铺的类型

结合社区商铺的特点,按照商铺的投资形式,社区商铺可以分为零售型社区商铺和服务型社区商铺两类。

社区商铺主要提供与人们生活密切相关的生活用品销售和生活服务设施等配套服务。零售型社区商铺的商业形态主要为便利店、中小型超市、药店、小卖部、书报亭,以及少量服装店等;服务型社区商铺的商业形态主要为餐厅、健身设施、美容美发店、银行、干洗店、彩扩店、花店、咖啡店、酒吧、房屋中介公司、装饰公司等。

从以上社区商铺可能的商业形态可以看出,社区商铺具有广泛的功能特点,而且大多数投资小,容易出租、转让。

2. 社区商铺的特点

社区商铺作为与人们的生活密切相关的商业房地产形式,其市场极为成熟,只要商铺置业投资者做到理性投资，而不是以过度透支的价格购买商铺，则一般不会面临大的投资风险。

1）零售型社区商铺

（1）规模特点。

零售型社区商铺的规模有大有小。例如，用作中小型超市的社区商铺规模较大，面积大的约1 000平方米，小的约100平方米；药店面积一般在100平方米左右；便利店面积一般为20～30平方米；书报亭面积一般仅有4～5平方米。

（2）规划设计特点。

零售型社区商铺的规划设计通常没有特殊的要求，但3.5米的层高是基本要求；如果是做中型超市，规划设计时则应考虑合理的柱距，避免柱网太密，影响使用效率。

（3）商铺的特点。

零售型社区商铺的主要形式为铺面形式，投资回收方式包括出租和出售两种，从市场发展趋势来看，出售方式越来越吸引市场的关注，而且社区商铺的买家将逐渐从散户向商业投资机构转化。例如，随着智慧社区、社区电子商务的发展，投资机构需要在社区商铺建立E邮站、商品自取点等。

2）服务型社区商铺

（1）规模特点。

随着人们生活水平的提高，服务型社区商铺的规模有逐渐扩大的趋势。过去，服务型社区商铺比较多的是小型餐厅、小型美容美发店、彩扩店、花店等。现在，随着社区规模的增大，社区餐厅的规模也越来越大，大型专业美容美发院也成为大型社区的重要配套，健身设施从无到有，并不断有知名品牌健身机构进入市场，包括早教中心在内的其他服务设施都对商铺的规模有较高要求。根据市场经验，1 000平方米左右的服务型社区商铺具有良好的市场空间。

（2）规划设计特点。

服务型社区商铺的层高也不能低于3.5米，柱网设计要在设计安全可靠的前提下，最大限度地实现柱子数量最少化；由于餐厅、美容美发店、健身设施等对水、电、暖、天然气、排污、消防等有相关要求，因此规划设计过程中要对以上内容加以考虑。上述设施越完善，商铺越容易出租。

（3）商铺的特点。

服务型社区商铺的形式有铺面形式和铺位形式两大类。对于铺面商铺开发商不可能进行统一管理，尤其当采取出售投资形式的时候，开发商不可能在经营阶段干预商铺置业投资者的投资形式或经营类型，在此情况下，如果社区商铺的规模太大，这种没有统一定位、统一经营理念的服务型社区商铺项目将有可能面临经营困境。有些社区建有专门的社区商业楼，里面的商铺主要是铺位形式，其"可视性"肯定不如铺面形式，但其优点在于这种铺位商铺有可能在统一定位、统一经营理念影响下，使竞争力得到提升。

换言之,当社区商铺的开发商专业化水平很高时,铺位商铺的价值未必不如铺面商铺。

目前,不少从事服务型社区商铺经营的经营商已经逐渐在改变租用商铺的方式,原因是多方面的:①过去的餐饮业经营商、美容美发店经营商等财力不足,所以只能租用商铺,但现在就不同了,很多从事服务类经营的企业、个人已经具备了投资购买商铺的实力;②这些经营商不得不面对商铺房东一再涨租金的现实,所以这些经营商会转而选择购买商铺。从上面的分析可以得出结论:服务型社区商铺会逐渐成为商铺销售市场的重要品种。

3. 投资策略

尽管社区商铺的目标客户范围大多局限在社区内,但由于其市场成熟度高,市场基础稳定,所以成为商铺置业投资成交的热点。如果所属社区定位高端、社区规模庞大、入住率高,那么其社区商铺的价值将被大大提升,社区规模成长的空间决定着社区商铺价值的升值空间。

社区商铺适合机构投资者和个人投资者投资。对个人投资者来说,由于市场风险较低,因此社区商铺的销售异常火爆。需要指出的是,虽然社区商铺的风险较低,但是有一个前提,就是购买社区商铺时,不能被开发商的过分炒作所迷惑,不要投资过多,以免被套牢。

2.3.4 住宅底层商铺置业投资特点分析

1. 住宅底层商铺的类型

住宅底层商铺(简称"底商")可以按照服务区间及市场理念来划分。

1)按照服务区间划分

按照服务区间的不同,住宅底商可以分为服务于社区内部和服务于社区外部两种。有些住宅底商主要的客户对象是住宅社区内的居民,而有些住宅底商的客户对象则不止局限于住宅社区内的居民。

对于大型的住宅社区,住宅底商主要以社区内的居民为服务对象,其功能要结合小区业主的消费档次、消费需求、消费心理、生活习惯来设定。这样的商铺投资少,风险不大,资金回笼也较快。

对于服务于社区外部的住宅底商,则应考虑周边商业业态、街区功能来确定商铺功能。这样的商铺应位于交通便利、商业气氛浓郁的地区,店铺面积不宜过小(最好在1 000平方米以上),主要有大型超市、各种专卖店、大型百货商场等。

2)按照市场理念划分

随着越来越多的住宅项目进行住宅底商的开发,房地产开发商逐渐意识到住宅底商具有很大的市场潜力,但不同项目的竞争将成为今后住宅底商市场的主旋律,市场运作将对住宅底商项目的成功发挥重要作用。

按照住宅底商市场运作的特点，我们将住宅底商分为概念型住宅底商、潜力型住宅底商和商圈型住宅底商三种类型。

（1）概念型住宅底商。

概念型住宅底商，指开发商在开发过程中注重突出项目的概念和主题包装的住宅底商项目。从以"欧式商业步行街"概念炒作成功的"现代城""欧陆经典"，到"珠江骏景"，再到"老番街"，住宅底商一改过去纯粹的配套服务功能。不过，为住宅底商做主题包装只是第一步，后期对主题概念的实施和控制更加重要。新颖的主题包装无疑为项目增色不少，但绝不应是开发商的制胜法宝。

（2）潜力型住宅底商。

潜力型住宅底商，指具有巨大市场潜力的住宅底商项目。相对于借助炒作概念而走俏市场的概念型住宅底商项目而言，某些住宅底商无须炒作却也热销，原因主要是巨大的市场潜力使此类项目被众多投资者所看好。

潜力型住宅底商前景固然广阔，但同时也存在风险，无论投资者是自营、出租，还是转手出售，所面临的最大问题都将是"时间"问题，也就是商户通常所说的"养店铺的时间"。因此，投资者要正确评估自身承受能力，在核算回报率时应充分考虑时间因素。

（3）商圈型住宅底商。

商圈型住宅底商，指已经形成一定的商业氛围，拥有大量的、稳定的消费群体的住宅底商项目。凭借有利位置，抓住市场需求点，部分住宅底商项目尽管价格不菲但仍能创造佳绩。

商圈型住宅底商周边的商业已形成一定气候，投资风险相对较小，回报率较高。不过，需要指出的是，成熟商圈内的住宅底商，虽然位置和人气占有绝对优势，但是，投资商铺的其他条件（如楼层、格局、层高、广告位、硬件设施等）也十分重要。例如，北京科技会展中心，其首层店铺的出租效果很好，虽然开发商也采取了如加修直通三层的电动扶梯及将过街天桥与二层直接相连等措施吸引客流，但仍难以弥补二层、三层在设计上的缺陷，部分店铺仍有空置现象。

最需要指出的是，由于商圈型住宅底商的价格较高，因此其升值空间相对较小。如果商铺置业投资者不谨慎，很可能会以过高的价格购买商铺，最终被高位套牢。

2. 住宅底商的特点

住宅底商有其区别于其他商铺形式的特点，这些特点对其经营、市场有方方面面的影响。

1）住宅底商规模特点

对住宅底商的规模要恰当控制，当规模超过2万平方米时，开发商必须对该商业房地产项目的市场环境做必要的调查和研究，不能一概用底商的简单概念去确定项目的定位、规模、市场策略等，否则项目很可能会面临开发困境。

2）住宅底商规划设计特点

住宅底商在建筑形式上表现为依附于住宅楼，整栋楼的一层、二层或/和地下层的用途为商业，楼上建筑的用途为居住。为了确保居住、商业运营两种功能的有效性，开发商通常会通过合理规划设计对居民和住宅底商的经营者与消费者进行独立引导，将出入口独立开来，以保证楼上居民的生活尽可能少受住宅底商的影响。

需要指出的是，如果规划设计不够合理，住宅底商会在一定程度上影响住宅的销售。

3）住宅底商运营特点

住宅底商作为商铺的一大类，主要用作与人们生活密切相关的生活用品销售和生活服务设施，其经营形态与社区商铺类似，其中零售型住宅底商的商业形态为便利店、中小型超市、药店、小卖部、书报亭，以及少量服装店等；服务型住宅底商的商业形态主要为餐厅、健身设施、美容美发店、银行、干洗店、彩扩店、花店、咖啡店、酒吧、房屋中介公司、装饰公司、幼儿园等。

4）宅底商形式

住宅底商的形式多数是铺面形式，少数是铺位形式。铺位形式的住宅底商良好的"可视性"使其价值最大化成为可能，这也是住宅底商引起市场关注的原因，或者说是住宅底商得到商铺置业投资者青睐的原因。

有些开发商在进行住宅底商设计时，为了使其标新立异，在其有限的空间里进行了超越通常意义的住宅底商开发，可能将其开发成为规模较大的步行街或其他形式。这些市场意义的创新，使住宅底商的概念复杂化，也使得住宅底商无论是规模还是形式都要求开发商从更加专业的角度进行规划设计、定位等；否则，用开发普通住宅底商的思路去开发步行街、百货商场或其他商业房地产形式，会加大项目的风险。

5）投资回收形式

目前，越来越多的住宅底商的投资回收形式为底商出售形式，主要的投资者包括个人投资者和机构投资者。长期来看，机构投资者会逐渐成为商铺购买的主力，这也将影响国内住宅底商的开发模式及投资模式。

3. 投资策略

住宅底商作为市场基础最成熟的商业房地产类型，很适合个人投资者。一方面，只要售价合理，投资风险会相对比较低，空租率一般也比较低，租金收益可以得到保证；另一方面，如果住宅项目规模大，居住人口消费能力强，那么其投资收益一般可以得到很好的保证。

2.3.5 百货商场、购物中心商铺置业投资特点分析

1. 百货商场、购物中心商铺的类型

百货商场是指经营包括服装、鞋帽、首饰、化妆品、装饰品、家电、家庭用品等众多

种类商品的大型零售商店。它是在一个大建筑物内，根据不同商品部门设销售区，采取柜台销售和开架面售方式，注重服务功能，满足目标顾客追求生活时尚和品位需求的零售业态。

购物中心是指一群建筑，是组合在一起的商业设施，按商圈确定其位置、规模，将多种店铺作为一个整体来计划、开发和经营，并且拥有一定规模的停车场。根据购物中心的建筑、设施和形态的不同，国际购物中心协会又将购物中心细分为"摩尔"（Mall，停车场与店铺间有一定的距离，通常在整体建筑的地下或外围，而店铺间有专用的步行街连接，如区域型、超区域型购物中心）和带状中心（店铺前各有停车场，店铺间通常没有专用的步道连接，如邻里型、社区型购物中心等）。

百货商场、购物中心商铺指百货商场、各种类型购物中心内的铺位。百货商场及各种类型购物中心的运营好坏对其中商铺的经营状况影响直接而深远。

2. 百货商场及其商铺的特点

1）百货商场规模特点

百货商场规模通常在2万平方米左右。

2）百货商场规划设计特点

百货商场通常采用3～5层的多层建筑，不需要对设计荷载做过多的考虑，除层高、柱网、消防、外部交通方案、电梯、货物流、包括POS系统在内的各种智能化系统外，商场内对消费者的有效引导，即动线布置和公共空间的设计都将是百货商场规划设计中的重要问题。

3）百货商场运营特点

百货商场主要采取统一经营的管理模式，由运营商对项目的定位、市场策略、管理模式等进行基于战略考虑的统一运作。统一经营的管理模式有利于打造百货商场项目的品牌价值，提升其竞争力。

4）百货商场商铺的特点

（1）商铺形式。

百货商场商铺的形式基本上都是铺位形式，个别百货商场会将一层的某些或某个铺面出租或出售给商家，如宾利汽车租用北京赛特购物中心一层的铺面做汽车展示，宝马汽车租用北京永安里贵友大厦一层的铺面做汽车展示等。

（2）投资回收形式。

百货商场铺位绝大多数采取收取租金或按照营业额流水提成的方式回收投资，也有些采取租金和流水提成结合的方式。

3. 购物中心及其商铺的特点

1）购物中心规模特点

购物中心业态经营比例一般为购物：餐饮：休闲＝1：1：1。

（1）社区购物中心是在城市的区域型购物中心建立的，面积在5万平方米以内的购物中心。

（2）市区购物中心是在城市的商业中心建立的，面积在10万平方米以内的购物中心。商圈半径为10~20千米，有40~100个租赁店，包括百货店、大型综合超市、各种专业店、专卖店、饮食店、杂品店及娱乐服务设施等，停车位在1 000个以上，各个租赁店独立开展经营活动，使用各自的信息系统。

（3）城郊购物中心是在城市的郊区建立的，面积在10万平方米以上的购物中心。目前在国内大型商业房地产开发领域，商铺置业投资者对具有投资价值的超级购物中心项目建立基本的了解，有助于辨析市场机会，规避投资风险。

2）购物中心规划设计特点

购物中心的规划设计包括购物中心项目的方案设计、初步设计及施工图设计等。项目的规划设计对于项目的成败有极大的决定作用，尤其以方案设计为重中之重。方案设计可以称为宏观设计，涉及用地分配、功能分区和规划、外部交通设计及城市环境设计，将决定购物中心项目的外部布局、内部功能、土地的利用效率、室内空间的利用效率、商铺出租的价格潜力、室内空间的合理动线布局等。初步设计及施工图设计可以称为微观设计，即在方案设计基础上进行纯建筑工程角度的深化和细化。购物中心规模庞大，业态复合程度极高，客流量大，所面对的两级客户——零售商和消费者有复杂的需求组合，这些对购物中心的规划设计提出了要求；同时购物中心规划设计又必须体现设计师的建筑美学概念和市场概念，如果不能实现这样的目标，无疑其设计是失败的，投资商、开发商将承受因此造成的损失。总之，购物中心的规划设计体现的是建筑美学概念和市场理念的充分结合，需要解决大量客流和各种类型零售商所带来的复杂需求，这些就是购物中心规划设计的特点。

3）购物中心运营特点

绝大多数购物中心采取运营商统一出租经营的管理方式，很少有购物中心采取出售商铺的方式。购物中心规模越大，采取出售商铺方式的可能性越小。当然也有可能有一些开发商看好某个购物中心项目，但鉴于资金压力，不得不采取将项目整体出售给投资机构（首先解决开发资金需求），在项目建设完成并投入运营后再回购的方式进行购物中心的开发。这种购物中心从形式上看似是采取了出售的方式，但实际上其出售所面对的主要客户是机构投资者，较少有个人投资者。

4）购物中心商铺的特点

（1）商铺形式。

购物中心商铺的主要形式是铺位形式，铺面形式比较少。购物中心商铺的面积大小不一，差别很大，从几平方米到几万平方米不等。

（2）投资回收形式。

购物中心涉及的经营业态有主力店、半主力店、专卖店、娱乐设施、餐饮设施等。不同规模的购物中心内的业态类型有多有少，其中超级购物中心内的业态组合最全、最多。以上各种经营业态的经营商基本上都是采取租用商铺的形式，其中主力店作为购物中心的重要组成部分，往往有一定的独立性，面积在1.5万平方米到2万平方米；半主力店、专卖店、娱乐设施、餐饮设施等基本上都以独立铺位的形式分布其中。购物中心内的商铺主要采取出租的方式，有些运营商也有可能采取按照经营流水提成的方式，或者采取租金和提成结合的方式。

4. 投资策略

百货商场商铺置业投资比较适合机构投资者，其优势可以在百货商场的开发、建设、管理过程中得到比较充分的发挥。

购物中心商铺也主要适合机构投资者，毕竟该类项目规模庞大、项目定位、规模确定、市场策略、开发建设、运营管理等各种问题都需要采取系统化运作，而系统化运作正是机构投资者的擅长之处。当有些购物中心项目由于资金原因，不得不采取商铺出售的方式时，开发商必须选择有效的操作方案，一方面吸引个人投资者进来，另一方面考虑管理运营机构"返租"等方式，以最大限度地保证项目经营管理的整体性。

对于个人投资者来说，购物中心商铺的投资风险相对比较高，虽然这些项目一旦成功，升值机会就会比较大，但该类项目也要面对市场成熟问题及市场竞争环境问题等，风险始终相伴。

2.3.6 商务楼、写字楼商铺置业投资特点分析

1. 商务楼、写字楼商铺的类型

商务楼、写字楼商铺可以按照商铺项目在整个建筑中的规模进行划分，分为两大类：底商和零散商铺。前者代表开发商将建筑底部个别楼层或多个楼层整体作为商业用途；而后者代表开发商只将底部个别楼层或多个楼层中的部分建筑面积作为商业用途。因为商务楼、写字楼商铺中常见的为底商，所以下面主要介绍商务楼、写字楼底商。

商务楼、写字楼底商和住宅底商有明显的共同点，即都是以上层住户、租户为目标客户群；不同点在于，商务楼、写字楼底商的定位基本上都高于住宅底商的定位。例如，北京丰联广场上面是写字楼，下面四层是商铺，以高档专卖店、知名特色餐饮设施和银行等为主要租户。

2. 商务楼、写字楼底商的特点

1）规模特点

商务楼、写字楼底商项目指开发商将酒店、商住公寓、俱乐部、会所、写字楼等底层（可能包括一层、二层、三层和/或地下层）部分大规模用作底商项目的发展，规模大，

涉及整体定位、整体包装、整体商业组合等问题，所有商铺作为一个完整的商业项目的内容而存在。例如，北京王府半岛酒店、北京丰联广场、北京时代广场、北京嘉里中心底商都属于大规模商务楼、写字楼底商项目，其规模比较大，项目本身具有很强的市场吸引力，其主要客户范围已经超越了上层住户和租户，通过其市场运作还将周边甚至所在城市的某些消费阶层都吸引了过来。

2）运营特点

商务楼、写字楼底商项目经营业态主要包括服装专卖店、超市、便利店、咖啡店、特色餐饮、银行、美容美发店、旅行社、机票代理、干洗店、彩扩店、娱乐项目等，其目标客户通常为中高档消费者。

3）商铺形式

商务楼、写字楼底商项目一般在一层店铺会有不少属于铺面形式，其他楼层则基本上都是铺位形式。

4）投资回收形式

商务楼、写字楼底商的投资回收形式有出租和出售两种。对于规模超过2万平方米的该类项目，只要开发商实力足够，能确保对整个项目整体运营的有效引导，一般都采取出租的形式，即使出售，也以机构投资者为主要销售对象。

3. 投资策略

商铺置业投资者对商务楼、写字楼商铺进行选择的原则是：首先确定哪个商铺从外部、内部具有最好的"可视性"；其次选择较好的楼层；再次以客流量为考虑参数，进行深入挑选；最后结合拟选择商铺的上述条件及自身资金状况，与开发商进行购买价格或租金的洽商。

商务楼、写字楼商铺的规模相对比较小，投资风险并不高，比较适合个人投资者投资。

2.3.7 交通设施商铺置业投资特点分析

交通设施商铺一般分为交通设施内部商铺、交通设施外部商铺和道路两侧商铺三大类。

1. 交通设施内部商铺的特点

1）规模特点

交通设施内部商铺的总体规模与该交通设施的客流量正相关，即客流量越大，内部商铺的总体规模越大，这也体现出市场对经营的直接影响。交通设施内部商铺的规模从整体来讲以中小型商铺为主，中型商铺主要用作餐厅、咖啡厅、便利店，小型商铺主要用作专卖店、快餐店、书店等。以北京首都国际机场为例，依托庞大的客流量，其出港前厅的几个商铺的面积为80~200平方米，主要有咖啡厅、便利店；出港后厅的商铺包括较大规模的便利店（便利店面积较大的为 200 平方米左右，较小的为 80 平方米左右）、中餐厅（中餐厅的面积较大，大约为 500 平方米），以及规模较小的专卖店。这些商铺成为服务于广大乘客的重要商业设施。

2）规划设计特点

交通设施内部商铺的规划设计从属于交通设施主要功能的规划设计，首先要考虑整个交通设施交通功能的需求，其次才考虑包括商业配套在内的配套设施，而且通常把大大小小的商铺布置在客流主要活动空间的周边、沿途，一方面方便消费者，另一方面有利于提高商铺的"可视性"，提升商铺的价值。

3）运营特点

交通设施内部商铺主要的服务对象是各类乘客，乘客的需求引导商铺的运营方向。乘客基本的饮食需求是从事餐饮生意的餐厅、快餐店的主要市场基础；乘客购买礼品的需求是各种便利店的主要市场基础；乘客打发时光的需求是售卖图书、期刊的书店的主要市场基础……以上内容体现了交通设施内部商铺的基本运营特点。

4）商铺形式

交通设施内部商铺形式主要是铺位形式，较少是铺面形式。

5）投资回收形式

交通设施内部商铺主要的投资回收形式是出租经营，而较少采取出售经营的形式，主要原因在于交通设施内部商铺总体规模比较小，仅占整个交通设施很小的一部分，交通设施的运营商进行交通设施内部商铺开发的目的主要是保证功能配套的完整性。

2. 交通设施外部商铺的特点

1）规模特点

交通设施外部商铺的规模和内部商铺的规模的大小关系不确定。机场外部商铺的规模要比内部商铺的规模小；火车站外部商铺的规模要比内部商铺的规模大；地铁内部商铺的规模与外部商铺的规模的大小关系不好确定，除交通条件外，其他因素也会产生影响。在各类交通设施外部商铺中，火车站外部商铺的规模较大，除规模在 200 平方米左右的便利店外，规模在 100 平方米左右的各类餐饮设施数量也很多。

2）规划设计特点

因为交通设施外部商铺通常隶属于不同的单位（或由不同的单位开发），所以缺乏统一的规划设计，唯一的共同点就是最大化其"可视性"。

3）运营特点

交通设施外部商铺主要的经营业态包括便利店、餐饮设施、书报亭等。其中便利店主要以经营普通食品、特色食品、烟酒、茶、礼品用品、少量服装等为主；餐饮设施普遍为中小型，种类繁多；书报亭经营图书、报纸、杂志等乘客用来消遣的商品。以上三大类经营业态体现了各类乘客的需求特点。

4）商铺形式

交通设施外部商铺形式有些是铺位形式,但绝大多数是铺面形式。铺面形式对于大多数不熟悉本地市场的乘客来讲,其"可视性"价值可想而知,所以交通设施外部商铺,尤其是火车站周边的铺面普遍价格不菲。

5）投资回收形式

交通设施外部商铺的投资回收形式有出租和出售两种形式。采取出租形式的该类商铺,大多数产权单位对商业不熟悉,只好以出租的形式赚取租金;采取出售形式的该类商铺,大多数属于产权单位因为资金需求而将商铺出售的情况,较少属于开发商开发整个项目进行出售的情况。

3. 道路两侧商铺的特点

1）规模特点

道路两侧商铺的规模没有固定特点,换言之,其规模大小没有统一性,大的可能一两千平方米,小的可能仅仅几平方米。

2）规划设计特点

道路两侧商铺的规划设计极具个性化,当然,个性化要以不违背商业规律为前提。

3）运营特点

道路两侧商铺的经营业态主要有餐厅、快餐店、美容美发店、专卖店、普通服装店、各类商店、小超市、各类便利店、汽车专卖店、汽车服务店、银行、摄影店、书店、房地产中介商、网吧等。

4）商铺形式

道路两侧商铺的形式主要是铺面形式,铺位形式较少。铺位形式在有些道路两侧的小型市场里存在,这类铺位形式的商铺其竞争力相对较低。

5）投资回收形式

目前国内道路两侧商铺的投资回收形式主要是出租的形式,产权单位或产权人普遍是长期拥有商铺产权的业主,很少有新购买商铺的业主。更值得一提的是有不少商铺是在政府大规模市政建设过程中突然"变成"的,这类商铺可能过去是以住宅价格买入的,市政建设过程其用途变成商铺,这种情况下其投资收益相当高。

道路两侧商铺采取出售形式的案例比较少,当然,随着国内商业房地产业的持续发展,道路两侧出售商铺项目将会逐渐增加。

4. 投资策略

交通设施内部商铺的租金收益是投资收益的主要内容,其升值空间有限,如果商铺售价较高,租金收益率低于10%,建议商铺置业投资者采取谨慎态度。

交通设施外部商铺的租金收益和升值收益成为投资收益的良好组合。交通设施服务乘客规模的升级,将提升该类商铺租金收益水平;交通设施周边房地产的发展,将打开该类商铺的升值空间。考虑到升值空间因素,该类商铺租金收益率只要不低于10%,就可以考虑投资。

道路两侧商铺的租金收益和升值收益形成投资收益的收益组合,鉴于城市再开发的原因,寻觅升值空间大的道路两侧的商铺,应成为商铺置业投资者的重要目标。考虑到升值空间因素,道路两侧商铺的租金收益率只要不低于10%,就可以考虑投资。

2.4 影响商铺置业投资的因素分析

商铺置业投资收益(P_r)包括租金收益(R)和升值收益(V),租金收益(R)的水平取决于商铺所在位置的商情因子(E)、客流量(P_o)、"可视性"(V_i)、楼层(F)、交通条件(T)、停车条件(P)、商铺硬件条件(C)、整个项目规划设计的科学性(D)、经营商品的类型(G)、商铺置业投资政策性规定(M)等因素;升值收益(V)的水平取决于商铺所在地区的商情因子(E)、商铺初始售价(P_c)、整个项目规划设计的科学性(D)、楼层(F)、经营商品的类型(G)、商铺置业投资政策性规定(M)及商铺周边房地产发展趋势(R_e)等,即

$$P_r = R + V \tag{2-1}$$

$$R = F(E, P_o, V_i, F, T, P, C, D, G, M) \tag{2-2}$$

$$V = F(E, P_c, D, F, G, M, R_e) \tag{2-3}$$

如果投资者持有商铺的时间为N年,那么静态投资回报率为

$$R_i = P_r / (N \times P_c) \tag{2-4}$$

针对不同的商铺类型,当R_i达到某种水准时,商铺置业投资者才可以做出投资决策。最终决策必须适合其自身资金特点、风险程度大小等。

1. 商铺置业投资收益

商铺置业投资收益是所有商铺置业投资者关注的问题,但一般的投资者对商铺置业投资收益的理解仅局限在租金收益上。实际情况是,租金收益属于商铺置业投资收益中常规的收益项目,属于普通意义的收益内容,而商铺升值收益对于成熟、专业的商铺置业投资者来讲,无疑是他们创造财富的重要手段。

在这里,商铺置业投资收益指商铺置业为投资者创造的收益的总和。在其测算中,商铺置业投资者势必依据市场状况和趋势对后期的收益做出推测,当然也包括卖出后的升值收益。如果一个商铺置业投资者不考虑在未来卖出商铺,假设预测年租金为R_o,那么商铺的静态投资回报率就可以简化为$R_i = R_o / P_c$。

2. 租金收益

以出租方式回收投资是房地产业资金流转的基本方式之一，当然对于商铺来讲也不例外。租金收益水平是投资商铺的一个重要参考因素。

3. 升值收益

升值收益实际上是商铺二手交易实现的卖价和初始买价的差额。实现升值收益对于一般的商铺置业投资者有不小的难度，投资选择得力，不仅会创造较高的租金收益，而且会轻松获得买家飞涨的报价；如果投资选择失当，不仅商铺不好出租，而且完全有可能被迫"挥泪降价甩卖"，升值收益就成了负数。租金收益和升值收益共存，但也存在矛盾：对于一个租金收益水平很高的商铺来讲，其升值收益空间相对就会比较小；相反，升值收益空间大的商铺，其租金水平最开始往往比较低，以后才呈现逐渐提升的态势。

对于商铺置业投资者而言，创造最大商铺置业投资收益的方案是最大化租金收益和升值收益之和，这显然是一个求最大值的问题。但是鉴于多种因素对商铺价值的影响，目前尚没有统一表达商铺收益的函数，所以在投资判断过程中，我们目前只能暂时从最大化升值收益的角度来看待一个新兴商业房地产市场的商铺置业投资问题，这种投资策略比较符合市场初始发展阶段的投资趋势。

4. 商情因子

商情因子指商铺所在地区商业环境、商业竞争状态及所吸引的主要客户群的规模和覆盖范围等。在判断商铺价值的过程中，商铺置业投资者必须对商铺所在地区的商业氛围有足够的了解：商业氛围的好坏会直接影响商铺的价值、租金水平，以及升值空间。在进行商铺置业投资的过程中，要同时对商铺所在地区的现实商情和未来预期商情进行分析，看商情因子变化的空间，从中可以发掘商铺升值收益的趋势和潜力。

对商情的准确把握需要深入的分析，一般将商情因子分为 A、B、C、D、E 5 个级别。

A 级：现代改造型、知名大型繁华商业区，商业氛围极为浓厚，竞争激烈但呈现共存共荣的状态，商铺价值极高，针对的客户群体覆盖本城市人口及外地人口，如北京王府井商业街、北京西单商业街、上海南京路等。

B 级：城市大型商业设施区域，商业氛围浓厚，大中城市里同业项目竞争程度较高，小城市里同业项目竞争程度较低，针对的客户群体覆盖本城市某个消费阶层，如北京国贸商城、北京东方广场、上海东方新天地、上海恒隆广场等。

C 级：地区性商业设施区域，商业氛围较浓厚，同业项目竞争程度较高，针对的客户群体为其周边消费群，如北京十里河家居建材街、杭州西溪印象城等。

D 级：交通设施、商务楼、写字楼商业设施区域，针对的客户群主要是其服务客户、周边客户群。

E 级：社区型商业设施区域，同业项目竞争程度较高，针对的客户群体以社区内居民为主，消费主体的内容比较复杂。

以上 A、B、C、D、E 5 个级别商情因子的商业氛围依次降低，整体来看，租金收益按照以上水平依次降低，但商铺的升值收益按照以上级别呈增长的趋势。租金收益和升值收益的矛盾性是任何商铺置业投资者都必须面对的问题，既想有很高的租金收益，又要保证有良好的升值收益空间，对于普通的商铺置业投资者来说，是很困难的事情。

5. 客流量

客流量对于商铺的价值至关重要。商情所阐释的是商铺所在地区的宏观商业状况，但客流量是针对商铺个案进行的商铺价值的微观量化。商业经营者对商铺门前的客流量极为关注，因为客流量是商业经营者取得运营成功的重要客观条件之一。两个距离仅 50 米的商铺可能因这样或那样的原因，客流量差距会很大。

6. "可视性"

"可视性"概念对于商铺的价值至关重要。商铺的"可视性"指经过建筑师创造性的设计，可最大限度地使商铺在平面范围内极容易被看到。换言之，是使购物者在外部、步行街或中庭广场等各种位置都能够看到商铺。对于零售商而言，"可视性"是他们在租商铺时特别关注的问题，商铺的"可视性"越好，零售商越容易接受，租金越高。"可视性"原则在商业房地产项目的规划设计中也普遍得到强调，"可视性"的体现实际上是零售商、消费者对商铺接受程度的体现，也是各项规划设计原则中唯一与市场相关的原则。如果一个商业房地产项目的外部"可视性"和内部"可视性"都能得以充分实现，只要项目周边市场条件良好，商铺置业投资者就会比较容易找到进驻零售商。

7. 楼层

众所周知，商铺所在的楼层不同，价值也不同，一层的商铺无论是租金还是售价都要比二层、三层的商铺高出很多。关于楼层的价值，从"可视性"的角度也可以理解，一层商铺的"可视性"普遍比二层、三层商铺的"可视性"要好。

8. 交通条件

交通条件对于商铺价值的重要性毋庸置疑，交通条件往往意味着可能到访客流量的潜力。假如一个商铺所处的位置偏僻，出行困难，那么其价值会显著降低。交通条件对商铺置业投资者的重要性并不难理解，关键是如何在具体商铺置业投资过程中加以应用。

9. 停车条件

停车条件具体来讲就是小汽车停车位的情况。在过去，商铺置业投资者可能不太注意停车条件的问题，但现在私家车在国内强劲增长，对商业、零售业的经营影响颇大，如果商业房地产项目不能有效解决停车场问题，那么项目很有可能面临经营困局。另外，私家车消费者的消费势力强劲，不仅人数占消费者总体人数的 60% 左右，而且其带来的营业额可能占总营业额的 80% 左右。从上述分析可以得出结论：如果一个商业房地产项目不能为有车族提供足够的便利保证，那么在一定程度上就等于放弃了一个极富消费潜力的客户群。当然，对于目标客户不是中高端客户的项目来说，停车条件可以放在次要位置。

车位比有相关规定，不同城市、不同区域的车位比规定都是不一样的。一般大城市要求的车位比较高，小城市要低一些。楼盘的车位比不能低于政府规定的最低标准，但是可以超过，而且高档的楼盘都要超过，高档写字楼更是。车位比该设置多少，必须根据不同城市的具体情况来定。最好的办法是先去调查周边的商铺、超市、写字楼和剧院的车位比，然后判断楼盘的人流和停车比例与这些地方比较是会更多还是更少，以此合理确定车位比。

1）西方国家的停车标准

以美国公用物业停车标准作为测算基础，其停车位标准规范为行政办公场所每100平方米3~5个，中型零售场所每100平方米5个，公寓每户1.5个。按照标准停车位每个35~50平方米（包括停车位所占面积、车库行车道路、转弯半径、行车进出引道等）计算，一栋大型高端写字楼停车位面积将超过建筑使用面积；即使按照欧洲的高端写字楼停车位标准（每100平方米2~3.5个）计算，高端写字楼的停车位面积也基本与建筑使用面积持平。

2）我国车位配比规定

针对城市停车设施供需失衡问题，2015年住房和城乡建设部发布《城市停车设施规划导则》，在城市停车设施规划编制中，按照适度满足基本车位、从紧控制出行车位的原则，研究制定了建筑物配建停车位标准，并且按照各类建筑物停车需求特征的差异，确定建筑物分类，明确了不同停车分区各种类型建筑物配建停车位标准。建筑物配建停车位标准的制定应结合城市特点开展专题研究，体现停车位总量控制和分区差别化原则。

（1）各类建筑物配建停车位标准应按照差别化原则合理设定下限与上限控制标准。

（2）城市中心区的停车配建标准应低于城市外围地区。中心区、公共交通发达地区的商业、办公等建筑物应设置上限标准，合理控制停车设施规模。

（3）在相同区域内公交服务水平高的地区，可降低配建停车位标准。轨道站点500米半径覆盖区域内建筑物停车配建标准比其他区域进一步降低。

（4）机场、港口、公交枢纽、体育设施等大型公共建筑物，以及其他重大建设项目通过开展交通影响评价、专题论证确定配建停车位规模。

（5）考虑停车位的共享和高效利用，城市综合体等多种性质混合的建筑物配建停车位规模可小于各单种性质建筑物配建停车位规模总和，不应低于各种性质建筑物需配建停车位总规模的80%。

（6）对于新建或改建的住宅项目，若周边邻近300米范围内地块存在基本停车位缺口，可适当增补该项目停车配建标准并对周边共享使用，原则上不超过标准配建数量的20%，且增配量不能对周边道路交通产生显著影响。

（7）建筑物停车位配建标准应根据需要，结合城市停车设施专项规划编制进行调整。

3）国内部分城市停车位配比经验

（1）沿海及发达城市已经要求新建住宅小区车位比要达到1:1，也就是一户一个车位。北京、上海、广州、深圳等一线城市许多高档住宅的停车位规划设计比例最高的已经达到1:2。在经济较发达的南方城市，如浙江省义乌市，新楼盘设计停车位配置最少也从1:0.8起步，有些楼盘甚至达到1:1.4的设计配置。

（2）根据《杭州市住宅区配套公建建设管理暂行规定》，停车位配置标准为：户型建筑面积在150平方米以上的，不少于1个停车位/户；户型建筑面积在100～149平方米的，不少于0.7个停车位/户；户型建筑面积在80～100平方米的，不少于0.5个停车位/户；户型建筑面积在79平方米以下的，不少于0.15个停车位/户；而办公楼停车位的配比必须达到每100平方米0.5个停车位。

（3）南京办公楼的停车位规划要点的主要依据是2019年发布的《南京市建筑物配建停车设施设置标准与准则（2019版）》，一类区配建上限是每100平方米0.6～1.2个停车位、配建下限是每100平方米0.8～1.5个停车位，二类区配建下限是每100平方米0.8～1.8个停车位，三类区配建下限是每100平方米1.0～1.8个停车位。这些数据都是针对单纯的写字楼的，如果有餐饮类商铺的，要求还要更高。

（4）《北京地区建设工程规划设计通则》规定了机动车位配比标准（表2-1）。

① 凡本市行政区域内建设下列大中型公共建筑，均须按照本规定配套建设停车场（含停车库，以下简称停车场）：建筑面积1 000平方米以上（含1 000平方米）的饭庄；建筑面积2 000平方米以上（含2 000平方米）的电影院；建筑面积5 000平方米以上（含5 000平方米）的旅馆、办公楼、商场、医院、展览馆、剧院、体育场（馆）等公共建筑。现有停车场不符合本规定要求的，应按本规定逐步补建、扩建。

表2-1 北京市大中型公共建筑停车场标准

建筑类别		计算单位	标准车位数/辆	
			小型汽车	自行车
旅馆	一类	每套客房	0.6	
	二类		0.4	
	三类		0.2	
办公楼		每1 000平方米建筑面积	6.5	20
餐饮			7	40
商场	一类		6.5	40
	二类		4.4	40
医院	市级		6.5	40
	区级		4.5	40
展览（馆）			7	45

续表

建筑类别		计算单位	标准车位数/辆	
			小型汽车	自行车
电影院		每100个座位	3	每1 000平方米45辆
剧院（音乐厅）			10	同上
体育场（馆）	一类		4.2	同上
	二类		1.2	同上

注：① 露天停车场的占地面积，小型汽车按每个停车位25平方米计算，自行车按每个停车位1.2平方米计算。停车库的建筑面积，小型汽车按每个停车位40平方米计算，自行车按每个停车位1.8平方米计算。
② 旅馆中的一类指《旅游旅馆设计暂行标准》规定的一级旅游旅馆，二类指该标准规定的二、三级旅游旅馆，三类指该标准规定的四级旅游旅馆。
③ 商场中的一类指建筑面积10 000平方米以上的商场，二类指建筑面积不足10 000平方米的商场。
④ 体育场馆中的一类指15 000个座位以上的体育场或3 000个座位以上的体育馆，二类指不足15 000个座位的体育场或不足3 000个座位的体育馆。
⑤ 多功能的综合性大中型公共建筑，停车场车位按各单位标准总和的80%计算。

② 居住区配套停车位要求：普通居住区按照三环路以内3个停车位/10户，三环路以外5个停车位/10户；公寓按照1个停车位/户；别墅区按照2个停车位/户。

10. 商铺硬件条件

商铺的硬件条件具体指商铺的规划设计和能源状况等，包括商铺的面宽、进深、层高，对消费者的有效引导，以及商铺的水、电、煤气、污水排放等技术性内容，以上因素对商铺的功能影响很大。从商铺功能多方面适应性的角度来看，商铺的规划设计状况必须有广泛的适应性，如果能够满足各类商业运营商的经营需要，那么商铺置业投资者在商铺出租过程中将有较多的选择。如果租户数量多，正所谓"水涨船高"，投资者得到高租金便是自然的事情。

目前，国内从事商业房地产设计的专业设计单位数量很少，而真正有大型商业房地产项目实践经验的设计单位就更少。不少开发商采用委托国外设计单位进行设计的方式，但我们认为无论是国内设计单位，还是国外设计单位，作为建筑师，他们更多关注的是建筑美学概念的表达，而普遍缺乏对市场的了解。一个成功的商业房地产设计，需要商业策划公司的参与，从市场的角度来对设计方案进行修正。

11. 整个项目规划设计的科学性

规划设计对于商业房地产项目的价值具有重要影响。规划设计单位往往只是从建筑美学的角度对项目进行规划设计，很少从功能的角度进行考虑，但鉴于商业房地产客户的需求，其功能性比其他房地产形式要复杂，而且会直接影响项目的成败。目前国内专业从事商业房地产规划设计的单位很少，可供选择的有成功商业房地产规划设计经验的单位则更少。通常，开发商需要在此阶段引入市场顾问机构，从市场的角度对项目规划设计进行调整。以上工作的好坏，将决定该商业房地产项目规划设计的科学性程度。项目在规划设计时越多考虑零售商、消费者的需求，其成功的概率越高。

12. 经营商品的类型

经营商品的类型与商铺的租金收益及升值收益有密切的关系。不同的商品，其利润空间差别较大，如经营计算机的商铺和经营低档服装的商铺相比较，前者的经营利润比后者的经营利润要大。如果商铺置业投资者在进行商铺置业投资时能够清楚地判断未来商铺适合经营的商品类型，那么该商铺置业投资者便能胜人一筹。

13. 商铺置业投资政策性规定

与商铺置业投资有关的政策性规定有7项，包括出让金、贷款政策、面积标准、水电费用、物业管理费、特殊要求、空置等相关政策。

在前期购买环节应注意以下情况。

（1）一般情况商业建筑的土地出让金要比住宅高，土地出让年限只有40年。

（2）在贷款政策方面，购置商铺可贷款五成，年限是10年，利率是同期基准利率的1.1倍。但只有工程具备竣工备案条件后，银行才会放款。因此，商铺贷款的月供是在房子即将投入使用时才发生的。

（3）商铺不是按套销售，而是按最小销售面积销售。具体面积标准因项目而异，有100平方米的，也有1 000平方米的，还有不分割卖的。

在后期使用过程中及硬件配备上应注意以下情况。

（1）水、电、气、热等需按专门的商业市政标准缴费。

（2）物业管理费高于普通住宅。

（3）根据经营范围，各行业的主管部门对房屋有些特殊要求，如餐饮业要专设污水隔油池等特殊设备。

（4）由于按面积出租，刚性的空置是商铺经营不可避免的。

以上对商铺置业投资原理中的主要参数进行了简要介绍。如果商铺置业投资者在商铺置业投资过程中能够将上述各因素都分析清楚，其投资成功的概率会更高。

14. 商铺初始售价

商铺初始售价的高低将影响商铺置业投资的收益。正如式（2-4）中所表达的，商铺初始售价越高，静态投资回报率越低，资金风险也就越高。同样一个商铺楼盘，项目不同阶段其售价可能会有所不同，越是接近现房，售价越高。对于商铺置业投资者而言，售价高就意味着需要支付更多的资金，更多的首付款，前期资金压力变大不说，还有可能以高价买入，最终被高位套牢。

15. 商铺周边房地产发展趋势

对于商铺置业投资者来讲，商铺价值提升是一个动态的过程，任何一个商业房地产项目从项目开始进入市场到走向成熟，都必然经历从不成熟到成熟，租金从低到高，商铺的价值从低到高的过程。在商铺价值提升的过程中，上述因素普遍属于静态因素，但商铺周边房地产发展的状况及趋势将对商铺的价值产生重要的影响。周边房地产项目包括诸如住宅项目、写字楼项目、旅游房地产项目、综合配套设施、政府规划性景观项目等，这些项目都通过其不同的方式吸引所在地区的人气，增加所在地区的客流量。如果一个商业房地产项目其周边的人气持续提升，客流量大幅增加，那么该项目的升值将是必然的。商铺置业投资者如何判断拟投资商铺周边房地产的发展趋势呢？不同的商业房地产项目，其所面临的周边规划差别很大，投资者必须结合具体项目进行个案判断。

2.5 商铺置业投资估算

2.5.1 商业地产金融政策

2007年9月27日中国人民银行和中国银行业监督管理委员会联合发布的《关于加强商业性房地产信贷管理的通知》规定，利用贷款购买的商业用房应为已竣工验收的房屋。商业用房购房贷款首付款比例不得低于50%，期限不得超过10年，贷款利率不得低于中国人民银行公布的同期同档次利率的1.1倍，具体的首付款比例、贷款期限和利率水平由商业银行根据贷款风险管理相关原则自主确定；对以"商住两用房"名义申请贷款的，首付款比例不得低于45%，贷款期限和利率水平按照商业性用房贷款管理规定执行。

2.5.2 相关税费政策

商铺属于商业性房地产，与住宅相比，在交易的过程中涉及的税费缴纳比例和优惠政策有很大不同。

1. 契税

商业性房地产在交易时，根据《中华人民共和国契税》第三款和第四款规定，税率为3%~5%；按照交易价或评估价计征。

2. 印花税

商业房地产交易时,印花税按照售价的 0.05% 全额征收。

3. 物业维修基金

商业性房地产的物业维修基金是参照住宅类物业的标准执行的,在购入新房时一次性缴纳,后期不足时,再根据召开业主大会商议归集缴纳标准;二手房转售购入时不用再行缴纳。

4. 交易手续费

住宅以外的房地产交易时,主要针对转让方收取一定的手续费,按照建筑面积计征,涉及二手房时,交易双方各承担 50% 的交易手续费。杭州市新建商品房按照 6 元/平方米征收,存量房按照 12 元/平方米征收(每宗交易手续费超过 5 000 元的按 5 000 元计算),交易双方各承担 50%。

5. 增值税及附加

如果所售房产是非住宅类如商铺、写字间或厂房等,则不论购买年限是否超过 5 年都需要全额征收增值税,具体标准参照住宅执行。但要注意商业性房地产个人或企业在购房时不用缴纳增值税及附加,但转让方必须缴纳,一般按照售价扣除原购入价差额的 5.5%～5.6% 征收;商铺在出租期间一般按照租金收入计价征收或者核定征收,具体按照各地规定执行。

6. 房产税

商铺在出租期间必须按照规定缴纳一定数额的房产税,一般按照租金收入的 12% 缴纳。

7. 土地增值税

土地增值税实际上就是反房地产暴利税,是指房地产经营企业等单位和个人,有偿转让国有土地使用权及在房屋销售过程中获得的收入,扣除开发或者置业成本等支出后的增值部分,要按一定比例向国家缴纳的一种税费。土地增值税的计税方式分两种情况。

(1)核定征收,按照转让二手房交易价格全额的 1% 征收率征收,这种模式类似于目前的个人所得税征收方式。如某商铺的成交价为 125 万元,其土地增值税税额应为 $1\ 250\ 000 \times 1\% = 12\ 500$(元)。

(2)减除法定扣除项目金额后,按四级超率累进税率征收,土地增值税税率见表 2-2。其中又分两种情况:一是能够提供购房发票;二是不能够提供购房发票,但能够提供房地产评估机构按照重置成本评估法评定的房屋及建筑物价格评估报告。

表 2-2 土地增值税税率

级数	计 税 依 据	适用税率	速算扣除系数
1	增值额未超过扣除项目金额 50% 的部分	30%	0
2	增值额超过扣除项目金额 50%、未超过扣除项目金额 100% 的部分	40%	5%
3	增值额超过扣除项目金额 100%、未超过扣除项目金额 200% 的部分	50%	15%
4	增值额超过扣除项目金额 200% 的部分	60%	35%

注：房地产企业建设普通住宅出售的，增值额未超过扣除金额 20% 的，免征土地增值税。

① 能够提供购房发票的，可减除以下项目金额：取得房地产时有效发票所载的金额；按发票所载金额从购买年度起至转让年度止，每年加计 5% 的金额；按国家规定统一缴纳的与转让房地产有关的税金；取得房地产时所缴纳的契税。

② 不能够提供购房发票，但能够提供房地产评估机构按照重置成本评估法评定的房屋及建筑物价格评估报告的，扣除项目金额按以下标准确认：取得国有土地使用权时所支付的金额证明；中介机构评定的房屋及建筑物价格（不包括土地评估价值），需经地方主管税务机关对评定的房屋及建筑物价格进行确认；按国家规定统一缴纳的与转让房地产有关的税金和价格评估费用。

土地增值税计算公式如下。

应纳税额 = 增值额 × 适用税率 − 扣除项目金额 × 速算扣除系数

【例 2-1】假设张先生于 2018 年 12 月以 50 万元购买了一间商铺，2020 年 12 月再以 70 万元来出售。

（1）张先生既不能提供购房发票，又不能提供房地产评估机构的评估报告，其以核定方式来缴纳，则需要缴纳的土地增值税为 700 000×1%=7 000（元）。

（2）如果张先生能够提供购房发票，发票所载金额为 50 万元，那么可减除以下项目金额。

房屋原值：500 000 元。

加计金额：500 000×5%+500 000×（1+5%）×5%=51 250（元）。

税金：契税为 7 500 元（500 000 元 ×1.5%），转让时缴纳的增值税及附加为 38 500 元（700 000 元 ×5.5%），个人所得税按核定方式缴纳为 7 000 元（700 000 元 ×1%），印花税 350 元（700 000 元 ×0.05%）。

那么该套房屋的增值额为 700 000−500 000−51 250−7 500−38 500−7 000−350=95 400（元），未超过扣除项目金额的 50%，可按照 30% 的税率计算。那么，土地增值税税额为 95 400×30%=28 620（元）。

8. 个人所得税

个人所得税的税率为 20%，但纳税基数是房屋的增值部分，具体计算公式为：应纳税额 = 成交价 − 房屋原值（买入价）− 合理费用（合理费用包括各种税费、装修费用）×20%。房屋原值是指出售方取得该房屋时所支付的购置价格或建造费用，以及其他有关费用；合理费用是指购入该房屋时缴纳的装修费、契税、印花税、交易手续费、评估费，以及出售该房屋时缴纳的印花税、增值税及附加、土地增值税、评估费、交易手续费等。纳税义务人应提供合法、完整、准确的房屋原值凭证及税费缴纳凭证。纳税人未能提供完整、准确的有关扣除合理费用的凭证，不能正确计算应纳税额的，采取核定征税，目前暂按成交价的一定比例来执行（一般为1%～3%）。

2.5.3 商铺置业投资估算举例

下面以例证方式来呈现商铺的置业投资估算。

杭州某公司经理2021年1月1日以2.20万元/平方米的价格购买了杭州主城区某商业步行街一楼的一套一手商铺，产权面积为65.58平方米。试进行投资估算分析。

（1）该套商铺单价22 000元/平方米，按照建筑面积65.58平方米计算，其总价 = 2.20×65.58≈144.28（万元），首付50%，首付款=144.28×50%=72.14（万元）。

（2）该商铺是非住宅房屋，按照杭州市的规定，缴纳契税的适用税率取3%，需要缴纳的契税=144.28×3%≈4.33（万元）。

（3）需要缴纳的印花税=144.28×0.05%≈0.07（万元）。

（4）该商铺为带电梯多层，参照杭州市住宅物业维修基金缴纳标准（缴纳标准为65元/平方米），需要缴纳的物业维修基金=65.58×65≈0.43（万元）。

（5）产权代办费大约为400元，即0.04万元。

（6）交房时，还要一次性缴纳一年的物业服务费，按照10元/（平方米·月）估算，需要缴纳的物业服务费=10×65.58×12≈0.79（万元）。

（7）估算结果如下。

$$共需资金 =144.28+4.33+0.43+0.04+0.79+0.07=149.94（万元）$$
$$首付款 =72.14（万元）$$
$$后期费用 =4.33+0.43+0.04+0.79+0.07=5.66（万元）$$
$$贷款总额 =144.28-72.14=72.14（万元）$$

2.6 商铺置业投资财务分析

商铺置业投资的经济效果主要表现为租金收益、物业增值、股权增加三个方面。其中租金收益通常表现为月租金收入，而物业增值和股权增加效果则既可在处置（转让）物业时实现，也可在针对物业的再融资行为中实现（如申请二次抵押贷款）。商铺置业投资的经济效果明显受市场状况和物业特性变化的影响。个人或机构进行商铺置业投资的目的就是要获得预期的经济效果，但其在没有成为到手的现金流之前，还仅仅是一个美好的期望。因此，商铺置业投资经济效果表现形式只是说明投资者可以获得的利益类型，在没有成为一个特定时点的现金流量之前，该经济效果是无法量化的。

2.6.1 编制现金流量表

1. 现金流量表的含义

现金流量表是指反映项目在计算期内各年的现金流入、现金流出和净现金流量的计算表格。

2. 现金流量表的种类

按照投资计算基础的不同，现金流量表一般分为全部投资现金流量表和自有资金现金流量表。

1）全部投资现金流量表

全部投资现金流量表是不分投资资金来源，以全部投资作为计算基础（即假定全部投资均为自有资金），用以计算全部投资所得税前及所得税后财务内部收益率、财务净现值及投资回收期等财务指标的计算表格。其目的是考查项目全部投资的盈利能力，为各个方案进行比较建立共同基础。全部投资现金流量表见表2-3。

表 2-3 全部投资现金流量表　　　　　　　　　　　　　　单位：万元

序号	项目名称	时间									
		0	1	2	3	4	5	6	…	$n-1$	n
1	现金流入										
1.1	租金收入										
1.2	转售收入										
2	现金流出										
2.1	购房总价										
2.2	契税										
2.3	印花税										
2.4	物业维修基金										
2.5	交易手续费										
2.6	物业服务费										
2.7	房产税										
2.8	增值税及附加										
2.9	土地增值税										
2.10	所得税										
…	……										
3	净现金流量										

2）自有资金现金流量表

自有资金是项目投资者自己拥有的资金。自有资金现金流量表是从投资者整体的角度出发，以投资者的出资额作为计算基础，把借款本金偿还和利息支付作为现金流出，用以计算资本金财务内部收益率、财务净现值等财务指标，考查项目资本金的盈利能力。自有资金现金流量表见表2-4。

表2-4 自有资金现金流量表　　　　　　　　　　单位：万元

序号	项目名称	时间								
		0	1	2	3	4	5	6	…	$n-1$	n
1	现金流入										
1.1	租金收入										
1.2	转售收入										
2	现金流出										
2.1	首付款										
2.2	年还本付息额										
2.3	契税										
2.4	印花税										
2.5	物业维修基金										
2.6	交易手续费										
2.7	物业服务费										
2.8	房产税										
2.9	增值税及附加										
2.10	土地增值税										
2.11	所得税										
…	……										
3	净现金流量										

2.6.2 基本财务指标

商铺置业投资财务指标体系中反映盈利能力的静态指标有静态投资回收期、现金回报率、投资回报率、投资利润率、资本金利润率、资本金净利润率等，动态指标有财务净现值、财务内部收益率、动态投资回收期等。该学习情境中主要要求掌握静态投资回收期、现金回报率、投资回报率、财务净现值、财务内部收益率、动态投资回收期等指标。

1. 静态指标

1) 静态投资回收期

静态投资回收期（P'_b），是指当不考虑现金流折现时，项目以净收益抵偿全部投资所需的时间。一般以年表示，对商铺置业投资项目来说，静态投资回收期自投资起始点算起。其计算公式为

$$\sum_{t=0}^{P'_b}(CI-CO)_t = 0 \tag{2-5}$$

其详细计算公式为

$P'_b =$（累计净现金流量开始出现正值期数 -1）+

（上期累计净现金流量的绝对值 / 当期净现金流量） (2-6)

式（2-6）得出的是以期为单位的静态投资回收期，应该再把它换算成以年为单位的静态投资回收期，其中的小数部分也可以折算成月数，以年和月表示，如 3 年零 9 个月或 3.75 年。

商铺置业投资合理的静态投资回收期一般为 8~12 年。

2) 现金回报率

现金回报率指商铺置业投资过程中，每年所获得的现金报酬与投资者初始投入的权益资本的比率。其计算公式为

现金回报率 = 年现金报酬 / 权益资本数额 × 100% (2-7)

该指标反映了初始现金投资或首付款与年现金收入之间的关系。现金回报率有税前现金回报率和税后现金回报率（这里所指的税是企业所得税或者个人所得税）之分。其中，税前现金回报率等于净经营收入扣除还本付息后的净现金流量除以投资者的初始现金投资；税后现金回报率等于税后净现金流量除以投资者的初始现金投资。

【例 2-2】 某商铺的购买价格为 60 万元，其中 40 万元由金融机构提供抵押贷款，余款 20 万元由投资者用现金支付。如果该项投资的经营收入扣除运营费用和抵押贷款还本付息后的年净现金流量为 2.8 万元，试求该项投资的现金回报率。

解： 根据式（2-7）得

该项投资的税前现金回报率 = 2.8/20 × 100% = 14%

如果该项投资年税后净现金流量为 2.2 万元，则根据式（2-7）得

该项投资的税后现金回报率 = 2.2/20 × 100% = 11%

现金回报率指标非常简单明了：它与资本化率不同，因为资本化率通常不考虑还本付息的影响；它与一般意义上的回报率也不同，因为它可能是税前的，也可能是税后的。

3) 投资回报率

投资回报率指商铺置业投资过程中，每年所获得的净收益与投资者初始投入的权益资本的比率。其计算公式如下。

投资回报率 = 年净收益 / 权益资本数额 × 100% (2-8)

相对于现金回报率来说，投资回报率中的收益包括了还本付息中投资者所获得的物业权益增加的价值，还可以考虑将物业增值所带来的收益计入投资收益。该指标反映了初始权益投资与投资者实际获得的收益之比。

在不考虑物业增值收益时，投资回报率的计算公式如下。

投资回报率 =（税后现金流量 + 投资者权益增加值）/ 权益投资数额 × 100%　（2-9）

在考虑物业增值收益时，投资回报率的计算公式如下。

投资回报率 =（税后现金流量 + 投资者权益增加值 + 物业增值收益）/ 权益投资数额 × 100%

（2-10）

投资者权益增加实际就是还本付息收益即抵押贷款还本付息中还本所带来的收益。其计算公式如下。

还本付息收益 = 年等额还款 – 本金 × 年利率　　　　（2-11）

由于等额还本付息随着时间推移，其中归还的本金越来越多、利息越来越少，因此还本收益会越来越多。第一年的还本收益计算公式见式（2-12），第 N 年的还本收益计算公式见式（2-13）。

第一年的还本收益 = 年等额还款 – 本金 × 年利率　　　（2-12）

第 N 年的还本收益 = 第一年的还本收益 × $(1+年利率)^{N-1}$（$N=2,\cdots,n$）（2-13）

收益中的一部分用于偿还贷款本金，这部分资金在年纯收益中没有得到体现，而是随同抵押贷款还本付息一同被扣除掉了。其体现的投资回报中不含每年用于支付贷款本金的部分，可以说是一种隐性收益。如果自有资金考虑了这部分收益，那么其收益率就会大大提高。商铺置业投资合理的年投资回报率一般为8%~12%。

由于商铺受地理位置及人流量等影响较大，价位差异也相当大，因此投资回报率也会不同程度上受到影响。

另外，投资中除商铺置业投资者的购买初始投资外，还应包括税费、贷款利息、物业管理费用、取暖费用、折旧费用，甚至还有通货膨胀带来的价格贬值和央行加息后带来的利差等方面的因素。同时，投资者还必须考虑到商铺有一定的空置期、空置率等。

2. 动态指标

1）财务净现值

财务净现值（NPV），是指项目按行业的基准收益率或目标收益率 i_c，将项目计算期内各年的净现金流量折算到开发活动起始点的现值之和，是商铺置业项目财务评价中的一个重要经济指标。

商铺置业投资计算期为经营准备期和经营期之和，经营准备期为开业准备活动所占的时间，从获取物业所有权（使用权）开始，到出租经营或自营活动正式开始截止；经营准备期的时间长短，与购入物业的初始装修状态等因素有关。

基准收益率是净现值计算中反映资金时间价值的基准参数，是导致投资行为发生所要求的最低投资回报率,称为最低要求收益率(MARR)。决定基准收益率大小的主要因素是资金成本和项目风险。

财务净现值的计算公式为

$$\text{NPV} = \sum_{t=0}^{n} (CI - CO)_t (1 + i_c)^{-t} \tag{2-14}$$

式中,NPV——项目在起始时间点的财务净现值;

　　　CI——现金流入量;

　　　CO——现金流出量;

　$(CI-CO)_t$——项目在第t年的净现金流量;

　　　n——计算期,即项目的开发或经营周期(年、半年、季度或月);

　　　i_c——基准收益率或目标收益率。

如果 NPV≥0,说明该项目的获利能力达到或超过了基准收益率的要求,因而在财务上是可以接受的;如果 NPV<0,则该项目在财务上不可接受。

【例2-3】已知某商铺置业投资项目的净现金流量见表2-5,如果投资者目标收益率为10%,试求该投资项目的财务净现值。

表2-5　某商铺置业投资项目现金流量表　　　　　　　　　　　单位:万元

年份	0	1	2	3	4	5
现金流入		300	300	300	300	300
现金流出	1 000					
净现金流量	-1 000	300	300	300	300	300

解:因为$i_c=10\%$,利用式(2-14),可知该项目的财务净现值为

NPV=-1 000+300/(1+10%)+300/(1+10%)^2+300/(1+10%)^3+300/(1+10%)^4+300/(1+10%)^5

　　≈-1 000+300×(0.909 1+0.826 5+0.751 3+0.683 0+0.620 9)

　　=-1 000+300×3.790 8

　　≈137.24(万元)

2)财务内部收益率

财务内部收益率(IRR),是指项目在整个计算期内,各年净现金流量现值累计等于零时的折现率,是评估项目营利性的基本指标。其计算公式为

$$\sum_{t=0}^{n} (CI - CO)_t (1 + \text{IRR})^{-t} = 0 \tag{2-15}$$

财务内部收益率的经济含义是在项目寿命期内项目内部未收回投资每年的净收益率。同时意味着,到项目寿命期终了时,所有投资可以被完全收回。

财务内部收益率可以通过内插法求得,即先按目标收益率或基准收益率求得项目的财务净现值,如为正,则采用更高的折现率使净现值为接近于零的正值和负值各一个,最后用内插公式求出。内插法公式为

$$\mathrm{IRR} = i_1 + \frac{|\mathrm{NPV}_1| \times (i_2 - i_1)}{|\mathrm{NPV}_1| + |\mathrm{NPV}_2|} \qquad (2\text{-}16)$$

式中，i_1——当净现值为接近于零的正值时的折现率；

i_2——当净现值为接近于零的负值时的折现率；

NPV_1——采用低折现率时净现值的正值；

NPV_2——采用高折现率时净现值的负值。

式中 i_1 和 i_2 之差不应超过 2%，否则，折现率 i_1、i_2 和净现值之间不一定呈线性关系，从而使所求得的内部收益率失真。

内部收益率表明了项目投资所能支付的最高贷款利率。如果贷款利率高于内部收益率，项目投资就会面临亏损。因此所求出的内部收益率是可以接受贷款的最高利率。将所求出的内部收益率与行业基准收益率或目标收益率 i_c 比较，当 $\mathrm{IRR} \geqslant i_c$ 时，则认为项目在财务上是可以接受的；当 $\mathrm{IRR} < i_c$ 时，则认为项目在财务上是不可以接受。

当投资项目的现金流量具有一个内部收益率时，其财务净现值函数 $\mathrm{NPV}(i)$ 如图 2.8 所示。从图 2.8 中可以看出，当 $i < \mathrm{IRR}$ 时，对于所有的 i 值，NPV 都是正值；当 $i > \mathrm{IRR}$ 时，对于所有的 i 值，NPV 都是负值。

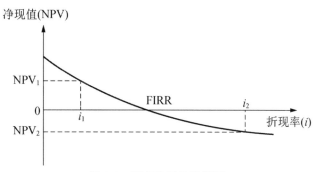

图 2.8 财务净现值函数图

值得注意的是，求解 IRR 的理论方程应有 n 个解，这也就引发了对项目内部收益率唯一性的讨论。研究表明：对于常规项目（净现金流量的正负号在项目寿命期内仅有一次变化），IRR 有唯一实数解；对于非常规项目（净现金流量的正负号在项目寿命期内有多次变化），计算 IRR 的方程可能但不一定有多个实数解。因为项目的 IRR 是唯一的，如果计算 IRR 的方程有多个实数解，这些解都不是项目的 IRR。因此，对非常规项目，需根据 IRR 的经济含义对计算出的 IRR 进行检验，以确定是否能用 IRR 评价该项目。

3）动态投资回收期

动态投资回收期（P_b），是指当考虑现金流折现时，项目以净收益抵偿全部投资所需的时间，是反映开发项目投资回收能力的重要指标。对商铺置业投资项目来说，动态投资回收期自投资起始点算起，累计净现值等于零或出现正值的年份即为投资回收终止年份。其计算公式为

$$\sum_{t=0}^{P_b}(CI-CO)_t(1+i_c)=0 \qquad (2-17)$$

其详细计算公式为

P_b=（累计净现金流量现值开始出现正值期数 –1）+
（上期累计净现金流量现值的绝对值/当期净现金流量现值） （2-18）

根据式（2-18）得出的是以期为单位的动态投资回收期，应该再把它换算成以年为单位的动态投资回收期，其中的小数部分也可以折算成月数，以年和月表示，如3年零9个月或3.75年。

【例2-4】计算表格

在项目财务评价中，动态投资回收期（P_b）与基准回收期（P_c）相比较，如果$P_b \leq P_c$，则项目在财务上就是可以接受的。动态投资回收期指标一般用于评价开发完结后用来出租经营或自营的房地产开发项目，也可用来评价置业投资项目。

【例2-4】已知某商铺置业投资项目的净现金流量见表2-6，求该投资项目的财务内部收益率。如果投资者的目标收益率为12%，求该投资项目的动态投资回收期。

表2-6 某商铺置业投资项目现金流量表　　　　　　　　　　单位：万元

项目	年份						
	0	1	2	3	4	5	6
现金流入		300	300	350	400	400	600
现金流出	1 200						
净现金流量	–1 200	300	300	350	300	300	500

解：根据表2-6和式（2-14）不断试算，最终得出i_1=20%、i_2=21%时，NPV的值接近0，具体计算过程见表2-7。

表2-7 财务净现值计算表　　　　　　　　　　单位：万元

项目		年份						
		0	1	2	3	4	5	6
现金流入			300.00	300.00	350.00	400.00	400.00	600.00
现金流出		1 200.00						
净现金流量		–1 200.00	300.00	300.00	350.00	300.00	300.00	500.00
NPV_1 (i_1=20%)	净现值	–1 200.00	250.00	208.33	202.55	192.90	160.75	200.94
	累计净现值	–1 200.00	–950.00	–741.67	–539.12	–346.22	–185.47	15.47
NPV_2 (i_2=21%)	净现值	–1 200.00	247.93	204.90	197.57	186.60	154.22	191.18
	累计净现值	–1 200.00	–952.07	–747.16	–549.60	–362.99	–208.78	–17.60
NPV (i_c=12%)	净现值	–1 200.00	267.86	239.16	249.12	254.21	226.97	303.98
	累计净现值	–1 200.00	–932.14	–692.98	–443.86	–189.65	37.32	341.30

（1）当 $i_1=20\%$ 时，$NPV_1=15.47$ 万元。
（2）当 $i_2=21\%$ 时，$NPV_2=-17.60$ 万元。
（3）所以根据式（2-16）得
$$IRR=20\%+[15.47/(15.47+17.60)]\times 1\%\approx 20.47\%$$
（4）因为项目在第 5 年累计净现金流量出现正值，根据式（2-18）得
$$P_b=(5-1)+189.65/226.97\approx 4.84（年）$$

2.6.3 商铺置业投资财务分析实例

我们继续以 2.11.3 节的实例进行分析：商铺在 2022 年 3 月份可以交付，并可以在 2022 年 7 月份出租，收取租金，每月可以获得 1.50 万元租金收入，按年支付租金。假设该经理于 2032 年 6 月底把该商铺转售，获得转售收入 280 万元。下面主要分析该商铺在 2022—2032 年的现金流问题。

1. 现金流入

（1）年租金收入：从 2022 年 7 月至 2032 年 6 月，10 年期间每年可以收取租金收入 $1.50\times 12=18$（万元）。

（2）转售收入：2032 年 6 月底转售收入 280 万元。

2. 现金流出

（1）2021 年购房总价为 144.28 万元，首付款为 72.14 万元，贷款总额为 72.14 万元，按年等额还款，贷款期限为 10 年，从 2022 年开始还款，每年还款额 $=72.14\times 6.55\%\times 1.1\times(1+6.55\%\times 1.1)^{10}/[(1+6.55\%\times 1.1)^{10}-1]\approx 10.37$（万元）。

（2）2022 年需要缴纳的契税 $=144.28\times 0.03\approx 4.33$（万元）。

（3）2022 年需要缴纳的印花税 $=144.28\times 0.05\%\approx 0.07$（万元）。

（4）2022 年需要缴纳的物业维修基金 $=65.58\times 65\approx 0.43$（万元）。

（5）2022 年产权代办费大约为 400 元，即 0.04 万元。

（6）2022 年交房每年需要缴纳的物业服务费 $=10\times 65.58\times 12\approx 0.79$（万元）。

（7）2022—2032 年出租期间每年还需要缴纳增值税、城市维护建设税、教育费附加、地方教育附加、房产税、印花税、个人所得税。按照杭州市的《杭州市地方税务局个人出租房屋税收征收管理实施办法》（杭地税征〔2007〕23 号）的规定，综合税率为 18.20%，因此出租期间年综合税费 $=18\times 18.20\%\approx 3.28$（万元）。

（8）2032 年转售时需要缴纳的税费如下。

① 增值税及附加 $=(280-144.28)\times 5.6\%\approx 7.60$（万元）。

② 个人所得税 $=280\times 1\%=2.80$（万元）。

③ 土地增值税 $=280\times 0.5\%=1.40$（万元）。

④印花税 =280×0.05%=0.14（万元）。

⑤交易手续费 =6×65.58=0.04（万元）。

小计 =①+②+③+④+⑤=7.60+2.80+1.40+0.14+0.04=11.98（万元）。

3. 编制现金流量表

全部投资现金流量表见表 2-8，自有资金现金流量表见表 2-9。

表 2-8　全部投资现金流量表　　　　　　　　　　单位：万元

序号	项目名称	年份											
		2021	2022	2023	2024	2025	2026	2027	2028	2029	2030	2031	2032
1	现金流入	0.00	18.00	18.00	18.00	18.00	18.00	18.00	18.00	18.00	18.00	18.00	280.00
1.1	租金收入		18.00	18.00	18.00	18.00	18.00	18.00	18.00	18.00	18.00	18.00	
1.2	转售收入												280.00
2	现金流出	144.28	8.94	4.07	4.07	4.07	4.07	4.07	4.07	4.07	4.07	4.07	11.98
2.1	购房总价	144.28											
2.2	契税		4.33										
2.3	印花税		0.07										
2.4	物业维修基金		0.43										
2.5	产权代办费		0.04										
2.6	物业服务费		0.79	0.79	0.79	0.79	0.79	0.79	0.79	0.79	0.79	0.79	
2.7	出租综合税费		3.28	3.28	3.28	3.28	3.28	3.28	3.28	3.28	3.28	3.28	
2.8	转售综合税费												11.98
3	净现金流量	-144.28	9.06	13.93	13.93	13.93	13.93	13.93	13.93	13.93	13.93	13.93	268.02
4	累计净现金流量	-144.28	-135.22	-121.29	-107.36	-93.43	-79.5	-65.57	-51.64	-37.71	-23.78	-9.85	258.17
5	净现金流量现值	-144.28	8.24	11.51	10.47	9.51	8.65	7.86	7.15	6.50	5.91	5.37	93.94
6	累计净现金流量现值	-144.28	-136.04	-124.53	-114.07	-104.55	-95.90	-88.04	-80.89	-74.39	-68.48	-63.11	30.83

表2-9 自有资金现金流量表　　　　　　　　　　　　　　　　　单位：万元

序号	项目名称	2021	2022	2023	2024	2025	2026	2027	2028	2029	2030	2031	2032
1	现金流入	0.00	18.00	18.00	18.00	18.00	18.00	18.00	18.00	18.00	18.00	18.00	280.00
1.1	租金收入		18.00	18.00	18.00	18.00	18.00	18.00	18.00	18.00	18.00	18.00	
1.2	转售收入												280.00
2	现金流出	72.14	19.31	14.44	14.44	14.44	14.44	14.44	14.44	14.44	14.44	14.44	11.98
2.1	首付款	72.14											
2.2	年还本付息款		10.37	10.37	10.37	10.37	10.37	10.37	10.37	10.37	10.37	10.37	
2.3	契税		4.33										
2.4	印花税		0.07										
2.5	物业维修基金		0.43										
2.6	产权代办费		0.04										
2.7	物业服务费		0.79	0.79	0.79	0.79	0.79	0.79	0.79	0.79	0.79	0.79	
2.8	出租综合税费		3.28	3.28	3.28	3.28	3.28	3.28	3.28	3.28	3.28	3.28	
2.9	转售综合税费												11.98
3	净现金流量	−72.14	−1.31	3.56	3.56	3.56	3.56	3.56	3.56	3.56	3.56	3.56	268.02
4	累计净现金流量	−72.14	−73.45	−69.89	−66.33	−62.77	−59.21	−55.65	−52.09	−48.53	−44.97	−41.41	226.61
5	净现金流量现值	−72.14	−1.19	2.94	2.67	2.43	2.21	2.01	1.83	1.66	1.51	1.37	93.94
6	累计净现金流量现值	−72.14	−73.33	−70.39	−67.71	−65.28	−63.07	−61.06	−59.24	−57.57	−56.07	−54.69	39.25

4. 计算财务指标

1）静态指标

（1）静态投资回收期。根据式（2-6）得

全部投资：$P_b' = 11-1+9.85/268.02 \approx 10.04$（年）。

自有资金：$P_b' = 11-1+41.41/268.02 \approx 10.15$（年）。

（2）现金回报率。根据式（2-7），税后现金回报率 $=3.56/72.14 \approx 4.93\%$。

（3）投资回报率。当考虑物业增值收益时，根据式（2-10）得

投资回报率 $= [3.56+6.01+(268.02-144.28)/11]/72.14 \times 100\% \approx 28.86\%$

2）动态指标

（1）财务净现值。根据式（2-14）及表2-8、表2-9的数据得

① 全部投资：当基准收益率 $i_c=10\%$ 时，有

NPV=（0−72.14）+（18−8.94）/（1+10%）+（18−4.07）/（1+10%）²+⋯+（18−4.07）/（1+10%）¹⁰+（280−11.98）/（1+10%）¹¹≈30.83（万元）

② 自有资金：当基准收益率 i_c=10% 时，有

NPV=（0−72.14）+（18−19.31）/（1+10%）+（18−14.44）/（1+10%）²+⋯+（18−14.44）/（1+10%）¹⁰+（280−11.98）/（1+10%）¹¹≈39.25（万元）

（2）财务内部收益率。根据式（2−16）及表2−8、表2−9中的数据得

① 全部投资：

当 i_1=12% 时，NPV_1=（0−72.14）+（18−8.94）/（1+12%）+（18−4.07）/（1+12%）²+⋯+（18−4.07）/（1+12%）¹⁰+（280−11.98）/（1+12%）¹¹≈6.36（万元）

当 i_2=13% 时，NPV_2=（0−72.14）+（18−8.94）/（1+13%）+（18−4.07）/（1+13%）²+⋯+（18−4.07）/（1+13%）¹⁰+（280−11.98）/（1+13%）¹¹≈−2.77（万元）

通过不断试算，得出 IRR=12%+6.36×（13%−12%）/（6.36+2.77）≈12.70%。

② 自有资金：

当 i_1=14% 时，NPV_1=（0−72.14）+（18−8.94）/（1+14%）+（18−4.07）/（1+14%）²+⋯+（18−4.07）/（1+14%）¹⁰+（280−11.98）/（1+14%）¹¹≈4.89（万元）

当 i_2=15% 时，NPV_2=（0−72.14）+（18−8.94）/（1+15%）+（18−4.07）/（1+15%）²+⋯+（18−4.07）/（1+15%）¹⁰+（280−11.98）/（1+15%）¹¹≈−0.78（万元）

通过不断试算，得出 IRR=14%+4.89×（15%−14%）/（4.89+0.78）≈14.86%。

（3）动态投资回收期。根据式（2−18）得

① 全部投资：P_b=11−1+63.11/91.11≈10.69（年）。

② 自有资金：P_b=11−1+54.69/91.11≈10.60（年）。

5. 财务分析总结

根据基准收益率 i_c=10%，NPV>0；全部投资 IRR=12.70%>10%，自有资金 IRR=14.86%>10%；该商铺置业投资回收期约为11年，也符合商铺置业投资回收期在8～12年的一般要求，因此，该商铺置业投资在财务上是可行的。

2.7 商铺置业投资决策分析

如果某一投资项目有若干个备选方案可供选择，但在一定的条件限制下，只能选择其中一个而不能同时接受其他备选方案，则这些备选方案称为相互排斥方案，简称互斥方案。互斥方案具有排他性。例如，购买200平方米的商铺，是选择在市中心购买，还是在郊区购买，选择其中一个地点，就意味着排斥了另一个地点，这样的一组方案就是互斥方

案。互斥方案又称排他方案、对立方案、替代方案等。一般来说，进行商铺置业投资遇到的多为互斥方案的选择问题。

2.7.1 服务期相同的互斥方案的比选

1. 净现值法

净现值法方案选择的原则如下。

（1）净现值大于零的方案是可接受的。
（2）所有互斥方案中净现值最大的方案为最优方案。
（3）有资金保证的方案才是可行方案。

净现值法方案比选的程序如下。

（1）绘制各互斥方案的现金流量图或表。
（2）分别计算出各互斥方案的净现值，确定可接受方案，剔除净现值小于或等于零的方案。
（3）比较可接受方案净现值的大小，确定最优方案。
（4）按资金限制条件，判断最优方案的可行性，确定可行情况下净现值最大的方案。

净现值法

【例2-5】计算表格

【例2-5】某经理准备投资商铺，目前有意向的三个楼盘A、B、C的价格分别为170万元、260万元、300万元，商铺交付后出租给使用单位，每年末净收益分别为44万元、59万元、68万元。设三个方案的租赁期都为10年，年折现率均为10%，各方案的现金流量见表2-10，试选择最佳方案。

表2-10 各方案的现金流量 单位：万元

方案	年份										
	0	1	2	3	4	5	6	7	8	9	10
楼盘A	−170	44	44	44	44	44	44	44	44	44	44
楼盘B	−260	59	59	59	59	59	59	59	59	59	59
楼盘C	−300	68	68	68	68	68	68	68	68	68	68

解：（1）根据式（2-14），分别计算3种方案的财务净现值。

$NPV_A = -170 + 44/(1+10\%) + 44/(1+10\%)^2 + \cdots + 44/(1+10\%)^9 + 44/(1+10\%)^{10}$
$= -170 + 44 \times [1 - 1/(1+10\%)^{10}]/10\% \approx 100.36$（万元）

$NPV_B = -260 + 59/(1+10\%) + 59/(1+10\%)^2 + \cdots + 59/(1+10\%)^9 + 59/(1+10\%)^{10}$
$= -260 + 59 \times [1 - 1/(1+10\%)^{10}]/10\% \approx 102.53$（万元）

$NPV_C = -300 + 68/(1+10\%) + 68/(1+10\%)^2 + \cdots + 68/(1+10\%)^9 + 68/(1+10\%)^{10}$
$= -300 + 68 \times [1 - 1/(1+10\%)^{10}]/10\% \approx 117.83$（万元）

（2）由于3个方案的财务净现值都大于零，均可接受。

（3）由于$NPV_A<NPV_B<NPV_C$，在资金允许的条件下，方案C是最优方案。

2. 差额内部收益率法

差额内部收益率法是指通过计算差额内部收益率进行方案的比选。当差额内部收益率大于或等于基准收益率或折现率时，认为投资规模大的方案优于投资规模小的方案，增量投资是有效的；反之，则认为投资规模小的方案为优。

采用差额内部收益率法对互斥方案进行比选的步骤如下。

第一步，计算各备选方案的IRR。

第二步，将$IRR \geq i_c$的方案按投资规模由小到大依次排列。

第三步，计算排在最前面的两个方案的差额内部收益率ΔIRR。

如果$\Delta IRR \geq i_c$，则说明投资规模大的方案优于投资规模小的方案，保留投资规模大的方案；反之，则保留投资规模小的方案。

第四步，将保留的较优方案依次与相邻方案两两逐对比较，直至全部方案比较完毕，则最后保留的方案就是最优方案。

【例2-6】沿用例2-5的资料，采用差额内部收益率法选择最佳方案。

解：（1）根据式（2-16）和表2-8计算各备选方案的IRR，得$IRR_A=22.64\%$，$IRR_B=18.56\%$，$IRR_C=18.53\%$，均大于i_c。

（2）按投资额由小到大顺序排列为A、B、C。

（3）先对A和B进行比较，根据式（2-15）得

$$-260+170+\sum_{t=1}^{10}\left[(59-44)(1+\Delta IRR_{B-A})^{-t}\right]=0$$

再根据式（2-16）得$\Delta IRR_{B-A}=10.58\%>i_c$，说明方案B优于方案A，应保留方案B，继续与方案C比较。

（4）对方案B和方案C进行比较，根据式（2-15）得

$$-300+260+\sum_{t=1}^{10}\left[(68-59)(1+\Delta IRR_{C-B})^{-t}\right]=0$$

再根据式（2-16）得$\Delta IRR_{C-B}=14.48\%>i_c$，说明方案C优于方案B，因此方案C是最优方案。

3. 投资回收期法

投资回收期法应用于方案比较时，根据回收期的长短给出如下比选标准。

（1）投资回收期最短的方案为最优方案。

（2）最短投资回收期小于或等于标准投资回收期，并且小于或等于项目有效使用期的方案为可接受方案。

所谓标准投资回收期是指国家或企业根据项目性质及地区工业经济发达程度制定的一个最高可以接受的回收期限。

不同国家和地区的标准投资回收期是不同的，如美国和日本为3年，俄罗斯为4~5年，而我国目前尚无明确规定，一般认为是8年。对于房地产项目的标准投资回收期，同样没有一个统一的标准。

2.7.2 服务期不同的互斥方案的比选

1. 等额年值法

该方法是将各方案的现金流量转化为等额年值，通过比较等额年值的大小来决定方案的优劣和取舍。

年值 AV 的计算公式为

$$AV = \text{NPV} \cdot \frac{i_c(1+i_c)^n}{(1+i_c)^n - 1} \quad (2-19)$$

【例2-7】计算表格

【例2-7】某投资项目有A、B两个方案，其净现金流量见表2-11。若 $i=10\%$，试用等额年值法对方案进行比选。

表2-11 A、B两个方案的净现金流量　　　　　　单位：万元

方案	年份			
	1	2~5	6~9	10
A	-300	80	80	100
B	-100	50	—	—

解：根据式（2-14），先求出A、B两个方案的财务净现值。

$$\text{NPV}_A = -\frac{300}{1+10\%} + \frac{80}{10\%(1+10\%)}\left[1 - \frac{1}{(1+10\%)^8}\right] + \frac{100}{(1+10\%)^{10}} \approx 153.82(万元)$$

$$\text{NPV}_B = -\frac{100}{1+10\%} + \frac{50}{10\%(1+10\%)}\left[1 - \frac{1}{(1+10\%)^4}\right] \approx 53.18(万元)$$

再根据式（2-19）求A、B两个方案的等额年值。

$$AV_A = \text{NPV}_A \cdot \frac{i_c(1+i_c)^n}{(1+i_c)^n - 1} = 153.82 \times \frac{10\%(1+10\%)^{10}}{(1+10\%)^{10} - 1} \approx 25.03(万元)$$

$$AV_B = \text{NPV}_B \cdot \frac{i_c(1+i_c)^n}{(1+i_c)^n - 1} = 53.18 \times \frac{10\%(1+10\%)^5}{(1+10\%)^5 - 1} \approx 14.03(万元)$$

由于 $AV_A > AV_B$，故方案A为最佳方案。

2. 最小公倍数法

该方法的比选程序如下。

（1）先求出各备选方案服务期的最小公倍数，确定各方案的"共同研究周期"。

（2）将各方案的现金流量图在"共同研究周期"内重复，重复的次数等于最小公倍数除以该方案的服务期。

（3）由重复所得到的各方案在"共同研究周期"内的现金流量图计算出各方案的财务净现值，由财务净现值的大小决定方案的优劣。

【例2-8】沿用例2-7的资料，采用最小公倍数法进行A、B两个方案的比选。

解：在计算期为10年的情况下，根据式（2-14）得

$$NPV_A = 153.83 \text{ 万元}$$

【例2-8】计算表格

$$NPV_B = -\frac{100}{1+10\%} + \frac{50}{10\%(1+10\%)}\left[1 - \frac{1}{(1+10\%)^4}\right] - \frac{100}{(1+10\%)^6} + \frac{50}{10\%(1+10\%)^6}\left[1 - \frac{1}{(1+10\%)^4}\right]$$

$$\approx 86.20 \text{（万元）}$$

由于 $NPV_A > NPV_B$，故方案A为最佳方案。

小 结

本学习情境主要对商铺进行介绍，要求学生熟悉商铺的规划设计和特点，掌握各类商铺的投资特点和投资策略，能熟练编制全部投资现金流量表和自有资金现金流量表，准确计算基本的财务指标，并根据财务指标，运用方案选择的方法进行决策分析。

练 习 题

一、单项选择题（每题的备选答案中只有1个最符合题意，请把正确答案的编号填在对应的括号中）

1. 某投资者将其商铺出租经营，租期为20年，预计第1年的净租金收入为8万元，且每年递增6%，年租金均发生在年末。若折现率为6%，该商铺净租金收入的现值为（　　）万元。

   A. 91.76　　　　B. 142.40　　　　C. 150.94　　　　D. 160.00

2. 张某用1 000万元购买了一间商铺用于出租经营，其要求的投资收益率为10%，经营期为20年，如果每年经营净收益相等，则该投资者的年投资回报为（　　）万元。

   A. 17.46　　　　B. 100.00　　　　C. 117.46　　　　D. 672.75

3. 如果某项目NPV等于零，则说明该项目的获利能力（　　）。

   A. 达到了基准收益率的要求　　　　B. 超过了基准收益率的要求
   C. 未达到财务内部收益率的要求　　D. 达到了财务内部收益率的要求

4. 某商铺的购买价格为100万元，其中60万元来自银行贷款。该贷款在10年内按年

等额偿还,年利率为7%,预计该商铺第1年税后净现金流量为3万元,如果不考虑物业增值收益,则第1年的投资回报率为(　　)。

  A. 5.00%　　　　B. 7.50%　　　　C. 18.36%　　　　D. 28.85%

5. 商铺置业投资方案比选通常是在(　　)之间进行。

  A. 独立方案　　B. 互斥方案　　C. 净现值法　　D. 等额年费用法

6. 对经营期不同的商铺置业投资方案进行比选时,应采用的方法是(　　)。

  A. 等额年值法　　　　　　　B. 差额投资内部收益率法

  C. 净现值法　　　　　　　　D. 等额年费用法

7. 将借款本息视为现金流出的基本报表是(　　)。

  A. 全部投资现金流量表　　　B. 自有资金现金流量表

  C. 借款还本付息估算表　　　D. 投资计划与资金筹措表

8. 动态投资回收期是指项目以(　　)抵偿全部投资所需的时间。

  A. 净现金　　B. 净收益　　C. 净现值　　D. 财务净现值

二、多项选择题(每题的备选答案中有2个或2个以上符合题意,请把正确答案的编号填在对应的括号中。全部选对的,得2分;错选或多选的,不得分;少选且选择正确的,每个选项得0.5分)

1. 商铺置业投资的经济效果主要表现为(　　)等。

  A. 企业实力提升　　　　　　B. 租金收入

  C. 对社会贡献增加　　　　　D. 物业增值

  E. 物业权益份额增加

2. 下列关于内部收益率的表述中,正确的有(　　)。

  A. 内部收益率总是大于目标收益率

  B. 内部收益率是当项目寿命期终了时所有投资正好被收回的收益率

  C. 同一项目的全投资内部收益率一定高于资本金内部收益率

  D. 内部收益率是投资者可以接受的最高贷款利率

  E. 内部收益率越高,投资风险就越小

3. 在下列房地产投资行为中,体现商铺置业投资特点的有(　　)。

  A. 买地—建房—卖房　　　　B. 买房—经营

  C. 买房—出租—转售　　　　D. 买房—出租

  E. 买地—开发—转让

4. 商铺按照开发形式可分为(　　)。

  A. 都市型商铺　　B. 便利型商铺　　C. 市场类商铺

  D. 商业街商铺　　E. 购物中心商铺

5. 商铺的特点包括(　　)。

  A. 垂直空间价值衰减性明显　　B. 产权分散

C. 收益高 D. 业态多样

E. 收益稳定

三、计算题（要求写出计算过程；需按公式计算的，要写出公式；仅有计算结果而无计算过程的，不得分。计算结果保留到小数点后两位）

1. 某消费者现在以30万元买进一间商铺，用以出租，如果年租金收入为3.2万元，年物业管理费为2 000元，预计10年后以25万元价格卖出，试分析投资该商铺的税前内部收益率。若该消费者自己使用，可接受的收益水平为8%，拥有该商铺的等额年成本为多少？

2. 某投资者以1.8万元/平方米的价格购买了一个建筑面积为60平方米的商铺，用于出租经营。该投资者以自有资金支付了总价款的30%，其余用银行提供的抵押贷款支付。该抵押贷款期限为10年，年利率为在5.31%基础上上浮1.5个百分点，按年等额偿还。经营费用为毛租金收入的25%。投资者希望该商铺置业投资在抵押贷款还贷期内的税前现金回报率不低于12%。试计算在还贷期内满足投资者最低现金回报率要求的月租金单价（每平方米建筑面积月毛租金）。

3. 试对表2-12中3项寿命不等的互斥投资方案A、B、C采用等额年值法做出评价。其中，基准收益率i_c=15%。

表2-12 投资方案A、B、C现金流量表

方　案	初始投资/万元	残值/万元	年度支出/万元	年度收入/万年	寿命/年
A	6 000	0	1 000	3 000	3
B	7 000	200	1 000	4 000	4
C	9 000	300	1 500	4 500	6

实 训 题

撰写"任务导入"中的商铺置业投资分析报告。

（1）报告的基本格式：Word电子文档，有封面、目录、正文，要求目录有链接，目录和正文页眉要有"商铺置业投资分析报告"字样、页脚有页码，封面、目录与正文分节，正文每部分分节。

（2）报告基本内容：①城市经济社会发展概况；②城市商铺市场行情分析；③推荐商铺的基本概况；④投资估算分析；⑤财务分析；⑥决策分析。

（3）现金流量表插于Excel表格，设置公式自动计算，并用Excel的函数计算财务净现值、财务内部收益率等指标。

学习情境 3 写字楼置业投资分析

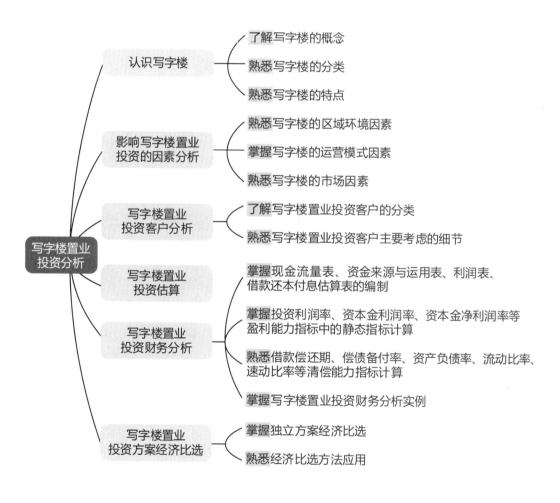

任务导入

某公司主要从事涉外贸易，公司收入比较稳定，现租住在钱江新城某写字楼内办公，2021年计划在杭州市区买一间300～500平方米的写字楼，具体要求如下。

（1）位置：钱江新城区域。

（2）单价控制在20 000～40 000元/平方米，总价控制在1 000万元以内。

（3）首付为总房价的50%，采用商业贷款，2021年年末贷款，2022年开始等额还本付息。

（4）商业氛围基本成熟，写字楼有专业的物业资产公司负责运营管理等。

（5）该公司计划在2021年购买写字楼，期望2022年7月后能入住，并准备长期持有，这样每年可以省下租金12万元。

请根据具体要求为该公司出具一份写字楼置业投资分析报告。

3.1 认识写字楼

3.1.1 写字楼的概念

写字楼

"写字楼"一词起源于英文中的office，后经我国港澳地区翻译成"写字楼"。20世纪80年代随着港产电影进入内地，"写字楼"这一叫法首先在东南沿海的广州、深圳等经济发达城市流行起来。后来由于港澳地产商进入北京、上海等地，"写字楼"这一叫法逐渐成为国内房地产行业中商务办公楼的代名词。它不仅限于人们以往观念中的办公场所，还包括发展成为新兴的服务行业所必需的生产空间。因此，写字楼必然有为它服务的饭店、公寓、商业、餐饮业、娱乐设施等相应的配套建筑，而这些配套建筑综合在一起便形成了现代城市的中心，也就是中心商务区。

写字楼原意是指用于办公的建筑物，或者说是由办公室组成的大楼。1971年，Rhodes和Kan提出："写字楼的作用是集中进行信息的收集、决策的制定、文书工作的处理和其他形式的经济活动管理。"从这个意义上讲，写字楼是指国家机关、企事业单位用于办理行政事务或从事业务活动的建筑物，其使用者包括营利性的经济实体和非营利性的管理机构，是随着经济的发展，为满足公司办公、高效率工作需要而产生的。现代办公楼正向综合化、一体化方向发展，由于城市土地紧俏，特别是市中心区地价猛涨、建筑物逐步向高层发展，许多中小企事业单位难以独立修建办公楼，因此，房地产综合开发企业修建写字楼，分层出售和出租的业务迅速兴起。图3.1和图3.2所示分别为传统写字楼和现代写字楼。

图 3.1　传统写字楼　　　　　　　图 3.2　现代写字楼

3.1.2　写字楼的分类

1. 按照开发目的分类

按照开发目的，写字楼大体上可以分为出租出售型写字楼和公司总部型写字楼两大类型。

1）出租出售型写字楼

出租出售型写字楼是市场上的主体。写字楼开发商在项目规划之初，通过大量的市场调查，确定开发项目的明确客户群，进行有针对性的设计，所设计的写字楼兼顾办公、会议、休闲、培训等功能，市场需求层次清晰。

2）公司总部型写字楼

公司总部型写字楼就是大型企业，特别是金融、保险业企业的地区总部，通常是公司自己置地，自己进行建筑设计。这些企业喜欢将写字楼建在城市中心地带，但企业不一定能拿到土地自己开发，因而它们会购买已建成或在建的项目作为公司的地区总部。这类公司的地区总部往往有特殊的要求，如需要底层有营业大厅、证券交易所等特殊功能场所，这种类型的写字楼要求开发商在项目初期就要针对企业的需求进行设计。

2. 按照物业档次分类

对于超大城市（如北京、上海、广州、深圳）在办公物业划分时除要考虑楼宇品质外，还要充分考虑城市交通和城市规划（CBD布局）的因素。按照物业档次，写字楼可以分为顶级写字楼（顶级物业）、甲级写字楼（高档物业）、乙级写字楼（中档物业）和丙级写字楼（低档物业）。

1）顶级写字楼（顶级物业）

（1）楼宇品质：建筑物的物理状况和品质均为一流，建筑质量达到或超过有关建筑条例或规范的要求；建筑物平面布局灵活，使用率高（使用率达到70%）；楼层面积大，大堂和走道宽敞，从垫高地板到悬挂顶棚的净高度不小于2.6米。

（2）装饰标准：外立面采用高档的国际化外装修（如大理石外墙和玻璃幕墙），采用进口高标准的大理石、铝板、玻璃幕墙等材料；有宽敞的大理石大堂和走廊；公共部分的地面采用大理石、花岗岩、高级地砖或铺高级地毯，墙面采用大理石或高级墙纸或高级漆，有吊顶，电梯间采用不锈钢、大理石门套；卫生间安装进口名牌洁具。

（3）配套设施：有配套的商务、生活设施（如会议室、邮局、银行、票务中心、员工餐厅等），满足日常生活的商店，适合商务会餐的饭店，宾馆，午间放松或娱乐的设施等；有专用的地上、地下停车场，停车位充足；有其他如公园、运动设施和图书馆等。

（4）电梯系统：有良好的电梯系统，电梯设施先进并对乘客和商品进行分区，一般每4 000平方米设置一部电梯，候梯时间30秒左右。

（5）设备标准：有名牌中央空调系统，且系统运行高效；有楼宇自控系统；有安防报警系统；有综合布线。

（6）建筑规模：超过5万平方米。

（7）客户进驻：客户多为知名的跨国公司、国内外大公司和财团。

（8）物业服务：由经验丰富且一流的知名品牌公司管理，配备实用的计算机物业管理软件，建立办公管理信息系统，并对办公物业各系统实现联网和统一管理，实现办公物业管理计算机化，有24小时的维护维修及保安服务。

（9）交通状况：位于重要地段，具有极佳的可接近性，临近两条以上的主干道；有多种交通工具和地铁直达。

（10）所属区位：位于主要商务区的核心区。

（11）智能化：5A，即OA（办公智能化）、BA（楼宇自动化）、CA（通信传输智能化）、FA（消防智能化）、SA（安保智能化）。

（12）开发商的背景：经验丰富且资金雄厚。在项目开发的早期具有财务弹性，并且具有丰富的大规模房地产投资的经验，这些开发商或是海外公司（如来自美国、马来西亚、韩国等），或是有海外经营成功经验的优质国有企业。

2）甲级写字楼（高档物业）

（1）楼宇品质：建筑物的物理状况优良，建筑质量达到或超过有关建筑条例或规范的要求；其收益能力能与新建成的办公楼建筑媲美。

（2）装饰标准：外立面采用大理石、高级面砖、铝板、玻璃幕墙等；有大堂，大堂地面采用大理石、花岗岩、天然石材等，墙面采用大理石、花岗岩或高级墙纸等，有吊顶，柱包大理石、不锈钢等；公共部分的地面采用大理石、花岗岩、高级地砖或铺高级地毯，墙面采用高级墙纸或高级漆（如立邦漆等），有吊顶，电梯间采用不锈钢、大理石或木门套；卫生间安装进口名牌洁具。

（3）配套设施：有配套的商务、生活设施（如会议室、邮局、银行、票务中心、员工餐厅等）；有专用的地上、地下停车场，停车位充足。

（4）设备标准：有名牌中央空调系统；有楼宇自控系统；有安防报警系统；有综合布线。

（5）建筑规模：1万～5万平方米。

（6）客户进驻：客户多为知名的国内外大公司，大多开展研发、技术服务、电子商务或知名品牌代理等方面的业务。

（7）物业服务：由经验丰富的知名公司管理，提供完善的物业管理服务，包括24小时的维护维修及保安服务。

（8）交通状况：有多种交通工具直达。

（9）所属区位：位于主要商务区或副中心区。

（10）智能化：5A。

3）乙级写字楼（中档物业）

（1）楼宇品质：建筑物的物理状况良好，建筑质量达到有关建筑条例或规范的要求，但建筑物的功能不是最先进的（有功能陈旧因素影响），有自然磨损存在；其收益能力低于新落成的同类建筑物。

（2）装饰标准：外立面采用面砖或瓷砖；有大堂，大堂地面采用地砖，墙面采用瓷砖或高级漆，有吊顶；公共部分的地面采用地砖或铺中档地毯，墙面刷白；卫生间安装合资或国产中高档洁具。

（3）配套设施：有专用的地上、地下停车场。

（4）设备标准：有中央空调系统；有安防报警系统。

（5）客户进驻：客户多为国内的中小型公司，从事销售代理、产品研发等业务。

（6）物业服务：有物业公司服务。

（7）交通状况：有交通线路到达，交通较方便。

（8）所属区位：副中心区或较好的城区位置。

4）丙级写字楼（低档物业）

（1）楼宇品质：物业已使用的年限较长，建筑物在某些方面不能满足新的建筑条例或规范的要求；建筑物存在较明显的物理磨损和功能陈旧，但仍能满足较低收入承租人的需求。

（2）装饰标准：外立面采用涂料；公共部分的地面采用普通地砖或水磨石；卫生间安装普通国产洁具。

（3）设备标准：有分体空调。

（4）客户进驻：客户基本是小型私企，从事简单的销售等业务。

(5) 物业服务：有一般性的物业服务，如卫生、收发、值班。
(6) 交通状况：有交通线路到达。
(7) 所属区位：一般城区位置。

3. 按照物业功能分类

按照物业功能，写字楼可分为单一功能的办公楼和包含办公功能的多用途的办公综合楼（简称"办公综合楼"）。第二次世界大战后，发达国家的许多城市在强调功能分区建筑理论的潮流引导下，为追求建筑的纯粹性，将中心商务区绝对化。在美国的许多城市，单一功能的办公楼是在中心商务区中占大多数的建筑形态。美国纽约的曼哈顿形成了两个中心商务区：一个是以华尔街为中心的金融区，这里晚上一片萧条；另一个是以洛克菲勒中心建筑群为核心的办公、商业、居住综合区，这里夜幕降临后却灯火通明。其原因是前者只强调了中心商务区的首要功能，而忽视了中心商务区作为城市生活整体的一部分所必须具有的其他功能。相反，后者则重视城市生活的多功能性，使商业发展与城市生活融为一体。这是中国城市在今后发展中应当汲取的经验。

由于对现代建筑潮流和现代城市中心功能的重新认识，办公综合楼建筑形态现在已得到很大发展，其数量显著增加。

1) 单一功能的办公楼

世界最高的100座高楼中，单一功能的办公楼所占比例约为80%，办公综合楼仅占约20%。美国芝加哥的西尔斯大厦、纽约的帝国大厦，中国香港的中银大厦、中环交易广场均为著名的单一功能的办公楼。与办公综合楼相比，单一功能的办公楼优点在于其结构及机电设备系统比较简单，建造速度相对较快，造价成本相对较低，物业管理比较容易。

2) 办公综合楼

办公综合楼是以办公楼为主体，附带其他用途的综合楼建筑单体和综合楼群。开发商都深知，有了写字楼就需要吸引公司来租用或购买，有了诸多公司在写字楼办公就会有许多客户来联系业务；无论是公司内部成员还是外来客户，都需要有吃饭的地方，这就要求有餐厅或饭店，他们可能还需要有住宿、购物、娱乐的去处。如果将这些综合性需要都合在一起建在同一个大楼或同一个建筑群中，就形成了办公综合楼，甚至商业综合体。

(1) 办公综合楼具有聚合效应，能够做到优势互补。现在中国各大中城市正在加紧建设，城市交通拥堵问题日益严重，在这种公共交通还不便捷的环境下，许多公司租楼或购楼就更喜爱办公综合楼，因为办公综合楼能给使用者带来极大的便利，其规模越大，综合的内容越多，带来的便利也就越大。

(2) 办公综合楼节约了土地资源和能源，减轻了城市的交通压力。公司的商业活动及人们工作8小时以外的活动都可能在办公综合楼内进行，这样也减轻了城市的交通压力。由于办公综合楼内既有人们工作所需的场所，又有休闲、娱乐的场所，因此办公综合楼内的多种设施可以得到更为合理的使用，从而节约了土地资源和能源。例如，单一功能的办公楼的停车场，下班后会有许多车位空置，但办公综合楼的大型停车场，不仅白天可提供上班的人员使用，下班后还可供住在办公综合楼公寓或酒店的居住者使用，提高了使用率。

（3）商业综合体是办公综合楼的高级形态，又称综合性建筑或复合型建筑。商业综合体是集写字楼、公寓、酒店、商场、会议、展览及娱乐建筑于一身的微型城市；其特点是功能协同、空间紧凑、品质突出。商业综合体因其规模宏大、功能齐全而被称为"城中之城"，在城市规划建设中扮演着非同寻常的角色，如曼哈顿的洛克菲勒中心、东京的阳光城、北京的国贸中心等都属于大型商业综合体。商业综合体既是创新活动基地、文化交流之地、财富荟萃之地，又是城市的地标性建筑（反映城市风貌和经济实力，聚集着大批精英阶层和成熟的公司企业），也是高档办公、居住、休闲娱乐的场所。

3.1.3 写字楼的特点

1. 建筑设计

1）外形设计

在目前推出的写字楼项目中，其外形设计特点主要体现在3个方面。

（1）外立面的灯光设计新颖。例如，北京中钢国际广场（图3.3）除顶部灯光外，沿其独特的弧线立面线条布有泛光设计，自上而下逐渐退晕，强调间接照明的柔和色调；又如，深圳世界金融中心采用了楼体照明系统和顶部智能化变光系统。

（2）不再片面追求建筑物高度，开始关注差异化的外观设计。例如，上海企业天地（图3.4）的外观设计从20世纪30年代风靡上海的Art Deco装饰风格中汲取灵感，营造了一种历史和现代交融的文化氛围。Art Deco装饰风格在外滩建筑群中被大量采用。又如，北京总部基地和东莞星河传说·IEO国际街区的写字楼外观设计，将写字楼单体建筑面积缩小，一个单体表现一个或一类企业的个体形象。

图3.3 北京中钢国际广场

图3.4 上海企业天地

（3）外观造型设计新颖。例如，北京融科资讯中心（图3.5）独特的V形建筑设计，使办公空间享有更多与绿色环境的接触面。该项目同时利用建筑底层架空和设置柱廊，营造空间的流通感；A、B、C座整体连通，以采光井引入阳光；A座首层、二层与顶层后退，底层形成一排柱廊，顶层则形成屋顶花园；B座立足绿色建筑，健康办公，幕墙采用三银Low-E玻璃，并安装PM2.5清除设备，全面满足各项绿色建筑要求；C座南北两塔底层双层挑空，让出许多绿地空间，让人们享受更多的自然气息。再如，北京中环世贸中心（图3.6）U形敞开式建筑体形设计，使可视景观的建筑面积大大增加。U形敞开式设计多用于与广场相连的建筑，它可以扩大建筑的视觉空间，营造更为强烈的视觉效果，使广场更开阔、更伸展，使楼内空间更舒展、更自然，具有流动性、开放性等特点。北京中美节能示范楼的外观设计采用十字形建筑外形，十字形建筑方案比同面积的矩形建筑节能10%。此外，还有广州中泰国际广场和深圳中洲控股金融中心都将板楼设计风格引入写字楼。

图3.5　北京融科资讯中心

图3.6　北京中环世贸中心

2）结构设计

结构设计有特色的项目不少，下面主要介绍深圳水晶大厦、北京LG双子座大厦、上海企业天地和深圳世界金融中心的结构设计。

图3.7　深圳水晶大厦

（1）深圳水晶大厦就是由建筑师、生态工程师、结构工程师合作，从功能、结构、设备、建材各个方面协作完成的一个智能生态化的建筑设计，如图3.7所示。

（2）北京LG双子座大厦特别的环形无柱平面设计，配合12～15米的进深，起到充分引入光线、开阔视野的效果。

（3）上海企业天地在楼宇的中部核心筒处加上了承重荷载，大大提升了标准层的承载能力，有利于某些特殊行业的办公需求。

（4）深圳世界金融中心的十字式核心筒设计，将公共设施全部集中于核心筒内，办公面积使用率提高。此外，该项目由于采用了劲性钢筋结构设计和施工新工艺，确保办公区在12米跨度下所有的空间均能在无柱状态下自由分隔。

3）公共区域设计

北京、上海、广州和深圳四地新推出的写字楼项目中，公共区域的设计和装饰装修成为提升写字楼整体品质的重要方面。这些公共区域主要包括大堂、候客区、中庭、走廊、休闲区、卫生间和电梯间。例如，北京锦秋国际大厦的大堂高度为9.6米，设计有玻璃空中走廊，使空间更加生动流畅。北京融科资讯中心A座设有高达8米的双层中庭，形成了人与阳光、自然的交融空间；B座打造了"梦之序曲"音乐喷泉和"融·空间"艺术空间，营造了饱含浪漫气息的休闲场所；C座顶层配有空中花园，入口处灵秀的水景更是点睛之笔。在公共区域的生态环境营造方面，广州的写字楼相对比较多地采用水系景观，如中信广场和中泰国际广场。广州保利国际广场除其外部特有的自然资源优势外，还建有内部绿化广场，配以水系、乔木和灌木，将办公环境远离喧闹的市中心，另辟一片新天地。从大部分公共区域设计比较好的写字楼项目来看，大堂设计、空中花园设计、中庭设计和候客区配套设计等往往能成为卖点。

4）办公舒适度设计

写字楼办公舒适度设计主要体现在3个方面：一是单元空间尺度，二是自然采光和通风，三是配套设施和内部装修。

（1）从单元空间尺度来看，写字楼办公舒适度设计主要表现在加大标准层面积、柱距、层高和进深方面。例如，上海企业天地标准层面积超过2 000平方米，上海花旗大厦标准层面积达到2 600平方米。这样有利于大型公司租用一层即可，而不需要租用多层。柱距较大，一般为9~12米，如上海嘉华中心，以此实现无强制的空间分隔，使得入驻企业可以根据自身特点分隔办公空间。顶级写字楼均把净高作为衡量写字楼品质的重要标准，甲级写字楼层高一般为2.7~2.8米，如上海金茂大厦净高2.8米。深圳地王大厦由于是在20世纪80年代建成的，因此其电梯、网络配置等硬件设施稍显不足，但是其开间、进深、过道宽度、层高、电梯开间和轿厢高度的设计在深圳写字楼市场仍是独树一帜的，尤其值得一提的是其过道宽度达到1.8米，适宜的内部空间尺寸设计使地王大厦即使存在硬件配套的不足，仍受到入驻企业的认同。

（2）从自然采光和通风来看，北京中美节能示范大楼找到了光照好而能量散失小的最佳点，室内开间大，自然光照和自然通风效果好。通常办公室临窗区域存在眩目的现象，而室内离窗远的地方则光线不足。中美节能示范大楼在窗户上设计了一个反光板，把光巧妙地反射到室内各个角落，做到了近处不刺眼，最远处的光也适合读书看报，上班就不用开灯了。上海企业天地利用透明玻璃采光，照明亮度达到750勒克斯（注：一般写字楼的照明亮度为450勒克斯左右）。

（3）从配套设施和内部装修来看，顶级写字楼一般都为入驻企业提供了预留井道和烟道，便于其建造内部卫生间、沐浴间和茶室等。上海来福士广场选用暖色调和木质材料装修办公空间，给使用者一种温暖的办公环境。尽管这样会使装修成本提高，但是突出了写字楼品质，租户反映良好。广州珠江新城 CBD 区域内的勤建商务大厦则推出了复式的办公空间和内部空中花园。

2. 建筑材料

写字楼外墙材料主要采用玻璃幕墙、铝合金、石材和遮阳板。顶级写字楼和部分甲级写字楼的玻璃幕墙一般采用门窗式中空 Low-e 单层镀膜或双层镀膜钢化玻璃。该种玻璃幕墙具有低污染、低辐射、折射率高、隔声隔热等效果。北京融科资讯中心 C 座采用的双层玻璃幕墙，前后层玻璃间隔 60 厘米，配有自由开启百叶。北京 LG 双子座大厦引入全自动感应的大型绿色落地玻璃窗，采用来自美国 Interpane 公司的 6+12A+6 隔绝低辐射的 Azurlite 玻璃，隔绝紫外线与室外噪声，避免灼热。北京中环世贸中心采用 Low-e 双层中空高通透玻璃和断热冷桥幕墙，结合局部开放式的幕墙构造系统实现了透明度高、传热系数低的效果；在中环世贸中心标准层中，可开启窗占有效幕墙面积的 1/4（一般为 1/12～1/8），可开启窗采用目前世界上最先进的下旋式开启方式，即在靠近地面位置向内开启，使得新鲜空气自下而上，更容易到达人的头部，使人的呼吸更舒适、顺畅；由于春秋两季室内外温差不大，可不使用中央空调系统调节室内温度及空气质量，而直接采用自然通风。

写字楼外墙遮阳板主要材料为铝和陶瓷玻璃，多为水平设置。广州发展中心大厦采用德国进口旋转遮阳板垂直设置。北京锦秋国际大厦南立面和东立面装有大截面梭形铝合金百叶窗，西立面采用外挑的彩釉玻璃遮阳板（这在国内是首次使用），解决了西晒问题。北京中钢国际广场采用单元式玻璃幕墙，通透的低辐射玻璃大大降低了紫外线辐射与光污染，连廊幕墙装设了感应式遮阳百叶，避免强光照射。

此外，清华大学超低能耗示范楼在活动地板中布置了相变蓄能材料。在冬季，该种材料白天蓄存由玻璃幕墙和窗户进入室内的太阳辐射热，晚上向室内放出蓄存的热量。

3. 电梯

写字楼电梯的品质主要体现在数量、速度、载重和轿厢尺寸 4 个方面。在数量上，顶级写字楼能够实现两层一部电梯的数量配置。从地区比较看，上海写字楼的电梯配置相对较多，广州和深圳写字楼的电梯配置相对较少。在速度上，高速客用电梯可达到 6 米/秒。从分区看，低区速度约 5 米/秒，中区速度约 7 米/秒，高区速度约 7～8 米/秒。配置较高的写字楼电梯平均等候时间为 30～45 秒，高峰时间约 45 秒。在载重上，顶级写字楼的客用电梯容量均在 20 人以上。在轿厢尺寸上，新建写字楼与存量写字楼相比有明显改进，加大了电梯轿厢的高、宽、深，尤其是在宽度与深度方面有明显提升，宽×深×高达到 2.7 米×2.2 米×3 米。例如，深圳地王大厦电梯轿厢高度和广州金利来大厦电梯轿厢进深均超过同类写字楼项目。

在电梯智能化方面，写字楼大多采用电梯分区，个别写字楼还引入外呼式智能控制系统，根据楼层优化原则，即时提供搭乘的电梯。北京中环世贸中心的电梯系统在大堂入口处设置了声音感应系统，来客只要说出要去的楼层，系统就能自动指示可搭乘的电梯号，减少了等待时间。深圳招商银行大厦还配套有门禁系统，周末必须使用入驻企业门卡才能启动电梯。

4. 空调通风系统

现阶段写字楼采用的空调系统仍以中央空调系统、离心式冷水机组和风机盘管方式为主。设计室内温度为夏季 24～26℃，冬季 18～22℃；相对湿度一般在 30%～55%。部分写字楼中央空调系统不能根据使用者数量的变化进行调整，能耗比较大；或者不能根据个人的需要调节温度和湿度，舒适度不佳。写字楼空调通风系统的改善主要体现在三个方面，一是两套空调系统分时控制，二是空调开启和温度分区控制，三是地下送风。所谓两套空调系统是指一套运用冷冻水的空调系统，再加一套运用冷却水的空调系统。等下班后空调需求较少的时段，可以采用冷却水空调系统。而空调开启和温度分区控制，则主要通过引入 VAV（变风量）空调系统。例如，北京 LG 双子座大厦采用四管制中央空调系统，每层有 8 套独立控制的 VAV 空调系统，实现分区控制，自动调节温度与新风量。专用的 AHU（组合式空调箱）系统将强制变温和严格过滤的空气输送至每层，独有的湿度控制系统将湿度保持在最佳状态，消声振动装置可屏蔽管道传来的噪声。又如，北京中钢国际广场的四管制 VAV 空调系统，配套世界领先的集中冰蓄冷低温送风技术，并在新风系统中设计有双层过滤和消毒系统，为使用者带来绿色、健康的办公空间。深圳华润大厦的 VAV 空调系统可以根据不同房间、不同人的需要局部调节温度，采用的 Honeywell 控制器比风机盘管清洁（因风机盘管在湿环境下工作，对环境污染较大）；该写字楼的水泵和冷却塔部分采用变频技术，可以有效节能。北京融科资讯中心采用集中式全空气风机盘管，实现了内外分区控制；其 C 座采用模块式再分区，分为内区、外区南向、外区北向 3 个区域，可满足不同负荷特点分别供应冷热的要求；该写字楼的用户计算机房专用空调实现了 24 小时独立空调冷却水供应。

在下送风系统中，北京中美节能示范楼是一个很好的例子。其采用了下送风模式的中央空调，冷空气由下到上。目前安装的空调多采用的是上送风模式，用的是空气对流降温的道理，人们为了保持 21℃ 的温度，往往要把开关调到 18℃。尽管下送风系统购置成本高于上送风系统，但其运行费用低、节能效果好。此外，深圳世界金融中心采用了高效能 UACS（地下送风空调系统，又称灵活空间送风系统），该系统的内藏式室内空气处理机能把处理后的空气送入活动板下的送风区，先由装在活动板下的送风终端机从地板上的送风口送到人的呼吸区，再经装在地板上的回风口进入地板下的回风区，然后回到空气处理机，经处理后再送到室内。如此的气流循环，打破了传统的空调气流组织形式，使室内温度均匀；房间平面分割可以灵活布置，不受空间局限；出风速度、温度均可设定和调节；空气处理机设有新风入口和灭菌、过滤装置，使室内空气更洁净、舒适、健康。该系统比传统空调系统节电 1/3。广州保利国际广场也采用了下送风系统。

写字楼标准工作时间一般是周一到周五 8:00—18:00/19:00。超时空调费主要以使用面积或者单元数量、风口数量来计算。上海中信泰富广场利用单元数来测算，超时空调费为 230 元/时；上海来福士广场利用面积测算，超时空调费为 0.4 元/（时·平方米）；上海嘉华中心主要看客户的空调风口量，超时空调费为 0.5 元/（时·风口）；而深圳诺德中心的超时空调费按照热流量计算。

5. 智能化配置

1）楼宇控制

楼宇控制系统是利用先进的计算机控制技术和计算机网络通信技术，对大厦内各类机电设备实施有效的管理和监控，以达到降低设备运行能耗、节约运行成本、延长设备使用时间、提高工作效率、降低人员开支等目的。例如，在空调系统中，一方面可以通过 BA（楼宇自动化）系统综合各空调负荷参数，控制适中的室内环境，合理开启各空调末端设备，同时由主机综合各点制冷需求，控制主机开启台数，根据主机需要合理开停配套水泵台数，从而实现全系统的节能要求；另一方面利用 BA 系统可以有效监视各设备的运行状态，自动轮流开停每台设备，使得设备的磨损程度趋于平衡。又如，对公共照明系统的管理，可以通过 BA 系统控制大厦内若干处照明的开停时间，提高控制的准确性、合理性，实现无人值守便可按要求开停，从而节约用电。

2）通信

在通信方面，顶级写字楼和部分甲级写字楼接入光纤主干网，采用 12～24 芯光纤通信电缆，超五类线、六类线，百兆带宽到用户端口。以被誉为北京中关村"信息化样板园区"的融科资讯中心为例，其直接与中国电信骨干节点相连，带宽 622 兆比特/秒，并可扩容至 2.5 吉比特/秒，随时满足客户的带宽需求；引入无线上网设施，可以在楼下咖啡厅、大堂茶座，甚至楼顶花园无线上网，满足移动办公的现实需求，无线传输速率可达 11 兆比特/秒；同时有中国电信、网通、联通等多家电信运营商提供各类服务；项目配备远程视频会议、同声传译、卫星有线电视、32 方电话会议、数字电影播放、无线宽带上网、有线宽带上网等功能，可提供超大高清晰背投、高清晰前投、多媒体投影仪、多媒体视频与电子白板系统、高保真专业会议音响等先进的设备支持；C 座数据通信的外部光缆由中国电信全光骨干网光节点引入，传输带宽达 2.5 吉比特/秒。

此外，北京 LG 双子座大厦还有附加通信系统——数字电话交换系统，该系统实现了完全自动程序化设计，客户可以不必安装公司内部的电话转换系统。

3）布线

甲级写字楼大多采用综合布线系统。以北京融科资讯中心的布线系统为例，其语音采用三类大对数电缆，A 座数据采用 6 芯多模光纤，B 座数据采用 25 芯多模光纤，C 座数据采用 18 芯多模光纤。A 座将楼宇自控管理系统（BAS）、火灾报警及联动控制系统（FAS）、停车场管理系统（CPS）、安全防范系统（SAS）等各子系统通过楼宇综合布线系统进行联网，实现相互联动控制，具有良好的可扩展性，开放的通信接口和通用的通信协议为将来扩展为 IBMS 提供了可能性。又如，北京 LG 双子座大厦采用新一代多功能缆线系统，声音系统采用 CAT5 的 25 对骨干缆线，数据系统采用千兆比特/秒的光缆骨干网，水平分系统采用 CAT6 缆线，无须增加任何设备，可随环境改变而升级。

配合综合布线系统，网络地板也在多个新推出的写字楼项目中被应用，改变了地下线槽的传统方式。例如，北京融科资讯中心各楼层全面铺设钢质防静电架空网络线槽地板，厚度为 8 厘米。北京 LG 双子座大厦的网络钢质架空地板厚度为 10 厘米。网络地板的应用解决了一部分写字楼布线困难、办公空间自由分隔受限的问题。网络地板厚度一般在 10 厘米以上，以配合大型外资企业布线多的要求。上海企业天地网络地板厚度达到 20 厘米；上海嘉华中心采用通过 ISO 9001 认证的华通架空地板，厚度为 10 厘米；上海来福士广场网络地板厚度为 13 厘米；上海汇亚大厦网络地板厚度为 15 厘米。

4）照明和安保消防

在写字楼照明智能化控制方面，北京中美节能示范楼的室内灯是自动控制的二级开关，能根据室外亮度控制室内灯光；当室内光线充分时，即使开灯灯也不会亮。北京 LG 双子座大厦采用全隐蔽、高输出、低眩光的荧光灯提供照明，使计算机屏幕反光现象大大减弱，从而缓解了办公人员的视觉疲劳；照明监控系统由中央系统统一管理，客户通过电话、网络、开关可实现温度和照明的预设置。大多数甲级写字楼的消防报警系统都实现了消防泵栓、人工泵和警铃联动。写字楼安保系统主要是闭路电视监控系统，停车场采用智能卡管理和车位引导。北京 LG 双子座大厦智能停车设施采用自动缴费装置和停车引导设施，自动显示车位信息；车辆采用 RFID 卡出入。

6. 商业和商务配套

商业和商务配套方面分成以下三种情况。

（1）单独写字楼。其商业和商务配套在写字楼低区，一般在 1 层设有咖啡吧及休息区、银行、健身中心等，在地下 1 层设有餐饮、娱乐配套中心等。以北京融科资讯中心为例，其商业和商务配套包括：A 座有餐厅、银行、多功能会议厅、邮局、咖啡馆等；B 座有银行、餐厅、咖啡馆、书店、商务会议中心等；C 座有健身中心、游泳馆、美容美体中心、茶餐厅、专卖店、银行、商务中心、会议室、高档餐饮等。

（2）写字楼与商铺结合。该种情况又可细分为两种情况：①若商铺面积不大，则以销售高档奢侈品为主，如上海企业天地低区两层的专卖店；②若商铺面积较大，则可能形成业态丰富的购物中心，如上海恒隆广场在 1 层和 2 层设立了国际名牌专卖店，在 3 层配置了美容服饰店，在 4 层安排了时尚家居中心，5 层设置为商务中心。

（3）裙房或者附楼支持。例如，上海金茂大厦的裙房总建筑面积为 32 270 平方米，地下 1 层为小吃广场，地面层设有会议厅、宴会厅和影剧场等；地上 3~6 层为大型购物、娱乐中心。裙房的设计为金茂大厦提供了良好的商务配套。广州和深圳的写字楼多具备 1~2 层或多层的底商和百货商场，如广州中信广场、广州中泰国际、深圳地王大厦、深圳华润大厦等，这可能是岭南建筑底商的传承。相比于北京和上海，深圳和广州个别区域的写字楼其外部及周边的商务配套并不理想，尤其是两地的CBD。

7. 交通组织

交通组织表现出以下三大特征。

（1）充分利用外部配套的交通基础设施建设，如地铁、立体车库和停车广场等。例如，北京中钢国际广场利用中关村广场地下1层，在国内首次采用贯通所有建筑的交通环廊组织内外部交通；中关村广场所有建筑物2层通过连廊和平台相互连通，成为全天候的2层步行系统，先进的立体交通系统整体实现了社区的人车分流。再如，深圳CBD规划建设的中心区内，以国际商会大厦、中央商务大厦等为典型的7栋写字楼聚集区内配套有统一的区内停车广场和地下停车库。

（2）充分利用地下资源。在地下设有由计算机停车管理系统控制的停车库，分层（一般为地下1层与地下2层）分区（可以分成面包车停放区与轿车停放区）设置。有些写字楼直接将地下通道与地铁相连。由于深圳的写字楼占地面积相对都较小，很难看到写字楼项目具备开阔的广场，各写字楼之间比较局促。因此，深圳的写字楼较多运用地下停车场和地下交通组织。

（3）人车分流设计。例如，北京中环世贸中心规划的出发点是各出入口独立，商业办公分流，人车分流，同时留有一定的改造余地。机动车入口设置在建筑用地东侧及南侧。东侧机动车入口主要为北侧两栋超高层建筑服务，南侧机动车入口主要为南侧两栋超高层建筑服务。进入北侧两栋超高层建筑的办公人流可从建筑群北侧广场直接进入，进入南侧两栋超高层建筑的办公人流可从建筑群南侧城市道路直接进入。商业人流可通过北侧两栋超高层建筑之间的独立门厅直接进入地下商业区。机动车停车位主要布置在地下，地上车位主要供访客临时使用。又如，北京总部基地由于建筑密度和容积率比较小，停车场就设置在单体建筑的周围，按照每10 000平方米建筑面积100辆车位的标准设计；按照庭院围合的方式组织交通，每个庭院至少有两个机动车入口，形成庭院内交通环路，庭院外则通过四车道的主干道和公路连接。

🏠 观察与思考

你所在的城市目前有哪些类型的写字楼？

🏠 知识链接

写字楼5A标准

5A标准是目前较流行的写字楼评定方式，狭义上指针对智能化硬件方面的评定，包括对OA（办公智能化）、BA（楼宇自动化）、CA（通信传输智能化）、FA（消防智能化）、SA（安保智能化）的评定；广义上指综合A级评定标准，具体如下。

1. 楼宇品牌标准 A 级

写字楼是一个城市创造文化与财富的特定空间，写字楼的品牌形成需要产品的差异化特征、商务文化特征、服务经营理念、地域标志性建筑和城市历史记忆。从一定意义上说，处于"生产链条最高级"的写字楼的发展脉络，折射出了一个城市的发展历程和特性。因此，成为城市商务区地标性建筑的写字楼，其品牌要与城市有极大的关联性，对城市的未来发展具备重要的价值。只有具备较大的区域影响力、能与城市品牌和谐统一的写字楼品牌才能被评定为楼宇品牌标准 A 级。

2. 地理位置标准 A 级

地理位置是投资和购买写字楼的关键要素之一。只有区位在城市现有或潜在商务区、地段良好、具有较高投资价值的写字楼才能评定为地理位置标准 A 级。

3. 客户层次标准 A 级

客户层次指的是入驻写字楼的业主或租户的层次。大多数写字楼客户都有择邻而居的心理，因此一个写字楼的客户层次通常是趋同的。同时，客户层次的高低也会影响新业主或租户的投资决策，因为写字楼较高的客户层次对其公司形象也有较好的提升作用。只有客户层次较高的写字楼才能被评定为客户层次标准 A 级。

4. 服务品质标准 A 级

服务品质一方面体现在高效的物业管理上，另一方面体现在对入驻企业的专业化商务服务上。只有两者俱佳的写字楼才能被评定其具备服务品质标准 A 级。

5. 硬件设施标准 A 级

在硬件设施方面主要考核写字楼的建筑设计和建筑功能的创新，及其所用的建筑技术、标准层高、标准承重、弱电系统、新风系统，以及电梯、智能化等。上述方面如果有两项以上不能达到优良，则不能被评定为硬件设施标准 A 级。

3.2 影响写字楼置业投资的因素分析

3.2.1 写字楼的区域环境因素

1. 影响写字楼区域分布的因素

1）产业环境

写字楼的客户一般可以分成客户导向型和资源导向型两类。对于客户导向型客户来说，由于写字楼的目标用户绝大部分属于服务性行业，而服务性行业的特性决定其必须和客户及时沟通，并适时考虑面对面的沟通成本。因此，如果某一咨询公司的主要客户都在某一区域办公，那么该公司也会选择入驻该区域。对于资源导向型客户来说，某些关键性的资源对企业的发展和业务开展至关重要，那么这些用户也会选择离这类资源最近的写字楼。因此，在许多城市都存在一些关联行业聚集的区域。例如，在上海，金融机构集中于浦东小陆家嘴地区，小陆家嘴地区有包括早期的中银大厦、汇丰银行大厦、中国保险大厦等在内的由金融机构自建的典型写字楼，其他一些金融机构则选择采用在如金茂大厦等顶级写字楼租用办公室的形式。

同时，写字楼物业的产业集聚效应也直接促使不同的写字楼区域自身定位和形象相对于其他写字楼区域有明显的差异，从而在某一个城市中形成若干热点写字楼区域，如北京的CBD、金融街、中关村等。而作为写字楼主要客户群的国际性跨国公司在选择办公地点时，会慎重考虑不同写字楼区域的区域特点和形象及同类型行业分布等。从这一点出发，可以说产业聚集促使写字楼区域形成不同的区域特点，而不同的区域特点又增强了各产业的聚集。

2）政府行为与政策环境

政府行为对写字楼区域分布的影响较大，有时甚至起决定性的作用。一方面，城市政府对不同的地块可能有不同的规划要求，对那些本来就规划成为商务中心的地区来说无疑是一剂强心针。例如，1997年，上海市在规划浦东新区时就对写字楼的建造有一定的优惠政策，对写字楼客户的入驻也有鼓励措施，促进了此地区写字楼的繁荣，并在一定程度上带动了区域经济的发展。另一方面，城市中各个区政府的行为也会直接影响写字楼的建造选址，如果一个区政府想要在本区内大力发展商务区，那么就会推行诸如税收优惠等具体的政府措施，吸引开发商到本区域建造写字楼，形成新的城市商务中心；同时，由于目前建立中心商务区也是各个区政府规划工作的一个重点，因此，近几年的新建写字楼的选址与各城市不同区政府的政策有密切联系，促成了写字楼的楼宇经济。例如，北京市海淀区政府提出实现区域产业集群经济的战略目标，牵头联合清华科技园、融科资讯中心、首创拓展大厦、银科大厦、银谷大厦、1+1大厦6家中关村核心区域的甲级写字楼进行合作推广，意欲提升整个海淀区的国际化商务环境水平，为区内产业集群经济发展提供有效的硬件基础。

除政府行为的影响外，一些时事效应也是促进写字楼区域发展的重要原因。例如，在北京，奥运会的举办给北京市带来了"奥运经济"，在奥运会选址区域，西奥中心以"第一个具有公共建筑特征的甲级写字楼"的形式出现，奥运场馆以西的商务气氛浓厚，"西奥商务板块"逐渐形成规模；在上海，世博会的举办促使世博会周边土地升值，造成存量写字楼及新建写字楼的租金上涨，同时也吸引了更多的开发商到此区域建造写字楼。

3）交通因素

典型的写字楼聚集区域一般在城市中心的交通枢纽地带，来往道路比较开阔，地铁与多路公交车汇集，便于写字楼的办公人员上下班通勤，同时与城区的其他办公、商务、休闲中心区域之间均可快速便捷地通达；此外，由于城市规划及城市基础设施建设也是从写字楼核心区域开始不断完善的，因此，主要写字楼区域到城市机场的时间均较短。例如，上海的南京西路、淮海中路等商务集中区到虹桥和浦东两个机场的开车时间均为30～40分钟，极大地方便了在城市商务区办公的跨国公司办公人员的出行。

4）写字楼与其他物业发展的关系

商业地产的发展和繁荣能带动一个地区的楼宇经济，购物、餐饮、娱乐、休闲和商务活动是写字楼入驻企业的办公人员日常不可缺少的，同时商业配套的完善能在一定程度上集聚人气，使一个地区的人流量提升，形成区域性繁华。例如，在上海市的徐汇区，商务配套设施齐全，人口密度相对比较大，是上海典型的商圈之一，近几年徐汇区的写字楼建设呈现出大规模、高规格的趋势，完工后的港汇恒隆广场已成为徐汇区的标志性建筑。

除商业地产的带动外，一个地区的住宅物业的发展也会吸引大量开发商去建设写字楼，因为写字楼入驻企业员工的通勤成本一般是写字楼客户要考虑的一个重要因素，"因住而商"的趋势已经突显。例如，北京的望京本来是典型的住宅区，但是现在此区域顶级写字楼日益增多，微软、西门子公司等大型跨国公司也纷纷进入该地区。

2. 写字楼的非核心化发展趋势

由于城市中心的土地极为昂贵，同时中心土地开发趋于饱和，因此，写字楼将出现非核心化发展趋势。非核心化发展趋势主要是指写字楼的选址将以城市中心为辐射区向郊区发展。一方面，城市交通及市政配套设施建设加速，大量城市人口外移，随着居住区域的不断向外延伸，以住宅先行带动写字楼的趋势不容忽视；另一方面，城市中心区域的甲级写字楼租金水平不断上涨，土地的稀缺性又决定中心城区的新建写字楼数量将逐年递减，因此有预见性的开发商纷纷选择在城市郊区建造写字楼，既减少了建造成本，还可以获得政府提供的税收等优惠政策支持。当然，由于郊区商业和商务配套不完善，交通便利性不强，人流量相对城市中心要少得多，对顶级写字楼需求量较大的金融保险企业、投资咨询公司等客户群定位明确，一般不会轻易搬离城市中心区域，因此，目前建在郊区的写字楼主要还是一些面向对区域要求不太高的中小客户的中档写字楼，也不乏一些产权型的中低档写字楼。

1）挖掘区位优势建写字楼

写字楼选址的影响因素比较多，一个重要的因素就是选址地的区位优势，充分利用此区域独特的配套环境可以吸引众多企业入驻此地。例如，北京的中关村就是依据周围大学城的优势，建立了以高科技企业为核心的写字楼聚集区。由于可利用土地不断减少，而对于在城市非中心区域投资房地产一般有一定的优惠政策，因此，充分挖掘区域的优势来建设写字楼将成为未来写字楼发展的趋势，这一点在上海已有所体现。上海五角场地区是大学集中区，周围有同济大学、复旦大学等著名高校，高科技的氛围已经吸引了众多开发商到此区域投资建造甲级写字楼，此类甲级写字楼主要面向以研发为主的专业性企业。而上海北外滩附近则充分利用其优越的江景，大力发展楼宇经济，并以住宅建设带动写字楼发展，为形成上海的城市副中心打下了基础。

2）在郊区建设独栋写字楼

许多发达国家都在城市边缘新城建造以低密度、独栋为主要特征的小体量写字楼。此类写字楼不仅可以在规划设计上留有大量的绿化空间，满足人们对阳光和空气的追求；而且企业独门独户，可以自行决定物业的建筑风格，并能独享冠名权以显示其不凡的实力。独栋写字楼作为未来写字楼发展的主流建筑形态，对于那些不强烈依赖商务交流运营的科技企业有不可抗拒的吸引力。上海目前此类写字楼形态已有所发展，在闵行区已经建立了上海科技绿洲和漕河泾新兴技术开发区两个新型写字楼区域。而在北京，亦庄北京经济技术开发区（BDA）推出了"BDA 国际企业大道"项目。"BDA 国际企业大道"地处 BDA 核心位置，由 43 栋三四层高的小独栋研发楼群构成，设计成为低密度、高绿化率的生态型国际化研发办公社区。因此，在郊区建设独栋写字楼在不久的将来也是写字楼的发展趋势之一。

3.2.2 写字楼的运营模式因素

写字楼的运营模式大致分成 3 种：只租不售模式、挂牌出售模式和租售结合模式。

1. 只租不售模式

这种模式已经被普遍应用。在商业地产建成以后开发商拥有独立的产权，他们通过一系列的招商活动来引入商户，其主要收入来源就是租金，即通过租金来收回自己投入的成本。这样做的好处在于写字楼可以通过商业的运营来进入资本市场，从而实现整个商业地产的融资，并且可以多次融资，第一次可以用地产抵押来向银行融资，之后可以通过基金会或者一些评估机构进行融资，每次进行包装以后都可以拿到一笔融资资金。

2. 挂牌出售模式

这是一种最为原始的模式，就是在建设装修完成以后挂牌出售，这里指的是单纯的出售。受制于商业地产变现难、流动性差、税率高等缺点，这种模式已经不适合时代发展的需求。因为整体出售很难有买家，这样资金回笼就慢，所以这种模式正在逐渐被淘汰。

3. 租售结合模式

这种模式目前看是最合理的，一方面可以出租部分物业，另一方面如果有人想要购买的话，就可以整体出售，基本上底层的商铺都是可以出售的，而上面的写字楼及其他场所都是用来出租的。开发商可以自己运营，也可以聘请专业的写字楼运营服务商来运营。

3.2.3 写字楼的市场因素

根据对当前国内写字楼市场的差异化研究和细致调研，以及当前市场的需求状况和产品走势，写字楼市场将陆续呈现以下特点。

1. 市场需求差异化明显

不同区域和城市的写字楼发展呈现分化态势。一个区域或城市的写字楼需求旺盛程度与当地的宏观经济发展状况密切相关。从国内的经济发展格局来看，以珠江三角洲、长江三角洲和环渤海经济圈为代表的大城市群正在快速崛起，而以北京、上海、广州、深圳为代表的城市经济趋于稳定性增长。在这样的背景下，一线城市写字楼市场自20世纪90年代末期开始逐步走向成熟，而租售需求也相对旺盛。上海甲级写字楼的租金水平自亚洲金融风暴之后就稳步上升，而北京市场对每年巨大的新增供应量的消化能力也让人对其前景保持乐观。

与此同时，随着中国经济的逐步发展，中国市场成为国际资本青睐的对象。近年来，国际资本进入内地一线城市（主要是北京、上海两地），收购成熟写字楼的事件时有发生。我们认为，只要全球资本流动性过剩的格局没有发生根本性的改变，人民币稳步升值的态势继续保持下去，国际资本对一线城市成熟写字楼的收购需求就将存在。而且，亚洲房地产信托投资基金（REITs）市场的建立，为这些国际资本的退出提供了一条便捷通道，从而解除了其后顾之忧。

相对而言，二、三线城市的写字楼市场起步较晚，有待进一步的市场培育。对二、三线城市的写字楼市场进行考察，需要关注这些城市的区域经济发展前景和产业结构。按照一般规律，在一个总部集中和高端服务业发达的地区和城市，写字楼的需求更为强劲，如天津的滨海新区，作为国家新批的金融改革试点区域，这一区域的写字楼需求在未来几年的上升趋势应该会比较明显。而在珠江三角洲地带，核心城市周边的二、三线城市，一般是沿着"三来一补"的模式发展起来的，对写字楼的需求就相对较少。

除了地域的差异性，不同行业和企业对写字楼的需求差异都呈现细化趋势。事实上，这种需求差异在市场上客观存在。一些企业的研发中心倾向于选择在城市边缘区域、自然环境良好的办公物业；一些大型的商业开发客户需要选择在城市中心地带、交通便利、繁华区域内的办公物业；一些中小型企业则更愿意选择成本较低、内部硬件条件良好的城区边缘地带的办公物业。我们认为，在未来几年中，国内写字楼的进一步细分趋势值得关注。即使是同一家公司，其办公场所的选择也不尽相同。大型公司由于不同部门的工作性质要求，对形象、交通、内部硬件条件等选择因素的侧重不同，因此可以选择不同的办公区域。例如，大型企业的营销策划部门多注重形象，可能会选择城市中心区域的顶级写字楼作为办公场所，而其研发部门则多选择城郊的办公场所。

从整体市场结构来看，需求的差异化将直接导致城市不同区域的写字楼定位更加明确。以北京的 CBD 为例，该区域的写字楼租户出现大规模的"进退"现象。原有大型制造业的国有企业和跨国公司逐步撤离 CBD，迁往中关村和望京区域，而新来的租户以"短小精悍"的服务行业企业为主。由此，CBD 的服务中心定位初具轮廓。此外，园区型写字楼的兴起，也是市场需求差异细化的结果。它的定位根据来自园区企业的需求，与整个园区的主题明确相关。

随着由写字楼市场需求引发市场细分，办公空间与建筑设计也更趋个性化，表现为针对目标客户群而进行的产品设计由同质化、混合型走向更具个性化的道路，并且根据目标群体的不同需求，诞生了一批新型的写字楼物业——主题式写字楼。以个性化、艺术化的形式，为某些特定的群体量身打造写字楼，其专业化、主题化的趋势日益鲜明，逐渐成为未来市场发展的新趋势。

2. 写字楼的商品化程度提高

从国内写字楼的开发经营模式来看，写字楼产品的投资特性将逐步显现。在市场化程度不高的时期，国内企业建造写字楼的开发模式以零散销售为主，以便及时回收资金。这一方式在各城市中低档次写字楼的开发上仍然可以看到，其选择很大程度上是由于开发商的资金约束。

随着市场对写字楼产品的理解加深，收取租金的经营模式开始受到市场的追捧，尤其是在顶级和甲级写字楼的开发上表现突出。选择这一模式的开发商通常具有一定的资金实力和长期的耐心，同时对所开发写字楼的升值潜力表现出很强的自信。同时，这一模式有利于开发商对写字楼产品的整体运营，在较长期的运营过程中树立企业品牌。

但这并不能说明租赁模式优于销售模式。从近两年的市场情况来看，整幢收购和企业自建高档写字楼的情况逐渐增多。其中，外资企业、大型国企和跨国企业扮演买方角色的机会较多。我们认为，这一现象并非对租赁模式的否定，而是从另一个方面说明，写字楼的投资价值已经突显。未来几年，主要一线城市中心的写字楼土地供应稀缺，现有高档写字楼产品也相对较少，再加上人民币的稳步升值，未来城市中心的高档写字楼价值上升的潜力明显增加。在此背景下，抢占市场稀缺资源，一方面可以提升企业形象，另一方面可以坐拥物业升值，对于"财大气粗"的购买方而言，是不二之选。此外，一个最新的现象也从另一个角度说明写字楼产品的价值。例如，从 2006 年起，上海的写字楼开始流行命名权、标示权冠名交易。其中，汇丰集团等知名企业就通过购买或大面积租赁等方式，取得相关地标性写字楼的冠名权。这一现象足以说明市场对写字楼产品投资价值的挖掘上升到了新的层次。

3. 高档写字楼配置升级

随着市场竞争的加剧，高档写字楼更加重视配置的升级，未来几年写字楼产品品质的提高集中反映在以下几个方面，这也是市场竞争的重点和开发的重要环节。

（1）区位及交通因素更加重要。在企业选址的因素中，交通流线的权重越来越大。高素质的外资企业是高档写字楼的主力客户，约占42%。随着外资企业的进驻，对高档写字楼的需求加大，外资企业更多地考虑招聘本地员工，交通状况便成为影响入驻企业效率和发展速度的重要因素。具有较好成长空间的高档写字楼通常位于黄金区位的交通核心区域，临近两条以上的主干道，有多种交通工具直达。

（2）建筑硬件设施水平提高。成熟的开发商一般不看重华而不实的外装内饰，而更加看重写字楼高效的办公商务环境和健康舒适的室内空间。

① 高档写字楼更加注重电梯配置，电梯数量同电梯的组合形式、控制方式、运行速度都有密切的关系。例如，上海外滩中心，它拥有2 200平方米的标准楼层面积，共50层，配备了21部电梯，候梯时间不超过30秒，很好地解决了内部竖向交通问题。而一些地理环境很好、外观相当不错的写字楼在出租市场遭到冷落，大多是由于电梯数量不足，高峰期长时间拥挤等候，导致租户流失。

② 高档写字楼在空调方面会使用四管制的空调系统，以充分保证办公室温度，即使在季节交替期也能舒适稳定。

③ 高档写字楼的布线会倾向于采用架空地板，以创造高度灵活、极具效率的办公环境。

④ 高档写字楼设有智能化消防报警系统、通信和数据处理设备、智能楼宇管理系统等。

⑤ 在满足一定层高要求的基础上，未来写字楼还要保证足够的室内空间。层高的确定与结构形式、通风系统等有着密切的关系。近年来写字楼层高稳健提升，趋向于3.9米以上。

（3）趋向于向多功能综合体发展。对于以租赁和出售为主要开发目的的高档写字楼项目，未来必定具备一定的整体规模，以建筑综合体的综合优势体现项目的高档品质，资源集中配置，全体共享。写字楼发展的重要趋势是将城市中商业、办公、居住、酒店、展览、餐饮、会议、文化娱乐等丰富的共享资源进行组合，使客户享受到更多的特色服务和资源支持，在各部分之间建立一种互补、互助的能动关系，从而形成一个多功能、高效率的复杂而有机统一的综合体。例如，上海外滩中心内部配备了顶级酒店，极大地提升了写字楼的档次，使其成为一座融合了商务、居住、餐饮和娱乐等多功能的时尚建筑。

（4）物业管理系统趋于独立、完整，商务服务专业化。

① 未来高档写字楼应具备独立、完整的物业管理系统，以保障高档写字楼物业的纯粹性和独立性。

② 未来高档写字楼要为入驻企业提供专业化的商务服务。目前已经有一些新兴写字楼项目，不仅能够实现全天候空调（节假日无休），而且还配有送餐甚至订票等服务。还有些高档写字楼甚至可以提供卫星会议、活动策划、会展中心等服务。

4. 小户型写字楼将成为投资新宠

中国经济的快速增长促使中小型企业大量涌现。这些企业需要更多办公空间，对写字楼物业管理、配套等要求并不高，面积在100~400平方米的办公空间即可满足这部分企业的办公需求。这类办公空间主要有3种情况：一种是以贸易为主的小公司的办公场所，主要注重地段和交通；另一种是外地公司投资一线城市的房地产，占地面积不需要太大；还有一种是高科技企业的办事处，看中的是写字楼的升值潜力和智能化系统。

近年来投资者对商住楼的投资热度开始急剧下降。个别投资者闲散的资金既不够投资高档写字楼，也买不了多大面积的商铺，于是这部分投资者就把投资目标转向适合投资的小户型写字楼产品。他们对小户型写字楼追捧有加的原因就在于其租金持续走高及投资小户型写字楼首付比较低，未来升值潜力非常大。目前来看，小户型写字楼市场走势向好，市场中的一些小波动不太会影响投资者对小户型写字楼的投资信心。

总体来看，随着写字楼的专业化更加清晰，成长型办公写字楼发展迅速。这类写字楼以中档为主，物业管理水平不高，但由于位置、配套较好，客源充足，租赁活跃，较受投资者的青睐。这种趋势也将迫使写字楼市场重新进行定位调整，真正符合小公司需要、符合区域经济发展的小户型写字楼会相继出现，继续保持租售两旺的良好势头。FILL空间模式和"街区"设计理念就是为了迎合这种需求而产生的。

FILL空间就是自由的、激发灵感的、透明开放的，与艺术性相结合的生活空间，它在复式、挑高的基础上，引入富有舞台效果的楼梯和鲜艳明快的墙面色彩，倡导办公、居住两种功能有机相融，功能区隔和精致设计完全迎合了创意工作者自由的工作特性和审美需求。

"街区"设计理念的运用更是小户型写字楼市场的一大进步，同时也为旧房改造做出了贡献。"街区"概念是相对于严肃、压抑的写字楼氛围而提出的，其以低密度和张扬的个性取胜。经过改造的废弃工厂和仓库尽显此类写字楼的特征，同时引进新的工作场所，以旧房新建的方式打造商务办公、休闲娱乐、城市居住等诸多功能于一体的办公单元。

5. 独立性企业总部型写字楼模式将进一步发展

传统写字楼宣传企业形象的能力较弱，而总部型写字楼的发展标志着写字楼地产新趋势的出现——写字楼从表现公司群体形象转变为表现公司个体形象。这种强调企业独立性的总部型写字楼模式包括区域集群式总部和独立式总部两种类型。

全球500强企业中有300家左右在中国建立了总部，仅在北京，具有跨国公司地区总部性质的投资公司就有100多家。它们均看好北京拥有国际化大都市的资源。依托总部型经济的辐射效应，在中国一线城市获取立足之地并树立品牌形象已经成为企业的发展战略。总部型写字楼模式能充分满足企业建立公司品牌和展现公司张力的需要，同时也能通过独立的运营来满足企业文化的营造及企业管理的需要。这类写字楼已经成为企业自身形象的载体，所代表的不再是一个群体的形象，而是某个单体的专属形象。这无疑可以满足那些希望彰显企业自身魅力与形象的企业的需求。

综观目前国内一线城市，不仅在城市郊区地带出现了以突出企业自身形象、彰显自身特征和实力的写字楼产品，在用地紧张的城市中心区繁华地段也开始出现小规模的独栋式企业总部组团，目前对独立性企业总部型写字楼有强烈需求的主要有三类客户：一是"中"字头企业，这些企业将占据最显要的区位和突出外在形象作为第一诉求；二是外地进驻一线城市的企业，它们主要是受一线城市总部资源的辐射而设立总部型机构的企业；三是各行业的龙头企业，这些企业发展已经比较成熟，业务稳定，但亟须提升行业品牌。就专业来说，这类写字楼比较适合电子、通信、信息技术等高科技及保密性要求较高行业的企业。

独栋写字楼虽然是小众的、个性化的产品，但它是市场细分的结果，是顺应企业需求的趋势而产生的，因此这种建筑形态很有前景。适应新需求的写字楼产品（如总部基地、创意产业型写字楼等）会大量出现，针对独立性企业总部型写字楼的办公场所相对独立性、代表企业特有形象、高品质生态及绿化环境、高舒适度及高档次办公环境、高配置生态节能等的研究也将进一步加强。

6. 绿色生态节能型写字楼将进一步发展

在全球范围内，建筑生态智能化有两大发展趋势：一是调动一切技术构造手段，达到低能耗、低污染并可持续发展的目的；二是在深入研究室内热功环境（光、声、热、气流等）和人体工程学（人体对环境生理、心理上的反应）的基础上，创造健康舒适而高效的居住空间。

世界范围内的能源危机和中国能源的紧缺都使得建筑能耗问题受到越来越多的关注。2015年10月1日更新的国家标准《公共建筑节能设计标准》（GB 50189—2015）对于新一代写字楼产品进行了更为严格的限制。建筑节能已成为开发商和业主共同关注的问题，建筑能耗将直接影响写字楼产品后期的运营成本。国外有资料显示，一栋写字楼产品使用寿命按30年计算，它的运营成本将是其建造成本的3倍。国内写字楼过去多半为并不节能的全封闭写字楼，只是片面学习国外写字楼的外观形象设计，并没有真正理解节能技术的要点。例如，某些项目断章取义地使用一些具体的单项建筑技术（如盲目采用封闭式双层玻璃幕墙），或者盲目提高装修标准，或者盲目堆砌高新技术。有些节能技术措施并不适合当地气候，不能达到生态节能的目的，反而带来高能耗。对业主，特别是对持有物业的业主来说，能耗是不得不关注的一个问题。节能无疑成为绿色生态节能型写字楼开发的核心目标。

目前开发商对于绿色建筑的兴趣可能在于促进市场销售，而并不是出于环保意识。长远来看，绿色建筑可节能30%~70%，维护和运营费用也可相应减少，而且出租率也能得到提高，因为许多公司都更青睐健康的办公室；对于业主和使用者来说，他们承担运行费用，更多考虑的是室内环境品质、服务及舒适性对他们商业活动的影响。

要想综合解决写字楼保温隔热、遮阳、自然通风、防火、防噪声、便于清洁等方面的要求，就必须在设计上深入研究，开发出适合中国不同地区气候的外墙系统和整体节能技术。预计未来绿色生态节能型写字楼将得到进一步的发展。

7. 专业聚集特征愈加鲜明

随着中国加入 WTO 的深入及奥运经济的带动，越来越多的国内外企业因为业务量的迅速增长，或扩租或搬迁至城市的一个大区域，从而形成区域写字楼市场的专业聚集群。这种专业聚集群可以称为商务生态圈。例如，北京市已经发展了多个具有清晰区域地位和区域形象的商务生态圈，形成以 CBD、中关村、金融街为核心的"3+X"的成熟、热点商务区。上海形成陆家嘴、南京西路、淮海路、人民广场、黄浦滨江等商务区。这些商务生态圈在区域产业、便利状况、区域配套等方面都已经成熟或逐步走向成熟。

未来的商务生态圈，不是简单地把高档写字楼集中在一起。如果只做单一的同质化的物业，只提供为跨国集团总部服务的写字楼，那么即使其档次再高，最后也很难生存。因为商务写字楼的生态圈需要产业链，仅仅只是总部大楼还很难形成商务生态圈。未来的商务生态圈应该是多种层次和类型的物业、产业相互结合共生发展的一个有机体，产业链级次递减，低级作为配套为高级服务。分布在商务生态圈内的众多相互关联、相互影响、相互依存的上下游企业，可以左右逢源，创造一种价值互动的关系，共同构建一个完整的产业生态链或商务群落，进而形成一个完整的竞争联合体，以共同降低商务成本，提升竞争力。

当这种价值互动的关系处于良性状态时，就能够为整体区域的发展提供长期的价值支撑，从而使得整个商务生态圈形成一个庞大的产业簇群。例如，北京较为典型的中关村科技产业簇群，其发展已较为完善，周边高校密集，为产业提供了众多公共实验室和高素质的人力资源；科技类一级产业的聚集也带动了元配件研发、制作、配送等二级产业的发展；以科技类产品展示、销售，以及风险基金、企业顾问等服务体系类为代表的三级产业也已经发展形成。科技类企业及其上下游企业的共同进驻，使得区域整体租金相对较高，但同时也为区域内企业提供了更大的发展空间、更多的商务机会。同样，北京 CBD 国际贸易产业群落同时也吸引着众多相关企业入驻。CBD 是世界 500 强企业最密集的地区，世界 500 强企业中约有 100 多家企业在此设立办公机构。而其周边地区也聚集了与其配套的法律、金融、旅游等相关服务产业。

另外，很多城市已形成影视、广告等传媒企业聚集区域，以及金融、电信、证券、保险企业聚集区域，这些主体行业下一步所辐射的有关商务、服务机构也将集中在这个区域。这种具有专业集中特点的商务区域，优势更为明显，机会更多，发展前景越来越被看好。作为代言城市发展的指标和城市品牌形象的"名片"，商务生态圈将在城市经济中产生聚集效应，成为各大城市商业发展的核心驱动力。

8. 融入人性化理念

在商务中营造人性化的氛围是写字楼开发商考虑的重点，不仅要在产品设计中融合人性化的元素，还要在物业管理中实时体现人性化。

写字楼的最终目的是给大量的公司提供办公服务，因此，人性化体现的第一个方面是在产品设计时就应该从客户的实际需要出发，以人性化的思想指导产品设计，这在目前新建的顶级写字楼设计上已经有所体现。例如，在采光方面，上海企业天地利用透明玻璃大大提高了写字楼内部的照明亮度；而上海嘉华中心则运用合理的建筑设计，利用弧形吊顶大大提高了室内采光品质。在噪声处理方面，许多处于地铁口附近的新建写字楼均利用优质的开孔金属板来隔声，大大提高了写字楼客户的满意度。在配套设施的建设方面，许多新建写字楼均考虑到了客户的商业和商务需求，紧邻写字楼主楼辅以具有会展功能、餐饮娱乐功能的裙楼，增强了写字楼的商务概念，提升了写字楼的品质。

人性化体现的第二个方面是写字楼的物业管理方面，主要包括对写字楼进行科学的管理，提供周到、安全的服务等。人性化的物业管理也越来越成为大型跨国公司选择写字楼的重要标准之一，这也是区别顶级写字楼和甲级写字楼的标准之一。前些年的存量写字楼并没有过多关注写字楼的保养问题，而且也不太重视物业管理人员的素质，因而造成大量甲级写字楼建成时间不长，看上去却比较陈旧。近几年，许多新建的写字楼均聘请了专业的物业管理公司进行管理，开始注重写字楼的保养和维修问题，并提供24小时人性化服务。例如，上海来福士广场的写字楼聘请定点机构专门负责写字楼的物业管理，而定点机构则专门为此写字楼配置了特定的项目经理，进行有针对性的管理，大大提高了物业服务的水平。又如，上海汇亚大厦配置了24小时专业服务前台及专供驾驶员使用的等候厅等，将人性化体现得淋漓尽致。当然存量写字楼也可以通过在建成之后不断改进局部设计来满足人性化的品质要求。例如，上海金茂大厦在建成后，定期对客户进行满意度调查，不断提升对写字楼的服务和管理水平。

将智能化和人性化结合也是未来写字楼发展的一个趋势。例如，设立指纹门禁系统，员工凭指纹进出楼层，员工动向可在写字楼平台网络上体现；利用局域网络为各公司提供商务信息服务，进行网上点餐；等等。

9. 注重细部设计

大量的海外开发商均非常注重写字楼的细部设计，从而带动了整个写字楼产品的细节化趋势，具体体现在写字楼产品的多个方面。例如，在电梯厅设计上，许多新建写字楼均采用了壁挂式电视，使办公人员在候梯时能放松心情。在电梯内部设计上，很多写字楼设置了LCD彩色显示屏，并配有语音提示，同时减少了电梯的晃动感，增加了乘梯的舒适程度。在智能化布线上，由于架空地板的高度直接决定了客户铺设电缆的多少，因此这也成为客户衡量写字楼品质的重要标准。目前大量新建的写字楼均以300毫米高的架空地板作为交房的重要标准。在商业配套上，某些写字楼还为金融公司、外资银行特别设计了交易楼层，方便金融机构的交流合作。

总之，未来的写字楼将出现主题化、个性化、生态化、人性化等特点，满足人们对办公环境越来越高的要求。

知识链接

酒店式公寓

酒店式公寓

酒店式公寓是一种提供酒店式管理服务的公寓，集住宅、酒店、会所等多功能于一体，具有自用和投资两大功效，但其本质仍然是公寓。酒店式公寓既吸收了星级酒店的服务功能和管理模式，又吸收了信息时代写字楼的特点，拥有良好的通信条件，可针对性地提供秘书、信息、翻译等商务服务。购买者拥有单元产权，既可以自住、出租，也可以转售，是一种既提供酒店专业服务又拥有私人公寓私密性和生活风格的综合物业。相关的业态包括服务式公寓、白领公寓、创业公寓、青年SOHO、青年客栈等。

1. 酒店式公寓的特点

1）户型

酒店式公寓的户型面积，从几十平方米到几百平方米不等，可以满足使用者的个性化需求；在装修上统一为精装修，提供全套的家居设计和电器。酒店式公寓的户内功能比较齐全，有居家的格局和良好的居住功能，再加上提供家居式服务，更增添了家的味道。

2）设计

酒店式公寓项目的设计富有个性，不流于一般形式：在规划设计上力求精致、快捷、舒适、有品位，消费者选择酒店式公寓的原因也在于此；在园林景观的设计上营造有更深层的文化、精神层面追求的园林小品；在户型的设计上一般讲究小面积、大面宽、采光充分，户内居住空间功能分区简洁、明确，公共空间和私密空间可以自由组合，尽显个性化魅力；在配套设施上追求服务设施和空间先进实用。

3）产权

业主拥有所购客房的独立产权。投资者通过一次性付款或分期或按揭的方式获取所购客房的独立产权。对于大多数酒店式公寓，投资者在一定期限内只拥有所购客房的所有权，而没有经营权。

4）管理

酒店式公寓借鉴豪华酒店的服务及管理模式，提供酒店式服务，主要包括家政服务、安全服务、交通服务等，还可提供24小时送餐、幼儿看护等家庭式服务。酒店式公寓服务融合了酒店式星级服务和家庭式温馨服务，较普通高档公寓更完善，服务内容更多，更加人性化。

5）功能

酒店式公寓兼具居住度假与投资两种功能，既可以用来居住度假，也可以用来投资，或两者兼而有之。

2. 酒店式公寓的分类

1) 商务酒店式公寓

商务酒店式公寓与商住酒店式公寓相比,有更好的商务氛围。目前的酒店式公寓一般以商务酒店式公寓为主。

2) 商住酒店式公寓

这类酒店式公寓由于地处繁华商业地段,因此具备了既可居住又可商用的价值,所以称为商住酒店式公寓。虽然商住酒店式公寓商务环境还不错,但没有写字楼、商务酒店式公寓的那种商务气氛。商与住混合在一起,办公环境也大打折扣。但由于商住酒店式公寓投入少、成本低、资金回收快、风险相对较低,并以小户型为主,房款总价不高,其在市场上具有一定的竞争力,甚至从中低档写字楼中抢了一部分市场。

3) 新生代酒店式公寓

这是一种集酒店、公寓、写字楼三类物业于一体的公寓新品种,比商住酒店式公寓更有氛围,比商务酒店式公寓更便捷。

3. 酒店式公寓的优缺点分析

1) 优点

(1) 总价低、投资灵活。酒店式公寓一般以中小户型为主,面积一般在30~80平方米。由于总价较低,因此不少投资者受出租回报率的吸引,对酒店式公寓热力追捧。

(2) 空间分割灵活。由于很多酒店式公寓项目在产品设计时就考虑以办公为主,所以在空间分割上比传统的公寓具有更大的灵活性。

(3) 建筑设计的创新和工程技术的全面应用,也给了该类物业更大的发挥空间。与一般公寓不同的是,酒店式公寓在提供这些物业、家政服务的渠道上比较畅通,只要想得到,酒店式公寓管理公司基本上都能办得到。

2) 缺点

(1) 从经济性来看,就产品供应方而言,每层空间的大分割量 [包括重新安装管道(水、电、燃气)、增加消防通道等] 增加了小户型的造价成本;就产品需求方而言,由于户型不规则,公寓的得房率较低。

(2) 从舒适性来看,存在暗房,影响居住生活的舒适度;在技术指标控制范围内,开发商选择利润最大化的设计原则,于是在有限的空间内分割出更多的单元,这也导致小户型在设计上对生活实用性的考虑较少,其格局更接近于家庭旅馆。

(3) 从便利性来看,每天上下班大量人流上下电梯,等待时间长,极不方便。

(4) 从观赏性来看,因为窗户的增加占据了更多外墙面,破坏了原本很规则的建筑立面,所以影响建筑外观。

(5) 从服务性来看,因为容积率的制约,所以配套服务很难跟上。

3.3 写字楼置业投资客户分析

3.3.1 写字楼置业投资客户的分类

与住宅类产品一样,写字楼置业投资客户也分为两类:自用型客户和投资型客户。

1. 自用型客户

目前市场上写字楼所面向的自用型客户所从事行业主要是金融、科技、通信、IT、贸易、保险、房地产、装饰、法律、广告、咨询等行业。自用型客户需求的使用面积一般为100~500平方米。这类客户对产品的价格很敏感,并且对产品的配套、环境等因素很挑剔,对银行、商务中心、餐厅、邮局等相关配套设施比较重视。写字楼自用型客户分类见表3-1。

表3-1 写字楼自用型客户分类

分 类	消费行为特征
具有雄厚实力和发展历史的大中型公司	这类公司积蓄多年,实力雄厚,能承受得起高档写字楼不菲的售价或租金;而且,公司在市场中树立起了良好的信誉和形象,选择形象好的高档写字楼是其实力的见证
发展中的中小型公司	这类公司起步较晚,但正处于发展上升期,对自身形象建设较为在意,如有可能,这类公司仍然愿意选择形象好、品质高的写字楼
刚刚起步的小型公司	这类公司起步艰难,为求公司立足生存,限于财力,会选择低廉实惠的中低档写字楼
个人工作室或部门承包人	这类客户对办公面积要求不大,工作时间自由,更倾向于选择集办公、居住于一体的SOHO工作间,商住酒店式公寓为其主要承载空间

自用型客户中的大中型客户群主要包括以下4类。

(1)政府机构转制出来的大集团及将要转制的大集团。

(2)国内外的金融机构,包括各级银行、保险、证券、期货及其他非银行金融性机构。

(3)大型股份制公司及外省市上市集团(公司)。

(4)国内外大型的专业公司,如服务咨询行业、广告行业、IT行业、通信行业等。

2. 投资型客户

根据投资型客户对所购买的写字楼产品采取的不同处理方式和收益方式,我们又可将投资型客户分为纯投资型客户和兼顾型投资客户。

1)纯投资型客户

该类客户将购买的写字楼完全出租,以获得租金收入为主。这类客户可分为两种:一种是有足够空余资金的个体,包括外商、省内外个体老板,他们一般购买的使用面积较小,在升值未达到预期的情况下,其投资收益以获得租金收入为主;另一种是国内外的专业投资机构,它们可能会整层或多层购买写字楼,它们购买写字楼的目的主要是为了长期持有经营。

2)兼顾型投资客户

这类客户购买的主要目的其实还是自用,但是在购买时有前瞻性的判断,为企业留下了充裕的发展空间,目前富余的那部分对外出租,或在自用之余做长期投资。

3.3.2 写字楼置业投资客户主要考虑的细节

客户在进行写字楼的置业投资时更多考虑的是商务功能,主要包括以下几个方面。

1. 地段优势

好的地段决定了好的交通状况、完善的配套设施等。相对于住宅而言,写字楼更加倚重地段的优势,不论是自用型客户还是投资型客户,都希望所投资的写字楼有一个良好的增值前景。因此,投资者在进行投资决策时应关注写字楼所在区域的环境、政策、人才、商贸、人气等方面的情况,关注该区域基础设施和其他配套设施的建设及今后的发展,并了解周边有哪些国内外知名企业加入。

同时,因为房地产的增值主要来源于土地的增值,而城市的主中心区及商贸繁荣区土地的稀缺性更强,增值的空间更大。这些区域的人流、物流、信息流、资金流汇聚,商机勃发,区位资源优势得天独厚。因此,是否位于城市的主中心区,是衡量一幢写字楼是否具有投资价值的首选要素。

2. 写字楼的档次

随着社会经济的发展和各企业经济实力的不断增强,客户对写字楼的要求越来越高,写字楼已经成为企业身份的表征。特别是给人第一直观印象的建筑外立面,作为建筑语言,是企业形象和实力的表现。企业选择写字楼办公的首要目的就是提升企业形象,很多知名企业都将写字楼的档次形象作为仅次于区位的主要因素来考虑。

值得一提的是,如果投资独立式写字楼或商务酒店式公寓,应将其目标租户的业态和经营形式作为重点考虑,因为中小型或成长型企业一般规模不大,所需的办公面积也不大,但是舒适、方便、够档次的办公环境依然是其首选。

3. 品质直接关系使用性

好的写字楼不仅要有风光的外立面,而且要有优良的品质,方便使用。不论是自用型客户还是投资型客户,都十分重视写字楼的品质,它包含了很多方面的内容,如建筑立面、建筑品质、办公区文化环境、交通便利程度、空调系统、供暖系统、车位设计情况、供水情况，结构布局，采光通风状况等。写字楼投资者在进行投资决策时要逐一比较，现场观察，实地感受。

4. 智能自动化

随着社会的发展和人们办公环境的改善，办公智能化、自动化逐渐成为写字楼产品必不可少的因素。5A系统［楼宇信息管理系统（OA）、自动消防报警系统（FA）、安全防范系统（SA）、通信自动化系统（CA）、楼宇自动控制系统（BA）］及停车管理系统（PA）的发展水平已经成为衡量一个写字楼档次的标准。

5. 投资回报率

无论是对自用型客户还是对投资型客户来说，投资回报率都是一个相当重要的考虑因素。一般来说，写字楼的投资回报率在10%左右，如果该区域写字楼的投资回报率能接近甚至高于这个数值，那无疑会吸引众多投资者的目光。

置业门槛的高低决定了投入的大小，写字楼投资者在做出投资决策时要考虑是否能通过银行按揭购买，是否只需交纳首付款，后续通过"以租养贷"的方式来供楼，几年后就可尽享长达几十年的高额租金回报。

3.4 写字楼置业投资估算

写字楼置业适用的地产金融政策及相关税费政策与商铺置业适用的政策相同，详见2.11.1节和2.11.2节。

下面以例证方式来呈现写字楼置业的投资估算。

杭州某公司于2022年7月1日以3.20万元/平方米的价格购买了杭州钱江新城某写字楼，产权面积为300平方米。试进行投资估算分析。

（1）该套写字楼单价为3.20万元/平方米，按照产权面积300平方米计算，其购房总价=3.20×300=960.00（万元），首付50%，首付款=960×50%=480.00（万元）。

（2）由于写字楼是非住宅房屋，按照杭州市的规定，缴纳契税适用税率取3%，因此需要缴纳的契税=960×3%=28.80（万元）。

（3）需要缴纳的印花税=960×0.05%=0.48（万元）。

（4）该写字楼为带电梯多层建筑，参照杭州市住宅缴纳物业维修基金标准（缴纳标准为65元/平方米），需要缴纳的物业维修基金=300×65=19 500（元），即1.95万元。

（5）产权代办费大约为400元，即0.04万元。

（6）交房时，还要一次性缴纳一年的物业服务费，按照 10 元/（平方米·月）估算，物业服务费 =10×300×12=3.60（万元）。

（7）估算结果如下。

共需资金 =960.00+28.80+1.95+0.04+3.60+0.48= 994.87（万元）

首付款 =480.00 万元

后期费用 =28.80+1.95+0.04+3.60+0.48= 6.07（万元）

贷款总额 =960.00−480.00=480.00（万元）

3.5 写字楼置业投资财务分析

3.5.1 编制现金流量表

写字楼置业投资的现金流量表编制方法与商铺置业投资的现金流量表编制方法相同，详见 2.12.1 节，本节不再赘述。

3.5.2 编制资金来源与运用表

1. 资金来源与运用表的含义

资金来源与运用表与现金流量表有着本质的不同，它是反映写字楼置业投资项目在计算期内各年的资金盈余或短缺情况及项目的资金筹措方案和贷款偿还计划的财务报表，它为项目资产负债表的编制及资金平衡分析提供了重要的财务信息。资金来源与运用表见表 3-2。

表 3-2 资金来源与运用表　　　　　　　　　　　　　　　　单位：万元

序号	项目名称	合计	1	2	3	…	n
1	资金来源						
1.1	销售收入						
1.2	出租收入						
1.3	自营收入						
1.4	资本金						
1.5	长期借款						
1.6	短期借款						

(单位：万元)(续表)

序号	项目名称	合计	1	2	3	…	n
1.7	回收固定资产余值						
1.8	回收经营资金						
1.9	净转售收入						
2	资金运用						
2.1	置业投资						
2.2	经营资金						
2.3	运营费用						
2.4	修理费用						
2.5	经营税金及附加						
2.6	土地增值税						
2.7	所得税						
2.8	应付利润						
2.9	借款本金偿还						
2.10	借款利息支付						
3	盈余资金（1-2）						
4	累计盈余资金						

2. 资金平衡分析

表3-2给出的盈余资金表示当年资金来源（现金流入）大于资金运用（现金流出）的数额。当盈余资金为负值时，其值表示该年的资金短缺数。作为资金的平衡，投资者往往并不要求每年的盈余资金不出现负值，而要求从投资开始至各年累计的盈余资金大于零或等于零。

作为项目投资实施的必要条件，每期的盈余资金应不小于零。因而，写字楼置业投资项目资金平衡分析关注的重点是资金来源与运用表的"累计盈余资金"栏。

3. 不同置业目的分析

写字楼置业投资是长期持有自用还是长期出租或是持有一段时间转售，其资金来源与运用表中的项目会有所差别，应注意区分。

3.5.3 编制利润表

1. 利润表的含义

利润表是反映写字楼置业投资项目计算期内各年的利润总额、所得税及各年税后利润的分配等情况的财务报表。通过该表提供的投资项目经济效益静态分析的信息资料，可以计算投资利润率、投资利税率、资本金利润率、资本金净利润率等指标。利润表见表3-3。

表3-3 利润表　　　　　　　　　　　　　　　　　　　　单位：万元

序号	项 目 名 称	合计	1	2	3	…	n
1	经营收入						
1.1	销售收入						
1.2	出租收入						
1.3	自营收入						
2	经营成本						
2.1	商品房经营成本						
2.2	出租房经营成本						
3	运营费用						
4	修理费用						
5	经营税金及附加						
6	土地增值税						
7	利润总额						
8	所得税						
9	税后利润						
9.1	盈余公积金						
9.2	应付利润						
9.3	未分配利润						

2. 利润表的内容及计算

1）利润总额

利润表中利润总额的计算公式为

利润总额 = 经营收入 − 经营成本 − 运营费用 − 修理费用 − 经营税金及附加 − 土地增值税

（3-1）

2）税后利润

税后利润计算公式为

$$税后利润 = 利润总额 - 所得税 \tag{3-2}$$

其中：

$$所得税 = 应纳税所得额 \times 所得税税率 \tag{3-3}$$

一般情况下，应纳税所得额（或应纳税收入）就是前面计算出来的利润总额。

企业的所得税税率一般为25%。

3）利润分配

企业缴纳所得税后的利润为税后利润，税后利润等于可供分配利润，一般按照下列顺序分配。

（1）弥补企业以前年度亏损。

（2）提取盈余公积金（法定盈余公积金按企业税后利润的 10% 提取，累计最高不超过注册资本的 50%，公益金按企业税后利润的 5%～10% 提取）。

（3）向投资者分配利润，即表中的应付利润。

考虑了这 3 项因素后（大部分情况下只有后两项因素），余额即表中的未分配利润，未分配利润主要用于归还借款。当借款还清后，一般应将这部分利润补分给投资者。

3.5.4 编制借款还本付息估算表

借款还本付息估算表见表 3-4。

表 3-4 借款还本付息估算表　　　　　　　　　　单位：万元

序号	项目	建设期		经营期				
		1	2	3	4	5	6	…
1	还款资金来源（1.1+1.2）							
1.1	可还款现金							
1.2	其他资金							
2	借款偿还							
2.1	年初借款累计							
2.2	年内借款支用							
2.3	本年付息							
2.4	本年还本							
2.5	年末借款累计（2.1+2.2-2.4）							

3.5.5 计算基本财务指标

1. 写字楼置业投资的盈利能力指标计算

学习情境 2 介绍了盈利能力指标中的静态指标（包括静态投资回收期、现金回报率、投资回报率等指标）及动态指标（包括财务净现值、财务内部收益率、动态投资回收期等指标）。下面主要介绍盈利能力指标中的投资利润率、资本金利润率和资本金净利润率等静态指标。

1）投资利润率

投资利润率是指项目经营期内一个正常年份的年利润总额或项目经营期内年平均利润总额与项目总投资的比率，它是考查项目单位投资盈利能力的静态指标。对经营期内各年的利润变化幅度较大的项目，应计算经营期内年平均利润总额与项目总投资的比率，其计算公式为

$$投资利润率 = 年利润总额或年平均利润总额 / 项目总投资 \times 100\% \quad (3-4)$$

其中：

$$利润总额 = 经营收入（含销售、出租、自营）- 经营成本 - 运营费用 - 销售税金 \quad (3-5)$$

$$销售税金 = 营业税 + 城市维护建设税 + 教育费附加 \quad (3-6)$$

$$项目总投资 = 置业投资资金 + 经营资金 \quad (3-7)$$

投资利润率可以根据利润表中的有关数据计算求得。在财务评价中，一般将投资利润率与行业平均利润率进行对比，以判别项目单位投资盈利能力是否达到本行业的平均水平。

2）资本金利润率

资本金利润率是指项目经营期内一个正常年份的年利润总额或项目经营期内的年平均利润总额与资本金的比率，它反映投入项目的资本金的盈利能力。资本金是投资者为房地产置业投资项目投入的资本金或权益资本。资本金利润率的计算公式为

$$资本金利润率 = 年利润总额或年平均利润总额 / 资本金 \times 100\% \quad (3-8)$$

3）资本金净利润率

资本金净利润率是指项目经营期内一个正常年份的年税后利润总额或项目经营期内的年税后平均利润总额与资本金的比率，它反映投入项目的资本金的盈利能力。其计算公式为

$$资本金净利润率 = 年税后利润总额或年税后平均利润总额 / 资本金 \times 100\% \quad (3-9)$$

【例 3-1】某公司投资购买一写字楼项目，购买金额为 5 000 万元，流动资金为 500 万元。该公司投入的权益资本为 2 000 万元，经营期内年平均利润总额为 650 万元、年税后平均利润总额为 500 万元。试求该投资项目的投资利润率、资本金利润率、资本金净利润率。

解：（1）根据式（3-4）得

$$投资利润率 = 650/(5\ 000+500) \times 100\% \approx 11.82\%$$

（2）根据式（3-8）得

$$资本金利润率 = 650/2\ 000 \times 100\% = 32.50\%$$

（3）根据式（3-9）得

$$资本金净利润率 = 500/2\ 000 \times 100\% = 25\%$$

2. 写字楼置业清偿能力指标计算

清偿能力指标是指考查项目计算期内偿债能力的指标，主要包括借款偿还期、偿债备

付率、资产负债率、流动比例、速动比率等。此类指标不仅投资者关注，为项目提供融资的金融机构也非常重视。

1）借款偿还期

借款偿还期是指在国家规定及房地产投资项目具体财务条件下，项目开发经营期内使用可用作还款的利润、折旧费、摊销费及其他还款资金偿还项目借款本息所需要的时间。对房地产置业投资项目和房地产开发之后进行出租经营或自营的项目，需要计算借款偿还期。房地产开发项目用于销售时，不计算借款偿还期。

借款偿还期的计算公式为

$$I_\mathrm{d} = \sum_{t=1}^{P_\mathrm{d}} R_t \qquad (3-10)$$

式中，I_d——借款还本付息数额（不包括已用资本金支付的建设期利息）；

P_d——借款偿还期（从借款开始期计算）；

R_t——第 t 期可用于还款的资金（包括利润、折旧费、摊销费及其他还款资金）。

借款偿还期可用资金来源与运用表或借款还本付息估算表直接计算，其详细计算公式为

$$P_\mathrm{d} = 借款偿还后开始出现盈余期数 - 开始借款期数 + 上期偿还借款额 / 当期可用于还款的资金额 \qquad (3-11)$$

上述计算是以计算周期为单位，实际应用中应注意将其转换成以年为单位。当借款偿还期满足贷款机构的要求期限时，即认为项目是有清偿能力的。

2）偿债备付率

偿债备付率（Debt Coverage Ratio，DCR）是指项目在借款偿还期内各年用于还本付息的资金与当期应还本付息金额的比率。其计算公式为

$$偿债备付率 = 可用于还本付息资金 / 当期应还本付息金额 \qquad (3-12)$$

可用于还本付息资金包括可用于还款的折旧费和摊销费、在成本中列支的利息费用、可用于还款的利润等。当期应还本付息资金包括当期应还贷款本金及计入成本的利息。

在商业房地产金融和投资中，偿债备付率是用于判断物业净运营收入的现金流是否能够支撑其债务负担的重要指标。其计算公式通常简化为

$$偿债备付率 = 净运营收入 / 还本付息金额 \qquad (3-13)$$

偿债备付率可以按年计算，也可以按整个借款期计算。偿债备付率表示可用于还本付息的资金偿还借款本息的保障倍数。对于一般商业房地产投资项目，商业银行要求该指标值应为 1.15～1.35。当偿债备付率小于 1.15 时，表示当期资金来源不足以偿付当期债务，需要通过短期借款来偿还已到期的债务。

3）资产负债率

资产负债率是反映项目各年所面临的财务风险程度及偿债能力的指标，属长期偿债能

力指标，反映债权人所提供的资金占全部资产的比例，即总资产中有多大比例是通过借债来筹集的，它可以用来衡量客户在清算时保护债权人利益的程度。其计算公式为

$$资产负债率 = 负债合计 / 资产合计 \times 100\% \quad (3-14)$$

资产负债率高，则企业的资本金不足，对负债的依赖性强，在经济萎缩或信贷政策有所改变时，企业应变能力较差；资产负债率低，则企业的资本金充裕，企业应变能力强。

4）流动比率

流动比率是反映项目各年偿付流动负债能力的指标。其计算公式为

$$流动比率 = 流动资产总额 / 流动负债总额 \times 100\% \quad (3-15)$$

流动比率越高，说明项目营运资本（即流动资产减流动负债的余额）越多，对债权人而言，其债权就越安全。通过这个指标可以看出每百元的流动负债需要几百元的流动资产来抵偿，故又称偿债能力比率。在国际上银行一般要求这一比率维持在200%以上，因此人们又称流动比率为"银行家比率"或"二对一比率"。

5）速动比率

速动比率是反映项目快速偿付流动负债能力的指标。其计算公式为

$$速动比率 = (流动资产总额 - 存货) / 流动负债总额 \times 100\% \quad (3-16)$$

该指标属于短期偿债能力指标。它反映项目流动资产总体变现或近期偿债的能力，因此它必须在流动资产中扣除存货部分（因为存货变现能力差，至少也需要经过销售和收账两个过程，且会受到价格下跌、损坏、不易销售等因素的影响）。

【例3-2】某公司购买了一栋写字楼用于出租经营，该项目的现金流量表见表3-5。如果当前房地产市场上写字楼的平均投资收益率为18%，试计算该投资项目的财务净现值和财务内部收益率，并判断该投资项目的可行性；如果在10年经营期内年平均通货膨胀率为5%，则该公司投资的实际收益率是多少？

表3-5 项目的现金流量表
单位：万元

项目名称	年份数										
	0	1	2	3	4	5	6	7	8	9	10
购楼投资	24 450										
净租金收入		4 500	4 700	5 000	5 100	4 900	5 100	5 300	4 900	4 800	4 300
净转售收入											16 000

解：（1）在不考虑通货膨胀的情况下，计算项目实际现金流量的财务净现值和财务内部收益率，其计算表见表3-6。

表 3-6 财务净现值和财务内部收益率计算表　　　　　　　　单位：万元

年份数	净现金流量	$i_c=18\%$		$i=19\%$	
		净现值	累计净现值	净现值	累计净现值
0	−24 550	−24 550.00	−24 550.00	−24 550.00	−24 550.00
1	4 500	3 813.56	−20 736.44	3 781.51	−20 768.49
2	4 700	3 375.47	−17 360.97	3 318.97	−17 449.51
3	5 000	3 043.15	−14 317.62	2 967.08	−14 482.43
4	5 100	2 630.52	−11 687.30	2 543.21	−11 939.22
5	4 900	2 141.84	−9 545.46	2 053.34	−9 885.88
6	5 100	1 889.20	−7 656.26	1 795.93	−8 089.96
7	5 300	1 663.80	−5 992.46	1 568.36	−6 521.59
8	4 900	1 303.59	−4 688.87	1 218.49	−5 303.10
9	4 800	1 082.19	−3 606.68	1 003.04	−4 300.06
10	20 300	3 878.61	271.93	3 564.73	−735.34

从表 3-6 的计算可以得出，该投资项目的财务净现值为 271.93 万元。

根据式（2-16），项目的财务内部收益率（IRR）或名义收益率（R_a）为

$$IRR = 18\% + 1.0\% \times 271.93/[271.93-(-735.34)] \approx 18.27\% > 18\%$$

由于该项目的财务净现值大于零，财务内部收益率大于写字楼的平均投资收益率，因此该项目可行。

（2）计算项目的实际收益率。实际收益率（R_r）、名义收益率（R_a）和通货膨胀率（R_d）之间的关系为

$$(1+R_a) = (1+R_r)(1+R_d)$$

通过计算已得到 $R_a \approx 18.27\%$，又知 $R_d = 5\%$，通过上述计算式得

$$(1+0.1827) = (1+R_r)(1+0.05)$$

求解得 $R_r \approx 12.64\%$。

因此，该项目投资的实际收益率为 12.64%。

【例 3-3】某小型写字楼的购买价格为 50 万元，其中投资者投入的权益资本为 20 万元，另外 30 万元为年利率为 7.5%、期限为 30 年、按年等额还款的抵押贷款。建筑物的价值为 40 万元，按有关规定可在 25 年内直线折旧。预计该写字楼的年毛租金收入为 10 万元，空置和收租损失为毛租金收入的 10%，包括房产税、保险费、维修费、管理费、设备使用费和大修基金在内的年运营费用为毛租金收入的 30%。试计算该写字楼投资项目的投资回报指标。

解：该写字楼项目投资回报指标计算表见表 3-7。

表 3-7　写字楼项目投资回报指标计算表　　　　　　　　　　　　　单位：元

序号	项目	数额	备注
1	年毛租金收入	100 000	
2	空置和租金损失（10%）	10 000	
3	年运营费用（30%）	30 000	
4	年净经营收入	60 000	
5	年还本付息	25 400	
6	净现金流	34 600	
7	现金回报率	17.3%	34 600/200 000
8	还本收益	2 900	25 400−300 000×7.5%
9	扣除折旧前的应纳税收入	37 500	34 600+2 900
10	折旧费	16 000	
11	应纳税收入	21 500	37 500−16 000
12	所得税（税率为33%）	7 095	21 500×33%
13	税后净现金流	27 505	34 600−7 095
14	税后现金回报率	13.8%	27 505/200 000
15	投资者权益增加值	2 900	
16	投资回报率	15.2%	30 405/200 000
17	写字楼市场价值增值额	10 000	2%×500 000
18	考虑增值后的投资回报率	20.2%	40 405/200 000
19	偿债备付率	2.36	60 000/25 400

【例3-4】从某房地产投资项目的资产负债表中可以得到如下项目信息：负债合计为3 000万元，资产合计为5 000万元，流动资产和流动负债分别为2 500万元和1 250万元，存货为1 500万元。试计算该房地产投资项目的资产负债率、流动比率和速动比率。

解：（1）根据式（3-14）得

$$资产负债率 = 3\,000/5\,000 \times 100\% = 60\%$$

（2）根据式（3-15）得

$$流动比率 = 2\,500/1\,250 \times 100\% = 200\%$$

（3）根据式（3-16）得

$$速动比率 = (2\,500 - 1\,500)/1\,250 \times 100\% = 80\%$$

3.5.6 写字楼置业投资财务分析实例

沿用 3.4 节中的资料,该写字楼在 2022 年 1 月份可以交付,并于 2022 年 7 月份可以入住,这样每月可以节省 12 万元租金。假设该公司购买的该写字楼 2018 年 6 月取得国有土地使用权,并长期持有该写字楼产权,并用此产权作为抵押物申请公司流动资金。下面主要分析该公司投资该写字楼是否可行。

1. 现金流入

(1)年租金收入:从 2022 年 7 月至 2058 年 6 月,36 年期间每年可以节省的租金收入为 $12 \times 12=144$(万元)。

(2)其他收入:无。

2. 现金流出

(1)2021 年购房总价为 960 万元,首付款为 480 万元,贷款总额为 480 万元,按年等额还款,贷款期限为 10 年,从 2022 年开始还款,每年还款额 $=480 \times 6.55\% \times 1.1 \times (1+6.55\% \times 1.1)^{10} / [(1+6.55\% \times 1.1)^{10}-1] \approx 68.99$(万元)。

(2)2022 年需要缴纳的契税 $=960 \times 3\%=28.80$(万元)。

(3)2022 年需要缴纳的印花税 $=960 \times 0.05\%=0.48$(万元)。

(4)2022 年需要缴纳的物业维修基金 $=300 \times 65=19\,500$(元),即 1.95 万元。

(5)2022 年产权代办费大约为 400 元,即 0.04 万元。

(6)2022 年交房后每年需要支出的物业服务费等运营费用 $=10 \times 300 \times 12=36\,000$(元),即 3.60 万元。

(7)2022—2032 年出租期间每年还需要缴纳的房产税 = 房屋原值 $\times 70\% \times 1.2\%= 960 \times 70\% \times 1.2\% \approx 8.06$(万元)。

(8)2022—2032 年出租期间每年其他运营费用约为租金收入的 10%,即 14.40 万元。

3. 编制现金流量表

(1)全部投资现金流量表具体见表 3-8。

(2)自有资金现金流量表具体见表 3-9。

学习情境 3 写字楼置业投资分析

表 3-8 全部投资现金流量表

单位：万元

序号	项目名称	2021年	2022年	2023年	2024年	2025年	2026年	2027年	2028年	2029年	2030年	2031年	2032年	2033年	2034年	2035年	2036年	2037年	2038年	2039年	2040年
1	现金流入	0	72.00	144.00	144.00	144.00	144.00	144.00	144.00	144.00	144.00	144.00	144.00	144.00	144.00	144.00	144.00	144.00	144.00	144.00	144.00
1.1	租金收入		72.00	144.00	144.00	144.00	144.00	144.00	144.00	144.00	144.00	144.00	144.00	144.00	144.00	144.00	144.00	144.00	144.00	144.00	144.00
1.2	其他收入			11.66	11.66	11.66	11.66	11.66	11.66	11.66	11.66	11.66	11.66	11.66	11.66	11.66	11.66	11.66	11.66	11.66	11.66
2	现金流出	960.00	37.10																		
2.1	购房总价	960.00																			
2.2	契税		28.80																		
2.3	印花税		0.48																		
2.4	物业维修基金		1.95																		
2.5	产权代办费		0.04																		
2.6	运营费用		1.80	3.60	3.60	3.60	3.60	3.60	3.60	3.60	3.60	3.60	3.60	3.60	3.60	3.60	3.60	3.60	3.60	3.60	3.60
2.7	房产税		4.03	8.06	8.06	8.06	8.06	8.06	8.06	8.06	8.06	8.06	8.06	8.06	8.06	8.06	8.06	8.06	8.06	8.06	8.06
3	净现金流量	-960.00	34.90	132.34	132.34	132.34	132.34	132.34	132.34	132.34	132.34	132.34	132.34	132.34	132.34	132.34	132.34	132.34	132.34	132.34	132.34
4	累计净现金流量	-960.00	-925.10	-792.76	-660.42	-528.08	-395.74	-263.40	-131.06	1.28	133.62	265.96	398.30	530.64	662.98	795.32	927.66	1 060.00	1 192.34	1 324.68	1 457.02
5	净现金流量现值	-960.00	31.73	109.37	99.43	90.39	82.17	74.70	67.91	61.74	56.13	51.02	46.38	42.17	38.33	34.85	31.68	28.80	26.18	23.80	21.64
6	累计净现金流量现值	-960.00	-928.27	-818.90	-719.47	-629.08	-546.91	-472.21	-404.30	-342.56	-286.43	-235.41	-189.03	-146.86	-108.52	-73.67	-41.99	-13.19	12.99	36.79	58.43

(单位：万元)（续表）

序号	项目名称	2041年	2042年	2043年	2044年	2045年	2046年	2047年	2048年	2049年	2050年	2051年	2052年	2053年	2054年	2055年	2056年	2057年	2058年
1	现金流入	144.00	144.00	144.00	144.00	144.00	144.00	144.00	144.00	144.00	144.00	144.00	144.00	144.00	144.00	144.00	144.00	144.00	72.00
1.1	租金收入	144.00	144.00	144.00	144.00	144.00	144.00	144.00	144.00	144.00	144.00	144.00	144.00	144.00	144.00	144.00	144.00	144.00	72.00
1.2	其他收入																		
2	现金流出	11.66	11.66	11.66	11.66	11.66	11.66	11.66	11.66	11.66	11.66	11.66	11.66	11.66	11.66	11.66	11.66	11.66	5.83
2.1	购房总价																		
2.2	契税																		
2.3	印花税																		
2.4	物业维修基金																		
2.5	产权代办费																		
2.6	运营费用	3.60	3.60	3.60	3.60	3.60	3.60	3.60	3.60	3.60	3.60	3.60	3.60	3.60	3.60	3.60	3.60	3.60	1.80
2.7	房产税	8.06	8.06	8.06	8.06	8.06	8.06	8.06	8.06	8.06	8.06	8.06	8.06	8.06	8.06	8.06	8.06	8.06	4.03
3	净现金流量	132.34	132.34	132.34	132.34	132.34	132.34	132.34	132.34	132.34	132.34	132.34	132.34	132.34	132.34	132.34	132.34	132.34	66.17
4	累计净现金流量	1 589.36	1 721.70	1 854.04	1 986.38	2 118.72	2 251.06	2 383.40	2 515.74	2 648.08	2 780.42	2 912.76	3 045.10	3 177.44	3 309.78	3 442.12	3 574.46	3 706.80	3 772.97
5	净现金流量现值	19.67	17.88	16.26	14.78	13.44	12.21	11.10	10.09	9.18	8.34	7.58	6.89	6.27	5.70	5.18	4.71	4.28	1.95
6	累计净现金流量现值	78.10	95.99	112.24	127.02	140.46	152.67	163.78	173.87	183.05	191.39	198.98	205.87	212.14	217.84	223.02	227.73	232.01	233.95

表 3-9 自有资金现金流量表

单位：万元

序号	项目名称	2021年	2022年	2023年	2024年	2025年	2026年	2027年	2028年	2029年	2030年	2031年	2032年	2033年	2034年	2035年	2036年	2037年	2038年	2039年	2040年
1	现金流入	0	72.00	144.00	144.00	144.00	144.00	144.00	144.00	144.00	144.00	144.00	144.00	144.00	144.00	144.00	144.00	144.00	144.00	144.00	144.00
1.1	租金收入		72.00	144.00	144.00	144.00	144.00	144.00	144.00	144.00	144.00	144.00	144.00	144.00	144.00	144.00	144.00	144.00	144.00	144.00	144.00
1.2	其他收入																				
2	现金流出	480.00	106.09	80.65	80.65	80.65	80.65	80.65	80.65	80.65	80.65	80.65	11.66	11.66	11.66	11.66	11.66	11.66	11.66	11.66	11.66
2.1	首付款	480.00																			
2.2	还本付息额		68.99	68.99	68.99	68.99	68.99	68.99	68.99	68.99	68.99	68.99									
2.3	契税		28.80																		
2.4	印花税		0.48																		
2.5	物业维修基金		1.95																		
2.6	产权代办费		0.04																		
2.7	运营费用		1.80	3.60	3.60	3.60	3.60	3.60	3.60	3.60	3.60	3.60	3.60	3.60	3.60	3.60	3.60	3.60	3.60	3.60	3.60
2.8	房产税		4.03	8.06	8.06	8.06	8.06	8.06	8.06	8.06	8.06	8.06	8.06	8.06	8.06	8.06	8.06	8.06	8.06	8.06	8.06
3	净现金流量	−480.00	−34.09	63.35	63.35	63.35	63.35	63.35	63.35	63.35	63.35	63.35	132.34	132.34	132.34	132.34	132.34	132.34	132.34	132.34	132.34
4	累计净现金流量	−480.00	−514.09	−450.74	−387.39	−324.04	−260.69	−197.34	−133.99	−70.64	−7.29	56.06	188.40	320.74	453.08	585.42	717.76	850.10	982.44	1114.78	1247.12
5	净现金流量现值	−480.00	−30.99	52.36	47.60	43.27	39.34	35.76	32.51	29.55	26.87	24.42	46.38	42.17	38.33	34.85	31.68	28.80	26.18	23.80	21.64
6	累计净现金流量现值	−480.00	−510.99	−458.64	−411.04	−367.77	−328.44	−292.68	−260.17	−230.61	−203.75	−179.32	−132.94	−90.77	−52.44	−17.59	14.09	42.89	69.08	92.88	114.52

（单位：万元）（续表）

序号	项目名称	2041年	2042年	2043年	2044年	2045年	2046年	2047年	2048年	2049年	2050年	2051年	2052年	2053年	2054年	2055年	2056年	2057年	2058年
1	现金流入	144.00	144.00	144.00	144.00	144.00	144.00	144.00	144.00	144.00	144.00	144.00	144.00	144.00	144.00	144.00	144.00	144.00	72.00
1.1	租金收入	144.00	144.00	144.00	144.00	144.00	144.00	144.00	144.00	144.00	144.00	144.00	144.00	144.00	144.00	144.00	144.00	144.00	72.00
1.2	其他收入																		
2	现金流出	11.66	11.66	11.66	11.66	11.66	11.66	11.66	11.66	11.66	11.66	11.66	11.66	11.66	11.66	11.66	11.66	11.66	5.83
2.1	首付款																		
2.2	还本付息额																		
2.3	契税																		
2.4	印花税																		
2.5	物业维修基金																		
2.6	产权代办费																		
2.7	运营费用	3.60	3.60	3.60	3.60	3.60	3.60	3.60	3.60	3.60	3.60	3.60	3.60	3.60	3.60	3.60	3.60	3.60	1.80
2.8	房产税	8.06	8.06	8.06	8.06	8.06	8.06	8.06	8.06	8.06	8.06	8.06	8.06	8.06	8.06	8.06	8.06	8.06	4.03
3	净现金流量	132.34	132.34	132.34	132.34	132.34	132.34	132.34	132.34	132.34	132.34	132.34	132.34	132.34	132.34	132.34	132.34	132.34	66.17
4	累计净现金流量	1 379.46	1 511.80	1 644.14	1 776.48	1 908.82	2 041.16	2 173.50	2 305.84	2 438.18	2 570.52	2 702.86	2 835.20	2 967.54	3 099.88	3 232.22	3 364.56	3 496.90	3 563.07
5	净现金流量现值	19.67	17.88	16.26	14.78	13.44	12.21	11.10	10.09	9.18	8.34	7.58	6.89	6.27	5.70	5.18	4.71	4.28	1.95
6	累计净现金流量现值	134.19	152.07	168.33	183.11	196.55	208.76	219.86	229.96	239.14	247.48	255.06	261.96	268.23	273.92	279.10	283.81	288.09	290.04

4. 编制资金来源与运用表

资金来源与运用表见表 3-10。

表 3-10 资金来源与运用表

单位：万元

序号	项目名称	2021 年	2022 年	2023 年	2024 年	2025 年	2026 年	2027 年	2028 年	2029 年	2030 年	2031 年	2032 年	2033 年	2034 年	2035 年	2036 年	2037 年	2038 年	2039 年
1	资金来源	960.00	72.00	144.00	144.00	144.00	144.00	144.00	144.00	144.00	144.00	144.00	144.00	144.00	144.00	144.00	144.00	144.00	144.00	144.00
1.1	出租收入		72.00	144.00	144.00	144.00	144.00	144.00	144.00	144.00	144.00	144.00	144.00	144.00	144.00	144.00	144.00	144.00	144.00	144.00
1.2	资本金	480.00																		
1.3	长期借款	480.00																		
2	资金运用	960.00	74.82	80.65	80.65	80.65	80.65	80.65	80.65	80.65	80.65	80.65	80.65	80.65	80.65	80.65	80.65	80.65	11.66	11.66
2.1	置业投资	960.00																		
2.2	运营费用		1.80	3.60	3.60	3.60	3.60	3.60	3.60	3.60	3.60	3.60	3.60	3.60	3.60	3.60	3.60	3.60	3.60	3.60
2.3	房产税		4.03	8.06	8.06	8.06	8.06	8.06	8.06	8.06	8.06	8.06	8.06	8.06	8.06	8.06	8.06	8.06	8.06	8.06
2.4	借款本金偿还		34.41	36.88	39.54	42.39	45.45	48.72	52.23	55.99	60.03	64.35								
2.5	借款利息支付		34.58	32.11	29.45	26.60	23.54	20.27	16.76	13.00	8.96	4.64								
3	盈余资金 (1−2)	0.00	−2.82	63.35	63.35	63.35	63.35	63.35	63.35	63.35	63.35	63.35	132.34	132.34	132.34	132.34	132.34	132.34	132.34	132.34
4	累计盈余资金	0.00	−2.82	60.53	123.88	187.23	250.58	313.93	377.28	440.63	503.98	567.33	699.67	832.01	964.35	1 096.69	1 229.03	1 361.37	1 493.71	1 626.05

(单位：万元)（续表）

序号	项目名称	2040年	2041年	2042年	2043年	2044年	2045年	2046年	2047年	2048年	2049年	2050年	2051年	2052年	2053年	2054年	2055年	2056年	2057年	2058年
1	资金来源	144.00	144.00	144.00	144.00	144.00	144.00	144.00	144.00	144.00	144.00	144.00	144.00	144.00	144.00	144.00	144.00	144.00	144.00	72.00
1.1	出租收入	144.00	144.00	144.00	144.00	144.00	144.00	144.00	144.00	144.00	144.00	144.00	144.00	144.00	144.00	144.00	144.00	144.00	144.00	72.00
1.2	资本金																			
1.3	长期借款																			
2	资金运用	11.66	11.66	11.66	11.66	11.66	11.66	11.66	11.66	11.66	11.66	11.66	11.66	11.66	11.66	11.66	11.66	11.66	11.66	5.83
2.1	置业投资																			
2.2	运营费用	3.60	3.60	3.60	3.60	3.60	3.60	3.60	3.60	3.60	3.60	3.60	3.60	3.60	3.60	3.60	3.60	3.60	3.60	1.80
2.3	房产税	8.06	8.06	8.06	8.06	8.06	8.06	8.06	8.06	8.06	8.06	8.06	8.06	8.06	8.06	8.06	8.06	8.06	8.06	4.03
2.4	借款本金偿还																			
2.5	借款利息支付																			
3	盈余资金（1-2）	132.34	132.34	132.34	132.34	132.34	132.34	132.34	132.34	132.34	132.34	132.34	132.34	132.34	132.34	132.34	132.34	132.34	132.34	66.17
4	累计盈余资金	1 758.39	1 890.73	2 023.07	2 155.41	2 287.75	2 420.09	2 552.43	2 684.77	2 817.11	2 949.45	3 081.79	3 214.13	3 346.47	3 478.81	3 611.15	3 743.49	3 875.83	4 008.17	4 074.34

时间

5. 编制利润表

利润表见表 3-11。

表 3-11 利润表

单位：万元

序号	项目名称	2021年	2022年	2023年	2024年	2025年	2026年	2027年	2028年	2029年	2030年	2031年	2032年	2033年	2034年	2035年	2036年	2037年	2038年	2039年
1	经营收入	0	72.00	144.00	144.00	144.00	144.00	144.00	144.00	144.00	144.00	144.00	144.00	144.00	144.00	144.00	144.00	144.00	144.00	144.00
1.1	销售收入																			
1.2	出租收入	0	72.00	144.00	144.00	144.00	144.00	144.00	144.00	144.00	144.00	144.00	144.00	144.00	144.00	144.00	144.00	144.00	144.00	144.00
1.3	自营收入																			
2	运营费用	0	1.80	3.60	3.60	3.60	3.60	3.60	3.60	3.60	3.60	3.60	3.60	3.60	3.60	3.60	3.60	3.60	3.60	3.60
3	房产税	0	4.03	8.06	8.06	8.06	8.06	8.06	8.06	8.06	8.06	8.06	8.06	8.06	8.06	8.06	8.06	8.06	8.06	8.06
4	利润总额	0	66.17	132.34	132.34	132.34	132.34	132.34	132.34	132.34	132.34	132.34	132.34	132.34	132.34	132.34	132.34	132.34	132.34	132.34

序号	项目名称	2040年	2041年	2042年	2043年	2044年	2045年	2046年	2047年	2048年	2049年	2050年	2051年	2052年	2053年	2054年	2055年	2056年	2057年	2058年
1	经营收入	144.00	144.00	144.00	144.00	144.00	144.00	144.00	144.00	144.00	144.00	144.00	144.00	144.00	144.00	144.00	144.00	144.00	144.00	72.00
1.1	销售收入																			
1.2	出租收入	144.00	144.00	144.00	144.00	144.00	144.00	144.00	144.00	144.00	144.00	144.00	144.00	144.00	144.00	144.00	144.00	144.00	144.00	72.00
1.3	自营收入																			
2	运营费用	3.60	3.60	3.60	3.60	3.60	3.60	3.60	3.60	3.60	3.60	3.60	3.60	3.60	3.60	3.60	3.60	3.60	3.60	1.80
3	房产税	8.06	8.06	8.06	8.06	8.06	8.06	8.06	8.06	8.06	8.06	8.06	8.06	8.06	8.06	8.06	8.06	8.06	8.06	4.03
4	利润总额	132.34	132.34	132.34	132.34	132.34	132.34	132.34	132.34	132.34	132.34	132.34	132.34	132.34	132.34	132.34	132.34	132.34	132.34	66.17

6. 编制借款还本付息估算表

借款还本付息估算表见表 3-12 和表 3-13。

表 3-12 借款还本付息估算表（及时还款）

单位：万元

序号	项目	2021 年	2022 年	2023 年	2024 年	2025 年	2026 年	2027 年
					经营期			
1	还款资金来源	0	66.17	132.34	132.34	132.34	132.34	132.34
1.1	可还款现金	0	66.17	132.34	132.34	132.34	132.34	132.34
1.2	其他资金		2.82					
2	借款偿还							
2.1	年初借款累计	0	480.00	448.41	348.38	241.14	126.18	2.93
2.2	年内借款支出	480.00						
2.3	本年付息		34.58	32.31	25.10	17.37	9.09	0.21
2.4	本年还本		31.59	100.03	107.24	114.97	123.25	2.93
2.5	年末借款累计	480.00	448.41	348.38	241.14	126.18	2.93	0

表 3-13 借款还本付息估算表（按时等额还款）

单位：万元

序号	项目	2021 年	2022 年	2023 年	2024 年	2025 年	2026 年	2027 年	2028 年	2029 年	2030 年	2031 年
						经营期						
1	还款资金来源	0	68.99	132.34	132.34	132.34	132.34	132.34	132.34	132.34	132.34	132.34
1.1	可还款现金	0	66.17	132.34	132.34	132.34	132.34	132.34	132.34	132.34	132.34	132.34
1.2	其他资金		2.82									
2	借款偿还											
2.1	年初借款累计	0	480.00	445.59	408.71	369.17	326.77	281.33	232.61	180.38	124.38	64.36
2.2	年内借款支出	480.00										
2.3	本年付息		34.58	32.11	29.45	26.60	23.54	20.27	16.76	13.00	8.96	4.64
2.4	本年还本		34.41	36.88	39.54	42.39	45.45	48.72	52.23	55.99	60.03	64.35
2.5	年末借款累计	480.00	445.59	408.71	369.17	326.77	281.33	232.61	180.38	124.38	64.36	0

7. 计算财务指标

1）计算盈利能力指标

（1）静态指标。

① 静态投资回收期。

全部投资：
$$P_b' = 8-1+131.06/132.34 \approx 7.99（年）$$

自有资金投资：
$$P_b' = 10-1+7.29/63.35 \approx 9.12（年）$$

② 税前现金回报率 =132.34/480×100%≈27.57%。

税后现金回报率 =132.34×（1-25%）/480×100%≈20.68%。

③ 不考虑物业增值的情况下，投资回报率计算如下。

投资回报率 =［132.34×（1-25%）+68.99-480×6.55%×1.1］/480×100%≈27.85%

考虑物业增值的情况下，假设该写字楼年增值率为2%，则

投资回报率 =［132.34×（1-25%）+68.99-480×6.55%×1.1+960×2%］/480×100%≈47.05%

④ 投资利润率 =132.34/（960+28.80+0.48+1.95+0.04）≈13.35%。

⑤ 资本金利润率 =132.34/（480+28.80+0.48+1.95+0.04）≈25.88%。

⑥ 资本金净利润率 =132.34×（1-25%）/（480+28.80+0.48+1.95+0.04）≈19.41%。

（2）动态指标。

① 财务净现值。

全部投资：当基准收益率 i_c=10% 时，NPV=233.95 万元。

自有资金：当基准收益率 i_c=10% 时，NPV=290.04 万元。

② 财务内部收益率。

全部投资：IRR=12.47%。

自有资金：IRR=14.25%。

③ 动态投资回收期。

全部投资：P_b=17-1+13.19/26.18≈16.50（年）。

自有资金：P_b=15-1+17.59/31.68≈14.56（年）。

2）计算清偿能力指标

（1）借款偿还期 =2020-2015+（2.93+0.21）/132.34≈5.02（年），小于贷款期限 10 年。

（2）偿债备付率 =132.34/68.99≈1.92，大于 1.15，符合银行对该指标的要求。

8. 财务分析总结

（1）根据基准收益率 i_c=10%，NPV>0。

（2）财务内部收益率。

全部投资：IRR = 12.47%>10%；自有资金：IRR = 14.25%>10%；该写字楼投资回收期

在 15 年左右，也符合写字楼投资回收期在 10～15 年的一般要求，因此，投资该写字楼在财务上是可行的。

3.6 写字楼置业投资方案经济比选

3.6.1 独立方案经济比选

独立方案是指方案的采纳与否只受自身条件的制约，方案之间不具有排斥性。也就是说，在独立方案中，选择某一方案并不排斥另一方案，它们在经济上互不相关，接受或放弃某个方案并不影响其他方案的取舍。相互独立方案之间的效果具有可加性，即投资、经营费用与投资收益之间具有可加性。由于可能存在的资金约束，独立型方案的选择可能出现以下两种情况。

（1）企业可利用的资金足够多，即通常所说的无资金限制条件，这时方案的选择和前面章节所介绍的单方案的经济评价方法相同。只要分别计算各方案的 NPV 或 IRR，选择所有 NPV ≥ 0 或 IRR ≥ i_c 的项目即可。

（2）企业可利用的资金是有限制的。在不超出资金限额的条件下，选出最佳的方案组合。在这种条件下，独立关系转化为一定程度上的互斥关系，这样就可以参照互斥型方案的比选方法选择最佳方案。

企业不能按某一固定的资金成本无限制地增加其资金，而存在着某个资金总额值 C（C 为临界点），在这点之外，企业要付出较高的资金费用（利息）。原因可能是贷款人觉得进一步增大对企业的贷款会冒较大的风险。对于这类问题，比选的目标没有变化，仍然是要达到收益最大化，即取得最佳的经济效益，在有资金约束的情况下选择项目组合，使总体收益最大化。常用的在资金约束条件下独立方案的比选方法有两种，即互斥组合法和净现值率排序法。

1. 互斥组合法

互斥组合法是工程经济分析的传统方法，它是指在有资金约束的条件下，将相互独立的方案组合成总投资额不超过投资限额的组合方案，这样各个组合方案之间的关系就变成了互斥的关系，利用前述互斥方案的比较方法，就可以选择出最优的组合方案。其具体实现步骤如下。

（1）将所有可能的各种互斥方案进行组合，把所有的项目组合全部列举出来，每个组合都代表一个满足约束条件的相互排斥的项目组合中的一个方案。

（2）按各方案组合的投资从小到大排列起来。

（3）在总的初始投资小于投资限额的方案组合中，按互斥方案的比选原则选择最优的方案组合。

【例3-5】计算表格

【例3-5】有A、B、C 3个方案，其净现金流量见表3-14。

已知总投资限额为800万元，i_c=10%，试做出最佳投资决策。

表3-14　A、B、C 3个方案的净现金流量　　　　　　　　　　　单位：万元

项目	年　序		
	1	2~10	11
A	−350	62	80
B	−200	39	51
C	−400	76	97

解：首先计算3个方案的净现值。

$$\text{NPV}_A = -\frac{350}{1+10\%} + \frac{62}{10\% \times (1+10\%)} \times \left[1 - \frac{1}{(1+10\%)^9}\right] + \frac{80}{(1+10\%)^{11}} \approx 34.46（万元）$$

$$\text{NPV}_B = -\frac{200}{1+10\%} + \frac{39}{10\% \times (1+10\%)} \times \left[1 - \frac{1}{(1+10\%)^9}\right] + \frac{51}{(1+10\%)^{11}} \approx 40.24（万元）$$

$$\text{NPV}_C = -\frac{420}{1+10\%} + \frac{76}{10\% \times (1+10\%)} \times \left[1 - \frac{1}{(1+10\%)^9}\right] + \frac{97}{(1+10\%)^{11}} \approx 50.08（万元）$$

用独立方案互斥组合法进行选择，其步骤如下：首先，列出不超过总投资限额的所有投资组合方案，这些投资组合方案之间就是互斥关系。其次，将各投资组合方案按投资额由小到大的顺序排列，分别计算各组合方案之间的净现值，见表3-15，以净现值最大的组合方案为最佳方案。

表3-15　用互斥组合法比选最佳组合方案　　　　　　　　　　　单位：万元

序　号	组合方案	总投资额	净现值
1	B	200	40.24
2	A	350	34.46
3	C	420	50.08
4	A+B	550	74.70
5	B+C	620	90.32
6	A+C	770	84.54

可以看出，方案B与方案C组合的方案为最佳投资组合方案。

当参选项目个数较少时，这种比选方法简便实用，但当参选项目个数增加时，其组合方案数将成倍增加，用这种比选方法就显得相当麻烦。不过，这种比选方法可以保证得到已知条件下最优的组合方案。

2. 净现值率排序法

净现值率是净现值与总投资现值的比率，反映单位投资所带来的净收益，净现值率越大，说明资金的使用效率越高。因此在资金紧张的情况下，对于若干独立方案，应优先选用净现值率大的方案。净现值率排序法是在一定资金限制下，根据各方案的净现值率的大小确定各方案的优先次序并分配资金，直到资金限额分配完为止的一种方案选择方法。具体做法如下。

（1）首先计算各项目的净现值率（NPVR）。

$$\text{NPVR} = \frac{\text{NPV}}{I_P} \quad (3\text{-}17)$$

（2）按净现值率由大到小排序。

（3）按净现值率排序选择项目，直到资金约束条件为止。

【例3-6】计算表格

【例3-6】6个独立项目的净现金流量见表3-16，设 $i_c = 14\%$，投资限额为36 000万元。试按净现值率排序法进行最佳项目组合的选择。

表3-16 独立项目净现金流量表

项 目	投资/万元	寿命/年	净收益/万元
A	10 000	6	2 870
B	15 000	9	2 930
C	8 000	5	2 680
D	21 000	3	9 500
E	13 000	10	2 600
F	6 000	4	2 540

解：（1）计算出各项目的净现值率并排序，可得表3-17。

表3-17 净现值率排序

项 目	投资/万元	净现值率	累计投资额/万元
F	6 000	0.42	6 000
C	8 000	0.23	14 000
A	10 000	0.12	24 000
D	21 000	0.11	—
E	13 000	0.04	—
B	15 000	-0.03	—

（2）根据排序和资金约束条件，得出方案的选择顺序为F-C-A。由于资金限额为36 000万元，故最佳投资决策为方案F-C-A的组合。但这一选择比按净现值排序的选择F-C-D的组合少819万元（净现值）。用净现值率排序法评选独立方案，一般能得到投资经济效果较大的方案组合，但不一定是最优的方案组合。

【例 3-7】沿用例 3-5 的资料，利用净现值率排序法做出最佳投资决策。

解：（1）计算三个方案的净现值率。

$$\text{NPVR}_A = \frac{34.36}{350/(1+10\%)} \times 100\% \approx 10.83\%$$

$$\text{NPVR}_B = \frac{40.24}{200/(1+10\%)} \times 100\% \approx 22.13\%$$

$$\text{NPVR}_C = \frac{50.08}{420/(1+10\%)} \times 100\% \approx 13.12\%$$

【例 3-7】计算表格

（2）将各方案按净现值率从大到小排序，具体见表 3-18。

表 3-18　各方案净现值率排序

方　案	净现值率	投资额/万元	累计投资额/万元
B	22.13%	200	200
C	13.12%	420	620
A	10.83%	350	970

方案的选择顺序是 B—C—A，由于投资限额为 800 万元，故最佳投资决策为方案 B 与方案 C 的组合。

净现值率排序法的优点是计算简便，选择方法简明扼要；缺点是由于投资方案的不可分性，经常会出现资金未被充分利用的情况，因而不一定能保证获得最佳组合方案。

3. 组合方案的内部收益率

在资金限值条件下，各组合方案的投资总值均小于或等于资金限值。计算组合方案的内部收益率时，假定资金限值与组合方案投资总值之间的差值部分通过其他途径可达到预期收益水平 B_j，则组合方案的内部收益率按下式计算。

$$i_{组合} = \frac{\sum_{j=1}^{n} P_j i_j + \Delta P i_0}{P} \quad (3-18)$$

式中，P_j、i_j——分别为第 j 个方案的投资额和内部收益率；

ΔP——资金限值与组合方案投资总值的差值；

i_0——预期收益水平；

P——投资限值。

3.6.2　经济比选方法应用

【例 3-8】某房地产公司限定的投资预算额为 1 000 万元，现有 4 个方案可供选择：A 方案为投资 250 万元购置地产，B 方案为投资 300 万元与另一企业合建一幢商住楼，C 方案为投资 300 万元建 3 幢别墅，D 方案为投资 350 万元购一幢公寓楼。投资一年后，上述

4类房地产均能出售,所得净收益分别为:A方案300万元,B方案400万元,C方案380万元,D方案400万元。如果预期收益水平不低于12%,试按内部收益率法进行最佳组合方案的选择。

解:(1)计算各方案的内部收益率。根据式(2-15)和式(2-16)可得

A方案:$-250+300\times[1/(1+i_A)]=0$,$i_A=20\%$。

B方案:$-300+400\times[1/(1+i_B)]=0$,$i_B=33.3\%$。

C方案:$-300+380\times[1/(1+i_C)]=0$,$i_C=26.67\%$。

D方案:$-350+400\times[1/(1+i_D)]=0$,$i_D=14.3\%$。

因为上述4个方案的内部收益率均大于预期收益水平($i_0=12\%$),所以都有可能被选择。

【例3-8】
计算表格

(2)按各方案内部收益率大小排列上述各方案,见表3-19。

表3-19 方案排列表

方案排列	方案代号	内部收益率	投资额/万元
1	B	33.33%	300
2	C	26.67%	300
3	A	20%	250
4	D	14.3%	350

(3)确定可能出现的组合方案。由于受投资预算额1 000万元限制,上述4个方案(总投资1 200万元)不能同时被选择,而可能出现的与资金限值相近的组合方案为BCA、BCD、CAD和BAD。

(4)计算可能出现组合方案的内部收益率,判定最佳组合方案。

$i_{BCA}=(300\times33.3\%+300\times26.67\%+250\times20\%+150\times12\%)/1\,000\approx24.79\%$

$i_{BCD}=(300\times33.3\%+300\times26.67\%+350\times14.3\%+50\times12\%)/1\,000\approx23.60\%$

$i_{CAD}=(300\times26.67\%+250\times20\%+350\times14.3\%+100\times12\%)/1\,000\approx19.21\%$

$i_{BAD}=(300\times33.3\%+250\times20\%+350\times14.3\%+100\times12\%)/1\,000\approx21.20\%$

$i_{BCA}=24.79\%$是资金限值条件下所有可能的组合方案中内部收益率最高的,所以组合方案BCA是最佳组合方案。

当资金限值并不非常严格时,可以依据最高内部收益率组合方案对原资金限值进行调整。本例中,BACD组合方案的内部收益率为

$i_{BACD}=(300\times33.3\%+300\times26.67\%+250\times20\%+350\times14.3\%)\div1\,200\approx23.33\%$

如果选择该组合方案,必须将资金限值调整为1 200万元。

学习情境 3 写字楼置业投资分析

小 结

本学习情境主要对写字楼置业进行介绍，要求学生熟悉写字楼的规划设计和特点，掌握各类写字楼的投资特点和投资策略，能够熟练编制全部投资现金流量表和自有资金现金流量表、资金来源与运用表、利润表、借款还本付息估算表，准确计算基本的财务指标，并根据财务指标，运用独立方案比选的方法进行经济比选。

练 习 题

一、单项选择题（每题的备选答案中只有1个最符合题意，请把正确答案的编号填在对应的括号中）

1. 某幢写字楼目前处于空置状态，那么这幢写字楼属于（　　）。
   A. 非收益性房地产　　　　　　B. 收益性房地产
   C. 暂时无收益性房地产　　　　D. 潜在收益性房地产

2. 某投资项目每年可获得 50 000 元的资金用于偿付年还本付息，贷款人要求偿债备付率不低于 1.3，贷款利率为 12%，贷款期限为 20 年，按月等额还本付息，则该项目投资人所能申请到的最大贷款额为（　　）万元。
   A. 28.73　　　　B. 29.11　　　　C. 344.74　　　　D. 349.31

3. 某写字楼月潜在毛租金收入为 100 万元，月平均运营费用为 60 万元，月平均空置率为 5%，月平均租金损失率为 2%，月平均其他收入为潜在毛租金收入的 3%，则该写字楼的月净经营收入为（　　）万元。
   A. 33.00　　　　B. 33.10　　　　C. 36.00　　　　D. 36.10

4. 某写字楼的购买价为 100 万元，其中 50 万元为银行抵押贷款，期限为 10 年，年利率为 12%，按年等额偿还。如该写字楼年净经营收入为 30 万元，则其投资的还本付息比率为（　　）。
   A. 0.18　　　　B. 0.12　　　　C. 3.39　　　　D. 5.00

5. 甲写字楼购买价格为 100 万元，年净经营收入为 30 万元，年还本付息额为 15 万元；乙写字楼购买价格为 200 万元，年净经营收入为 50 万元，年还本付息额为 30 万元。若不考虑其他因素的影响，则甲、乙两写字楼投资的现金回报率的关系为（　　）。
   A. 甲＞乙　　　　B. 甲＜乙　　　　C. 甲＝乙　　　　D. 无法判断

6. 对于一般的商用房地产投资项目，其偿债备付率至少应大于（　　）。
   A. 1.2　　　　B. 1.5　　　　C. 1.8　　　　D. 2.0

7. 若某写字楼置业投资项目的表面收益率为 18%，年租金增长率为 8%，通货膨胀率为6%，则该项写字楼置业投资的实际收益率为（　　）。

A. 9.26% B. 10% C. 11.32% D. 12%

8. 某写字楼置业投资项目的总投资为5 000万元，其中投资者投入的权益资本为2 000万元，经营期内的年平均利润总额为600万元，年平均税后利润为480万元，则该投资项目的资本金利润率为（　　）。

A. 12% B. 20% C. 24% D. 30%

9. 某单位拥有的一出租物业的原值为5 000万元，年租金收入为600万元，则该单位应缴纳的年房产税数额为（　　）万元。

A. 42.00 B. 50.40 C. 60.00 D. 72.00

二、多项选择题（每题的备选答案中有2个或2个以上符合题意，请把正确答案的编号填在对应的括号中。全部选对的，得2分；错选或多选的，不得分；少选且选择正确的，每个选项得0.5分）

1. 写字楼分类过程中要考虑的因素包括（　　）。

A. 写字楼所处位置　　　　B. 辐射区域的范围
C. 建筑设备系统　　　　　D. 建造年代
E. 客户类型

2. 房地产企业的经营净收入、利润和税金之间存在的数量关系有（　　）。

A. 经营收入 = 销售收入 + 出租收入 + 自营收入
B. 利润总额 = 经营利润 + 营业外收支净额
C. 税后利润 = 利润总额 – 所得税
D. 经营利润 = 经营收入 – 经营成本 – 期间费用 – 销售税金
E. 销售税金 = 营业税 + 城市维护建设税 + 房产税 + 土地使用税

3. 在计算写字楼置业投资项目的偿债备付率时，可用于还本付息的资金包括（　　）。

A. 折旧费和摊销费　　B. 投资回收　　C. 投资回报
D. 未分配利润　　　　E. 权益融资

三、判断题（请根据判断结果，在括号内用"√"表示正确，用"×"表示错误）

1. 金融机构在为写字楼置业投资发放抵押贷款前，规定权益投资比率的目的是控制信贷风险。（　　）

2. 借款还本付息表属于基本财务报表，该表中列出了可直接用于计算清偿能力指标的基础数据。（　　）

3. 一幢写字楼的潜在毛租金减去空置损失后得到的是该写字楼的有效毛收入。（　　）

4. 利润表反映了写字楼置业投资项目在经营期内各期的利润总额、所得税及各期税后利润的分配情况，可以用来计算内部收益率和投资回收期等财务指标。（　　）

5. 资本金利润率是年税后利润总额或年税后平均利润总额占资本金的比例。（　　）

6. 资产负债率属短期偿债能力指标，反映债权人所提供的资金占全部资产的比例。
（　　）

7. 对于置业投资者而言，在租金水平不变的情况下，出租物业空置率的高低与有效毛租金收入的多少呈负相关关系。
（　　）

四、计算题（要求写出计算过程；需按公式计算的，要写出公式；仅有计算结果而无计算过程的，不得分。计算结果保留到小数点后两位）

1. 某投资者以1 800万元的价格购买了一写字楼，该写字楼的可出租面积为10 000平方米，购买后立即可以出租。已知第1～5年的月租金水平为70元/平方米、出租率为70%，第6～10年的月租金水平为80元/平方米、出租率为75%，第11年停止出租，装修后将写字楼转售。已知整个运营期间的经营成本为租金收入的35%，投资者目标收益率为18%，装修投资及净转售收入分别为400万元和1 200万元。试计算该投资项目的净现金流量、财务净现值和财务内部收益率，并判断该投资项目的经济可行性（设置业投资发生在年初，其他收支均发生在年末）。

2. 某公司以10 000元/平方米的价格购买了一栋建筑面积为27 000平方米的写字楼用于出租经营，该公司在购买写字楼的过程中，支付了相当于购买价格5.3%的各种税费（如契税、手续费、律师费用、其他费用等）。其中，相当于楼价30%的购买投资和各种税费均由该公司的自有资金（股本金）支付，相当于楼价70%的购买投资来自期限为15年、固定利率为7.5%、按年等额还款的商业抵押贷款。假设在该写字楼的出租经营期内，其月租金水平始终保持在160元/平方米，前3年的出租率分别为65%、75%、85%，从第4年开始出租率达到95%，且在此后的出租经营期内始终保持该出租率。出租经营期间的经营成本为毛租金收入的28%。如果购买投资发生在第1年的年初，每年的净经营收入和抵押贷款还本付息支出均发生在年末，整个出租经营期为48年，投资者的目标收益率为14%。

试从投资者的角度，计算该项目自有资金的财务净现值和财务内部收益率，并判断该项目的可行性。

3. 某写字楼售价1 950万元，该写字楼拥有办公单元60个，每个单元平均月租金6 000元，并以每年5%的速度递增。设每单元每年的空置及其他损失费为单元月租金收入的2倍。第1年的经营成本为毛租金收入的20%，以后每年按6%的幅度递增。投资者可获得利率为12%、期限15年的1 500万元贷款，要求按月等额还本付息。贷款成本（申报费、评估费、活动费等）占贷款额的2%。

该写字楼资产使用15年，按线性折旧法计算折旧费。折旧基数为投资额的85%。若投资者要求的投资收益率为20%，该项目是否值得投资？

实　训　题

撰写"任务导入"中的写字楼置业投资分析报告。

（1）报告的基本格式：Word 电子文档，有封面、目录、正文，要求目录有链接，目录和正文页眉要有"写字楼置业投资分析报告"字样，页脚有页码，封面、目录与正文分节，正文每部分分节。

（2）报告基本内容：①城市经济社会发展概况；②城市写字楼市场行情分析；③推荐写字楼的基本概况；④投资估算分析；⑤财务分析；⑥决策分析。

（3）财务表格全部用 Excel 表格编制，设置公式自动计算，并建立表格间的链接关系，使表格间的数据相互引用，利用 Excel 的函数计算财务净现值、财务内部收益率等指标。

学习情境 4　住宅地产项目开发投资分析

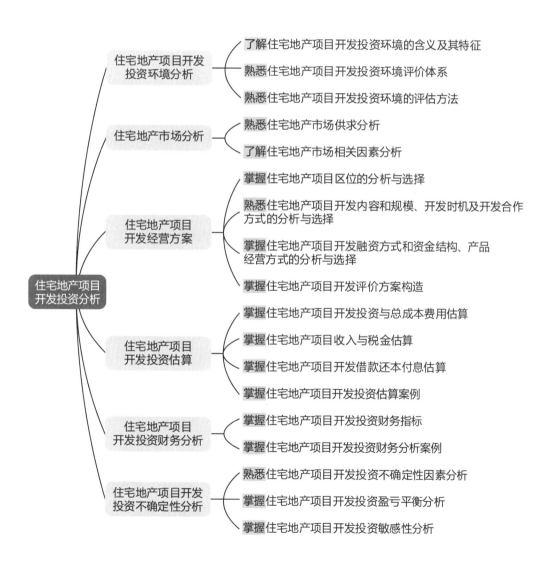

任务导入

方兴置业（杭州）有限公司于 2013 年 1 月 10 日以 237 000 万元竞得杭政储出〔2013〕110 号地块，该地块位于拱墅区（庆隆单元 GS04-01-R21-18 地块），东至杭州华策实业有限公司，南至庆隆河，西至规划益乐路，北至规划道路。出让土地面积 61 160 平方米，地上建筑面积 173 088 平方米，需要配建保障房面积 17 125 平方米，地下建筑面积约 54 089 平方米，用途为住宅（设配套公共建筑）用地。项目主要技术经济指标见表 4-1。

表 4-1 项目主要技术经济指标

项 目	单 位	数 量	项 目	单 位	数 量
占地总面积	平方米	61 160	居住户数	户	1 470
总建筑面积	平方米	225 337	居住人数	人	5 145
地上建筑面积	平方米	171 248	平均每户建筑面积	平方米	115.65
地下建筑面积	平方米	54 089	平均每户居住人数	人	3.5
居住面积	平方米	170 000	人均居住用地	平方米	11.89
公共建筑（商铺）面积	平方米	1 000	物业管理用房	平方米	248
绿化用地	平方米	21 406	容积率	—	2.8
道路面积	平方米	24 464	绿地率	—	35%
车库面积（地下）	平方米	1 322			

投资规模：项目总投资约 320 000 万元人民币（按当时汇率折合约 51 613 万美元），注册资本 160 000 万元人民币（按当时汇率折合约 25 806 万美元），由投资方以美元现汇出资。总投资与注册资本的差额部分由投资方自行筹措解决。

请根据具体要求帮该房地产开发公司出具一份住宅地产项目开发投资分析报告。

4.1 住宅地产项目开发投资环境分析

投资环境是投资赖以进行的前提，作为外部制约因素决定了投资的方向、数量和结构，它的好坏直接影响到投资效果，因此受到投资者的普遍重视。进行住宅地产项目开发投资环境分析，对于投资者制定正确的投资方案，做出正确的投资决策，规避风险有着重大的意义。

4.1.1 住宅地产项目开发投资环境的含义及其特征

1. 投资环境的含义

投资环境作为一个独立的经济学概念,其所包含的内容和因素还处于不断的探求之中。狭义的投资环境主要是指自然环境和经济环境。广义的投资环境是指影响投资活动整个过程的外部的各种情况和条件的总和,是由决定和影响投资活动的政治要素、经济要素、自然要素等相互依赖、相互完善、相互制约所形成的矛盾统一体。

最初人们关于投资环境的研究,主要是关注投资区域范围内的自然地理环境和基础设施等基本物质条件,即所谓的硬环境。随着社会经济的发展,各地为了吸引投资,除了提供基本的物质条件,还在经济、制度、立法、服务等方面不断创造各种优惠条件,如减免税收、制定法律、法规和规章保护投资者利益,建立为投资者服务的机构等,即所谓的软环境。这些条件和措施对国家或地区引进资金和技术,促进当地经济、社会发展来说意义重大。投资环境的外延已扩展到社会、政治、经济、文化、习俗等领域,其重要性呈不断上升的趋势。

2. 投资环境的特征

投资环境是一个动态的、多层次的、多因素的大系统,其各子系统之间、各子系统中的各因素之间都是相互联系、相互制约、互为条件的。一般来讲,对具体某个投资者而言,投资环境是无法改变也不可能完全控制的,投资者必须努力认清其所处的环境,并努力适应环境,利用环境提供的有利因素,回避不利因素。投资环境作为区域现实的反映,其基本特征表现在以下4个方面。

1)系统性

投资环境是一个包含多要素的有机整体,系统各要素相互联系、相互制约,无论是自然的还是人为的、物质的还是意识的、经济的还是政治的,只要其中任何一种因素发生变化都会发生连锁反应,进而影响整个环境系统的变化。

2)动态性

投资环境是一个动态平衡的开发系统,它总是处于不停的运动之中。构成投资环境的诸要素及其评价标准都是在不断变化的,投资环境各要素通过不断调整、组合,不断学习、完善,以适应区域经济结构的发展。投资环境评价标准也会因投资环境的变化而变化。有些标准可能由过去的不重要变得越来越重要,而有些因素的地位则不断下降。

3)主导性

在不同的发展阶段,区域社会经济各要素中各有一个或几个要素居于主导地位,影响和决定这一时期区域经济的性质和特征。在投资环境各要素中,某一时期、某一地区一般只有一个或几个主导因素,它们对投资活动的影响居于决定和支配地位。

4）区域性

这是投资环境最显著的特征，由于所在区域不同，地区之间自然、地理、社会经济等投资环境涉及的内容也就不同。对于投资者来说，应根据投资项目的特点，选择适合的区域进行投资，以取得最好的投资效益。

4.1.2 住宅地产项目开发投资环境评价体系

正确判别某一住宅地产项目开发投资所在地的投资环境，从而选择最佳投资地点、对象和时间，已成为住宅地产项目开发投资决策的重要环节之一。早期人们对投资环境的认识是非常不全面且不完整的，各要素之间的关系更是毫无系统可言。随着对投资环境研究的深入，人们看到了投资环境各要素的重要性，对投资环境要素的认识开始逐步系统化。这里，我们把投资环境要素概括为八大类，即政治环境因素、法律政策环境因素、经济环境因素、自然环境因素、社会文化环境因素、基础设施环境因素、城市人口环境因素、国土空间规划环境因素。

1. 政治环境因素

政治环境指的是一个国家的政治制度、政局稳定性、政策连续性、政府管理服务水平等方面的基本条件。

政治制度是指国家政权的组织形式及与之相关的政治领域的各项制度。投资者关注的是某投资国或地区的政治制度变革及政权更迭过程中所体现的渐进性、平和性。

政局稳定性是社会稳定的重要标志，包括国内局势稳定和对外局势稳定两个方面。国内局势稳定依赖于经济和社会的稳定，其动荡也一般由政治斗争、社会动乱、重大经济问题等引发；对外局势稳定则依赖于外交的稳定，包括外交政策、边界问题等。无疑，动荡的局势势必阻碍房地产这种长期投资的资金进入。一般来说，一个地区如果政局比较稳定，经济发展势头好，很大程度上就能够吸引房地产开发商（简称"开发商"）到当地投资住宅地产，当地住宅地产的价格就会逐步攀高；如果政局动荡，甚至发生战争，显然也会对住宅地产开发投资造成不利的影响。

政策连续性主要是指一个国家或者一个地区政策制度在一定时期保持连续稳定。政策制度是政府为实现一定时期的一定目标制定的行动准则。投资者所关注的主要是经济政策和产业政策，包括国民经济发展的政策、引进外资的政策、对外开放的政策及税收政策等。

近年来，随着政府行政职能的进一步转化，政府的管理服务功能进一步加强，从而诞生了另一项评价住宅地产项目开发投资环境好坏的指标——政府管理服务水平。由于住宅地产项目开发投资中政府审批环节多、时间长，因此政府形象的好坏、政府管理能力的高低、政府服务的优劣直接关系到是否能够招商引资，是否能够吸引住宅地产项目的开发投资。

开发地区的政治环境直接关系到住宅地产项目开发投资的安全性，是开发商首先应考虑的因素之一。只有政治稳定、社会安定、致力于和平建设的地区才能确保投资的安全性，这也是经营获利的首要前提；反之，一个政局动荡、社会不安定的地区，会使投资不能得到最基本的保证，也会给投资者带来不可估量的风险。

2. 法律政策环境因素

健全的、相对稳定的法律及法规是保护投资者权利、约束投资者行为的重要保证。只有加强法治建设，才能保护投资企业在市场竞争中的平等、有序、有效。因此，加强法治建设，为投资商和开发商创造良好的法律政策环境，能够对保证投资安全和开发过程的顺利进行起到促进作用。

法律政策环境因素主要包括法律的完整性、法治的稳定性和执法的公正性三个方面。法律的完整性主要是从投资项目涉及的法律条文的覆盖上考虑的，体现为法律、法规是否齐全；法治的稳定性主要是研究法规是否变动频繁，是否有效；执法的公正性是指法律纠纷、争议仲裁过程中的客观性、公正性。

对于开发商来说，法律政策环境因素对房地产影响最大的是土地政策、房地产法律法规（包括国家和当地对于规划建设条件的规定）、房地产调控政策（包括税收政策、金融政策、限购政策、住房保障政策等），这些政策及法律法规的变化常常会导致住宅开发方向、开发重点和盈利模式的重大转变。

3. 经济环境因素

经济环境因素是影响投资决策最重要、最直接的基本因素，它对投资效率和安全性的影响极大，因此经济环境与住宅地产项目开发投资的关联性是开发商不能忽视的。经济环境因素包括的内容很多，主要有宏观经济环境、市场环境、财务环境及资源环境等方面。

（1）宏观经济环境是指一国或地区的总体经济环境，它是影响住宅地产项目开发投资的深层次的因素，也是最实质、最关键的因素之一。房地产投资开发需要预见3年、5年，甚至10年后的情况。预见的重要内容之一就是宏观经济环境。宏观经济环境分析通常要分析以下指标：该地的国民生产总值、国民收入、国民经济增长率等反映国民经济状况的指标；该地的消费总额、消费结构、居民收入、存款余额、物价指数、利率及通货膨胀水平等描述该地消费水平和消费能力的指标；反映经济周期的有关指标；等等。

（2）市场环境是指投资项目面临的市场状况，包括市场现状与未来趋势，如市场吸纳量的现状与未来估计、市场供应量的现状与未来估计、市场购买力的分布状况、同类楼盘的分布状况、竞争对手的状况、市场价格水平及其走势等方面。

（3）财务环境是指投资项目面临的资金、成本、利润、税收等环境条件，主要包括金融环境，如资金来源渠道、项目融资的可能性及融资成本；经营环境，如投资费用、项目融资的可能性及融资成本；经营环境，如投资费用、经营成本、优惠条件、同类项目的社会平均收益水平及盈利水平；等等。

（4）资源环境是指从人力资源、土地资源、原材料资源及能源角度出发研究投资环境。在住宅地产项目开发投资中，土地资源获取的难易程度及成本高低会直接影响开发商进入该地区的住宅地产市场的意愿。

4. 自然环境因素

自然环境是指投资项目所在地域的自然条件和地理位置。自然条件指投资地点所处的各种地理条件，如地质地貌、自然风光及气候等因素，尤其是其中的土地状况、环境质量、绿化等要素最为重要；地理位置指投资地点距主要公路、铁路、港口的远近等，即交通的便捷程度，这直接关系到未来住户生活方便的程度，从而影响楼盘的销售或出租。由于自然环境是投资者无法轻易改变的一种客观物质环境，具有相对不变的长久稳定的特点，同时住宅的地理位置具有固定性和不可逆的特点，因此在进行住宅地产项目开发投资时就必须重视自然环境的分析研究。

在住宅地产项目区域投资评价的各层次中，评价层次越微观，对自然环境条件评价的依赖程度就越高，其指标也越细。一个好的住宅地产开发项目，必然十分重视项目所在地的地貌特点、自然风光、气候风向等自然环境条件，充分利用其有利的一面，使项目无论是外观、结构，还是使用功能，均能与外在的自然环境协调起来。

现在，人们对生活环境的要求越来越高，也从客观上促使住宅地产项目开发投资中对自然环境因素的重视。由于当今世界日益追求生存质量，在住宅地产项目开发投资中也日益注重小区环境、绿化等，将小区环境、绿化等作为重要的卖点，因此，应该重视自然环境因素的影响。

5. 社会文化环境因素

社会文化环境是指拟投资的住宅地产项目所在地区的社会意识形态，如公民受教育程度、风俗习惯、社会心理、道德、价值观念、文化传统等。社会文化环境直接决定消费需求的形式、内容及消费结构，影响企业的生产、研究、发展、组织和管理，从而直接影响住宅地产项目的投资决策、开发和经营过程。

6. 基础设施环境因素

这里所讲的基础设施环境因素包括基础设施和公共配套设施。基础设施是指与住宅地产项目建设相配套的供水、供电、供热、燃气、通信、电视系统、道路、绿化等设施。公共配套设施包括与住宅地产项目建设相配套的停车设施、娱乐设施，以及教育、商业、餐饮等各种公共建筑。

基础设施对住宅地产项目开发投资尤为重要，方便的基础设施是住宅地产项目开发投资的重要保证。

公共配套设施对住宅地产项目开发投资也有重要的影响。近年来，住宅地产项目开发投资也越来越重视优质教育资源和地铁交通规划，学区房和地铁房成为人们的置业首选。

7. 城市人口环境因素

1）人口总量与人口增长

人口总量与住宅需求成正比。地区人口总量决定了住宅地产市场需求的最大容量。人口的增长对于住宅地产业的发展是一把双刃剑。一方面，人口快速增长，会导致该地区的恩格尔系数上升，削弱居民住房消费的支付能力，减少或延缓对住房消费的需求。同时，人口增长也加剧了资源的稀缺性，使各种资源（包括工作、受教育机会）的人均占有量下降，影响地区经济增长速度，使人均收入水平下降，从而对住宅需求和投资产生影响。人口相对减少，则作用相反。另一方面，人口的增长伴随着城市化的进程。城市人口的增长会引发住宅需求上涨，从而拉动住宅地产业的发展及房价上涨。国际经验表明，城市化程度为30%～60%，住宅地产市场将进入高速发展期。同时城市人口的增加也会促使需求的多元化，包括各种基础设施、公共配套设施的完善，旧城区的改造，城市区域的扩大，新城镇的出现等，从而激起对住宅地产开发投资的热情和新的需求。

2）人口结构

（1）人口年龄结构。区域人口年龄结构变化导致需求主体变化。不同年龄结构的购房者的支付能力，导致其对房屋面积、房型的需求及购房动机有很大的差异。这些都要求开发商在开发住宅前对目标购买者做出明确的定位。

① 婚龄人口。处于婚姻年龄段的青年人口的主要购房需求为婚姻购房。从影响产生的时间上看，由于大部分准备结婚的年轻人购房时间比结婚时间平均要提前1～2年，因此，即将到来的结婚人口数量变动对住宅地产市场需求的影响将提前1～2年产生。

② 中年人口。相对于婚龄人口，大部分中年人口有较稳定的生活来源，手中掌握一定的资金，因此，中年人口中有购房需求的人群更注重住房质量，强调房屋的舒适性、户型、装潢等，需求类型属于改善型购房。此外，近几年来，由于银行存款利率较低、股市低迷、债券市场不稳定，民间的大量闲散资金无处可投，因此不少高收入者把目光锁定在住宅地产市场，把购房作为投资方向。

③ 老龄人口。人口老龄化时代的到来，会使国民经济快速积累和发展时期缩短，使经济与社会发展需要承担较大的压力。在社会总投入不变的情况下，政府用于老年事业投入的增加，必然导致经济建设投入的相对减少，这也必然会对正常的经济发展速度产生一定的影响。一方面，由于老龄化趋势加剧，因此能与儿女同住的多居室房型的需求增加，拥有配套设施的"银色地产"需求也相应增加。另一方面，由于代代相传的生活观念影响，在未来一段时间内，老人将房屋传给已有自己住房的子女将产生房屋相对过剩、住宅价格下降等影响，因此在能够预期的时间内应充分对需求进行预测，对市场进行调整。

（2）人口户籍结构。随着城市化进程不断加快，流动人口对城镇住宅价格的影响越来越大。一般来说，流动人口与住宅需求成正相关，但流动人口增长过快也会加大人口与用地和公共设施之间的矛盾，给住宅地产业的发展带来负面影响。

3）家庭规模与结构

家庭是住房需求的最小单位，因此，家庭规模与结构是影响和决定住宅规模与结构的直接因素。受多种因素影响，现代社会的家庭规模趋于小型化。在人口总量不变的情况下，家庭规模小型化导致总户数的增加，从而导致住房总需求的增加。由于家庭人口数减少，因此中小户型住宅成为城市住宅需求的主要部分，这些都增加了住宅地产市场的发展潜力。

人是市场的主体，人口因素的动态变化会影响住宅地产市场的需求和经济生活的各个方面。通过对人口总量与人口增长、家庭规模与结构的变化进行分析，可以了解住宅地产市场的规模及容量的变化。通过对人口结构进行研究，可以明确不同消费者的需求偏好，有利于进一步对住宅地产市场进行细分，以满足各层次消费者的需求。总的来说，关注城市人口因素的变动，对于房地产企业做出正确决策，引导房地产行业良性发展具有深远影响。

8. 国土空间规划环境因素

国土空间规划环境因素主要包括城市性质、城市产业政策、城市总体规划、土地利用总体规划、社会经济发展规划、城市轨道交通规划、对外交通规划、公交快速路规划等方面的内容。国土空间规划为住宅地产开发提供了大量的信息和依据。国土空间规划是从宏观的角度来分析城市发展方向和寻求城市整体发展的最优模式，是建立在详细调查和科学论证基础之上的，对城市人口、用地规模、空间布局、功能分区及中心区位等都要进行分析和预测，其中包含大量指导性和前瞻性信息，可作为开发商的投资参考。譬如，2006年开始实施的《城市规划编制办法》中规定了中心城区规划的18项具体内容，每项内容都包含与住宅地产开发有关的信息，可为开发商确定开发方案提供依据。分区规划能够大致框定各居住区、片区、组团的用地范围和容量控制指标，因此，其指导作用更加详细具体，有利于投资者增强投资信心、明确投资方向、做出投资决策。国土空间规划确定了城市在一定时期内的发展规模和方向，也就基本确定了该区域的住宅地产供需状况。国土空间规划确定了城市用地功能分区和土地的使用性质，而不同性质用地的价格往往相差悬殊，直接影响地产价值。国土空间规划通过影响地产价值来影响住宅地产开发的效益，为开发商选择地段和发展方向提供了依据。国土空间规划一般对住宅地产空间布局、开发规模、开发强度、开发时序、开发步骤、项目环境、配套设施等都有具体安排，可为房地产开发提供直接指导和帮助。开发商只有按国土空间规划的要求进行合理开发，才能节省投资、降低成本、创建品牌，才能有好的卖点，才能开发更多、更广的物业，从而获得更多、更好的效益。

住房和城乡建设部与自然资源部以科学发展观为指导，全面落实新型城镇化的战略要求，坚持以人为本、优化布局、生态文明、传承文化的原则，按照城乡一体、全域管控、部门协作的要求，编制县（市）城乡国土空间总体规划，实现经济社会发展、城乡、土地利用规划的"三规合一"或"多规合一",逐步形成统一衔接、功能互补的规划体系。

除了对以上环境因素进行评价,对已经发生或将要发生的重大事件或政策对住宅地产项目开发投资的影响,也要有充分的了解和准确的估计。

4.1.3 住宅地产项目开发投资环境的评估方法

投资环境评估是开发商进行住宅地产项目开发活动中可行性研究的重要组成部分。投资环境评估的结论是开发商制定投资战略、选择开发地区和投资方式、确定开发的物业形式的重要依据。认真做好市场调查和投资环境评估是住宅地产项目开发投资成功的基础。

据民间机构的一项调查显示,凡是投资前对目标市场的投资环境和市场潜力做过深入调查研究的项目,大多比较成功;而那些对可行性研究敷衍了事的项目则大多以失败而告终。例如,某开发商在中国北方城市进行开发,没有考虑到当地气温影响(冬季汽车长时间停在户外会导致无法启动)而将汽车车位设于地面,从而影响到物业销售,进而导致投资回收出现问题,这就是事先对投资环境评估不够造成的后果。

投资环境评估是一项复杂的、涉及面十分广泛的工作。全面评价一个地区的投资环境,不仅要考虑经济因素和经营条件,还要认真研究政治、法律、自然资源等诸方面的因素。一般来说,并非每个企业都拥有上述所有领域的专家,这就要求评估者根据自身的条件和被评估地的情况,选择适当的评估方式,对投资环境进行科学客观的评价。

投资环境的评估方式主要有专家实地论证、问卷调查、咨询机构评估、冷热对比分析法、关键因素评估法 5 种。

1. 专家实地论证

为了解某地区的投资环境,投资者可以派遣一个专家组前往当地进行实地考察和评价。在几天或几周的考察中,专家组不仅要进行广泛的调查,还要同当地的政府官员、有关专家学者、企业家、商人等直接接触和会谈,以尽可能多地收集第一手资料。在考察结束后,专家组要提交调查报告,对被调查地区的投资环境进行较为详尽的介绍和评价。

专家组对该地区投资环境进行实地考察论证时,所获得的资料、信息的来源是影响评价结论的重要因素。准确、完整、全面的信息是专家组做出正确评估结论的基础;反之,错误、失真、残缺的信息可能将投资环境的评价引入歧途。

为了获取准确、全面的资料和信息,专家组应该广泛而直接地同该地区各行各业的人接触。这些人员主要包括:①该地区有关机构和部门的官员和工作人员;②银行等金融企业;③当地企业家;④外国企业家和商人;⑤与本公司有间接关系的人员;⑥大学教授及研究人员;⑦新闻机构和报刊;⑧顾客和潜在的顾客。

采用专家实地论证方式评估投资环境,可以增加评价者的感性认识,获得许多从官方公布的统计资料中无法获得的第一手资料,有利于对该地区投资环境做出比较客观的评价。

然而,专家组要想在很短的考察期内,对该地区的政治、经济、社会、自然条件等方面做出详尽、全面的评价是很困难的。而且,尽管要求专家组在调查中力求获取第一手资料,但事实上,他们同该地区的政治、经济、社会实际还是有相当的距离的,所得到的可能是千篇一律的介绍,这些介绍以后可能会成为他们调查报告的主要内容,由此而形成的不切实际的调查报告可能会令许多投资者做出不恰当的投资决策,甚至蒙受重大损失。

2. 问卷调查

问卷调查就是用函询的调查方式,把影响投资环境的因素及其重要程度首先编写成几个征询调查表,寄给有关的投资者、政府官员和专家,并要求其书面回答并寄回,其次用统计方法来归纳、整理调查结果,最后得出对投资环境的评估。

采用问卷调查方式评估投资环境,一般包括两方面的内容:一是对各个投资环境因素的重要性进行评估,二是评估各个投资环境因素的现状。由于投资者对各因素的重视程度各不相同,这就要求在评估投资环境时,应区别各因素的重要程度,并在问卷调查表中予以反映。

征询调查表是进行问卷调查的重要工具。征询调查表的制定要求简单明了,重点突出,用词准确,问题的数量也要适当。同时,为了使评价者全面了解情况,征询调查表一般都有前言,用以简要说明调查的目的和任务,以及评价者的回答在投资环境最终评价中的作用。

选择适当的评价者是问卷调查评价成败的关键。一般来说,评价者的选择应具备广泛的代表性,至少应包括以下 3 方面的人员:一是该地区有关部门的官员和工作人员,二是有代表性的投资者,三是有关政治、经济和法律等方面的专家学者。

最后还应对调查结果进行统计归纳和处理。其主要任务是就调查结果的倾向性和一致性做出分析。其中所谓倾向性是指大多数评价者的意见是什么,或者说评价者的主要倾向是什么,这也就是统计上所说的集中趋势。而所谓评价者意见的一致性则是指评价者的意见是否集中,集中到什么程度;这种评价者意见的离散程度,也就是统计上所说的离散趋势。

3. 咨询机构评估

投资环境评估也可以委托专门的咨询机构进行。咨询机构接受委托,以专门的知识和经验,通过调查研究取得信息,用现代科学的咨询方法,对该地区的投资环境进行评价,为委托者进行投资决策,或为制定改善投资环境的措施提供依据。

同其他研究工作一样,咨询机构的工作也有一定的程序,它大体可分为 3 个阶段。

1)评估前洽谈阶段

这一阶段从委托者提出要求开始直至签订咨询委托合同。该阶段的实施程序主要有:

①咨询机构与委托者谈判，明确了解委托者的意图和目标；②在咨询机构内组织课题组，选派知识渊博、经验丰富的通才担任课题组组长；③课题组收集信息并做事前调查，根据掌握的信息，编制评估工作计划书；④与委托者确定工作计划书，正式签订咨询委托合同。

2）评估阶段

在这一阶段，课题组要根据合同的要求，进行广泛调查，收集投资环境所涉及的各方面信息，必要时还应进行实地考察。在获取大量资料的基础上，课题组运用各种分析方法对投资环境做出分析和评价。

3）编写评估报告阶段

评估报告是咨询机构进行投资环境评估的最终成果。对它的要求，一般来说既要系统全面，又要简明扼要，以便于委托者做出投资与否的决策，或便于委托者进一步完善投资环境。

4. 冷热对比分析法

冷热对比分析法是1968年美国学者伊西阿·利特法克和彼得·班廷两人提出的投资环境评估方法。他们归纳出一个地区投资环境"冷热"（优劣）的七大因素，并从投资者的角度出发，对一些地区的投资环境进行了评价。

（1）政治稳定性。有一个由社会各阶层代表所组成的、为广大人民群众所拥护的政府。该政府能够鼓励和促进企业发展，创造出良好的适宜企业长期经营的环境。如果一个地区的政治稳定性高，该因素就是一个"热"因素。

（2）市场机会。有广大的顾客，对开发商提供的产品和服务有尚未满足的需求，且具有较大的购买力。如果一个地区的市场机会大，该因素就是一个"热"因素。

（3）经济发展与成就。一个地区所处的经济发展阶段、增长率、经济效率及稳定性等，是投资环境评估的重要方面之一。如果一个地区的经济发展快和成就大，该因素就是一个"热"因素。

（4）文化一体化。一个地区内各阶层人民的相互关系及风俗习惯、价值观念、宗教信仰等方面的差异程度，都要受到他们的传统文化的影响。如果一个地区的文化一体化的程度高，该因素就是一个"热"因素。

（5）法令阻碍。一个地区的法规繁复，法律制度不健全，并有意或无意地限制和束缚现有企业的生产经营，这将会影响今后的投资环境。如果一个地区的法令阻碍大，该因素就是一个"冷"因素。

（6）实质阻碍。一个地区的自然条件，如地形、地理位置、气候等，往往会对企业的有效经营产生阻碍。如果一个地区的实质阻碍高，该因素就是一个"冷"因素。

（7）地理和文化差异。与开发商总部所在地距离遥远，文化迥异，社会观念、风俗习惯和语言上存在着差异等，都会对相互之间的沟通和联系产生不利影响。如果一个地区的地理和文化差距大，该因素就是一个"冷"因素。

总之，当政治稳定性高、市场机会大、经济发展快和成就大、文化一体化程度高、法令阻碍小、实质阻碍小、地理和文化差距小时，这些因素就是有利于投资的"热"因素，具备这些条件的地区就被称为"热地区"；反之即为"冷地区"。一个地区的投资环境越好，开发商参与该地区投资的成分就越多；相反，一个地区的投资环境越差，开发商参与该地区投资的成分就越少。

上述七大因素又可分为若干个因素，可以对这些子因素做进一步的"冷热"对比分析。冷热对比示例见表4-2。

表4-2 冷热对比示例

地名	因素	政治稳定性	市场机会	经济发展与成就	文化一体化	法令阻碍	实质阻碍	地理和文化差距
A	热	大	大	大	中	小	中	小
B	热	大	中	中	大	小	小	小
C	热	大	大	大	大	中	小	中
D	热	大	大	大	大	大	中	大
E	冷	小	中	中	中	小	中	大
F	冷	小	中	中	中	中	大	大
G	冷	小	中	小	中	大	大	大
H	冷	小	中	中	小	中	大	大
I	冷	中	中	小	中	大	大	大
J	冷	小	小	小	中	大	大	大

冷热对比分析法是最早的一种投资环境评估方法。虽然在因素的选择及其评判上有些笼统和粗糙，但它为投资环境评估提供了可以利用的框架，为后续投资环境评估方法的形成和完善奠定了基础。同时，冷热对比分析法的结论也是投资者制定投资战略、选择投资区位的重要依据。

5. 关键因素评估法

在1987年召开的"中国投资环境比较研究"研讨会上，香港中文大学的闵建蜀教授在罗氏等级尺度法的基础上，提出了一种多因素评估法。他将投资环境因素分为11类，即政治环境、经济环境、财务环境、市场环境、基础设施、技术条件、辅助工业、法律制度、行政机构效率、文化环境、竞争环境。每类因素又由一系列子因素构成，如政治环境包括政治稳定性、国有化可能性、当地政府的外资政策，具体见表4-3。

表 4-3 多因素评估法

序号	影响因素	子因素
1	政治环境	①政治稳定性；②国有化可能性；③当地政府的外资政策
2	经济环境	①经济增长；②物价水平
3	财务环境	①资本和利润汇出；②汇率；③集资和借款的可能性
4	市场环境	①市场规模；②分销网点；③营销辅助机构；④地理位置
5	基础设施	①国际通信设备；②交通与运输；③外部经济
6	技术条件	①科技水平；②合适的劳动力；③专业人才的供应
7	辅助工业	①辅助工业的发展水平；②辅助工业的配套情况
8	法律制度	①各项法律是否健全；②法律是否得到很好的执行
9	行政机构效率	①机构的设置；②办事效率；③工作人员的素质
10	文化环境	①当地社会是否接纳外国公司及对其的信任与合作程度；②外国公司是否适应当地社会风俗
11	竞争环境	①当地竞争对手的强弱；②同类产品进口配额在当地市场所占份额

在具体评估该地区投资环境时，首先对各类因素的子因素做出综合评价；其次据此对该类因素做出优、良、中、可、差的判断；最后在此基础上计算该地区投资环境的总分数。其计算公式如下。

$$G = \sum_{i=1}^{n} W_i(5A_i + 4B_i + 3C_i + 2D_i + E_i) \tag{4-1}$$

式中，　　G——投资环境总分数；

W_i——第 i 类因素的权重；

A_i、B_i、C_i、D_i、E_i——第 i 类因素被评为优、良、中、可、差的百分比。

投资环境总分数的取值为 11～55，越接近 55，说明投资环境越佳；反之，越接近 11，说明投资环境越差。

由于多因素评估法侧重于对该地区投资环境做一般性的评价，较少考虑具体项目的投资动机，因此，闵建蜀教授又提出了一种与此相配套的关键因素评估法。该方法是从具体投资项目的动机出发，从影响投资环境的众多因素中首先找出影响投资动机实现的关键因素，然后根据这些因素对投资环境做出评估。

关键因素评估法把外商投资的动机划分为 6 种：①降低成本；②开拓当地市场；③获得原材料和元件的供应；④分散风险；⑤追随竞争者；⑥获得当地的生产和管理技术。每种投资动机又包含若干影响投资环境的关键因素，具体见表 4-4。根据挑选出的关键因素，并采用前述的计算总分的方法来评估投资环境。

表 4-4　关键因素评估法

投资动机	影响投资环境的关键因素
降低成本	①适合当地工资水平的劳动生产率；②土地费用；③原材料及元件价格；④运输成本
开拓当地市场	①市场规模；②营销辅助机构；③文化环境；④地理位置；⑤运输条件；⑥通信条件
获得原材料和元件的供应	①资源；②当地货币汇率的变化；③当地的通货膨胀率；④运输条件
分散风险	①政治稳定性；②国有化可能性；③货币汇率；④通货膨胀率
追随竞争者	①市场规模；②地理位置；③营销辅助机构；④法律制度等
获得当地的生产和管理技术	①科技发展水平；②劳动生产率

观察与思考

你所在城市的住宅开发投资环境如何？

2020 年房地产市场运行分析及 2021 年展望

4.2　住宅地产市场分析

住宅地产市场分析应在住宅地产项目开发投资环境分析的基础上进行，主要是对住宅的供求状况，如供给量、有效需求量、空置量和空置率等进行分析。其中供给量分析包括对已完成的项目、在建的项目、已审批立项的项目、潜在的竞争项目的分析及预计它们投入市场的时间。

4.2.1　住宅地产市场供求分析

住宅地产市场供求分析一般从以下几个方面进行。

1. 供给分析

（1）调查住宅地产市场当前的存量、过去的走势和未来可能的供给。具体内容包括调查相关住宅类型的存量、在建数量、计划开工数量、已获规划许可数量、改变用途数量、拆除量等及估计短期新增供给数量。

（2）分析当前城市规划及其可能的变化和土地利用、交通、基本建设投资等计划。

（3）分析住宅地产市场的商业周期和建造周期循环运动情况，分析未来相关市场区域内供求之间的数量差异。

2. 需求分析

（1）需求预测。详细分析住宅项目所在市场区域内就业、人口、家庭规模与结构、家庭收入等，预测对拟开发住宅类型的市场需求。具体内容包括就业分析、人口和家庭分析、家庭收入分析。

（2）分析规划和建设中的主要住宅项目。对规划中的住宅项目需分析其用途、投资者、所在区县名称、位置、占地面积、容积率、建筑面积和项目当前状态等；对正在建设中的住宅项目需分析其用途、项目名称、位置、预计完工日期、建筑面积、售价和开发商名称等。

（3）吸纳率分析。就每个相关的细分市场进行需求预测，以估计市场吸纳的价格和质量。具体内容包括市场吸纳和空置的现状与趋势分析，预估市场吸纳计划或相应时间周期内的需求。

（4）市场购买者的产品功能需求分析。具体内容包括购买者的职业、年龄、受教育程度、现居住或工作地点的区位分布分析，以及投资购买和使用购买的比例分析。

3. 竞争分析

（1）列出竞争性项目的功能和特点。具体内容包括描述已建成或正在建设中的竞争性项目（包括价格、数量、建造年代、空置、竞争特点），描述计划建设中的竞争性项目，对竞争性项目进行评价。

（2）进行市场细分，明确拟建项目的目标使用者。具体内容包括根据目标使用者的状态（年龄、性别、职业、收入）、行为（生活方式、预期、消费模式）、地理分布（需求的区位分布及流动性）等因素进行市场细分，按各细分市场结果，分析对竞争项目功能和特点的需求状况，指出拟建项目应具备的特色。

4. 市场占有率分析

（1）基于竞争分析的结果，按各细分市场，估算市场供给总吸纳量、吸纳速度及拟开发项目的市场份额，明确拟开发项目吸引顾客或使用者的竞争优势。具体内容包括估计项目的市场占有率，在充分考虑拟开发项目优势的条件下进一步确认其市场占有率，简述主要的市场特征，估算项目吸纳量［项目吸纳量等于市场供求缺口（未满足需求量）和拟开发项目市场占有率的乘积］。

（2）得出市场占有率分析结果。要求计算出项目的市场占有率、拟建项目销售或出租进度、价格和销售期，并提出有利于增加市场占有率的建议。

4.2.2 住宅地产市场相关因素分析

当把握了总体背景情况后，投资者就可以针对某一具体开发投资类型和地点进行更为详尽的分析。从住宅地产开发的角度来看，市场分析最终要落实到对某一具体的物业类型和开发项目所处地区的住宅地产市场状况的分析。应该注意的是，由于不同类型和规模的住宅地产项目开发投资所面对的市场范围有所差异，因此市场分析的方式和内容也有很大的差别。开发住宅地产项目需要就以下问题进行详细的分析：项目所处的位置、周围环境及与城市中心商业区的关系；项目用地的工程地质资料；附近地区土地利用及城市规划控制指标，城市建设规划管理的有关定额指标（如控制高度、容积率、用途、绿地率、建筑覆盖率、内外交通组织、建筑防火、停车场车位数等）；未来用户的需求信息；同类竞争性发展项目的信息，政府对此发展项目的态度；项目周围市政基础设施、配套设施的供应能力；项目的成本、价格、租金、空置率、市场吸纳能力；金融信息，如各类贷款获取的可能性、贷款利率、贷款期限和偿还方式；等等。

4.3 住宅地产项目开发经营方案

4.3.1 住宅地产项目区位的分析与选择

住宅地产项目的区位分析与选择，包括地域的分析与选择和具体地点的分析与选择。地域的分析与选择是战略性选择，是对项目宏观区位条件的分析与选择，主要考虑项目所在地区的政治、法律、经济、文化教育、自然条件等因素。具体地点的分析与选择，是对住宅项目坐落地点和周围环境、基础设施条件的分析与选择，主要考虑项目所在地点的交通、城市规划、土地取得代价、拆迁安置难度、基础设施完备程度，以及地质、水文、噪声、空气污染等因素。

4.3.2 住宅地产项目开发内容和规模的分析与选择

住宅地产项目开发内容和规模的分析与选择，应在符合国土空间规划的前提下按照最高最佳利用（最高最佳利用是指法律上允许、技术上可能、财务上可行，经过充分合理的论证，能够带来最高收益的利用）原则，选择最佳的用途和最合适的开发规模，包括建筑总面积、建设和装修档次、平面布置等。此外，还可考虑仅将生地或毛地开发成为可进行房屋建设的熟地后租售的情况。

4.3.3 住宅地产项目开发时机的分析与选择

住宅地产项目开发时机的分析与选择，应考虑开发完成后的市场前景，再倒推出应获取开发场地和开始建设的时机，并充分估计办理前期手续和征地拆迁的难度等因素对开发进度的影响。大型住宅地产项目可考虑分期分批开发(滚动开发)。

4.3.4 住宅地产项目开发合作方式的分析与选择

住宅地产项目开发合作方式的分析与选择，主要应考虑开发商自身在土地、资金、开发经营专长、经验和社会关系等方面的实力或优势程度，并从分散风险的角度出发，对独资、合资、合作(包括合建)、委托开发等开发合作方式进行选择。

4.3.5 住宅地产项目开发融资方式与资金结构的分析与选择

住宅地产项目融资方式与资金结构的分析与选择，主要是结合项目开发合作方式设计资金结构，确定合作各方在项目资本金中所占的份额，并通过分析可能的资金来源和经营方式，对项目所需的短期和长期资金的筹措做出合理的安排。

4.3.6 住宅地产项目产品经营方式的分析与选择

住宅地产项目经营方式的分析与选择，主要是考虑近期利益和长远利益的兼顾、资金压力、自身的经营能力及市场的接受程度等，对出售(包括预售)、出租(包括预租、短租或长租)、自营等经营方式进行选择。

4.3.7 住宅地产项目开发评价方案构造

构造评价方案，就是在项目策划的基础上，构造出可供评价比较的具体开发经营方案。住宅地产项目是否分期进行及如何分期、住宅地产项目拟建设的住宅类型及不同住宅类型的比例关系、建筑面积的规模和档次、合作方式与合作条件、拟投入资本金的数量和在总投资中的比例、租售与自营的选择及各自在总建筑面积中的比例等，都需要在具体的评价方案中加以明确。

如果允许上述影响评价方案构造的因素任意组合，则会出现非常多的备选方案。在实际操作过程中，通常考虑开发项目是否分期及其开发经营方式，有时还会考虑住宅类型的匹配结构，构造2~4个基本评价方案。对于其他因素的影响规律，则可以通过敏感性分析来把握。某住宅地产项目开发评价方案构造结果见表4-5。

表 4-5 某住宅地产项目开发评价方案构造结果

是否分期开发	建设内容与经营方式	
	高层住宅（销售）	住宅底商（出租）
不分期	评价方案一	评价方案三
分两期	评价方案二	评价方案四

4.4 住宅地产项目开发投资估算

4.4.1 住宅地产项目开发投资与总成本费用估算

1. 住宅地产项目开发投资与总成本费用的相关概念

1）住宅地产项目开发投资特点

住宅地产项目开发完成后有 3 种经营模式：出售、出租和自营。

对于开发后出售、出租模式下的住宅地产项目而言，开发商所投入的建设资金均属于流动资金性质，其投资的大部分是通过形成建筑物等以固定资产形式存在的住宅商品，并通过项目建设过程中的租售活动，转让这些固定资产的所有权或使用权以收回投资。开发投资的过程中，开发商本身所形成的固定资产大多数情况下很少甚至为零，基本上所有的投资均一次性地转移到住宅产品的开发成本中去了，因此住宅地产项目的开发总投资基本就等于住宅地产项目的总成本费用。

2）住宅地产项目开发总投资

住宅地产项目开发总投资包括开发建设投资和经营资金两部分。

（1）开发建设投资是指开发期内完成住宅产品开发建设所需投入的各项成本费用，包括土地费用、前期工程费、基础设施建设费、建筑安装工程费、公共配套设施建设费、管理费用、财务费用、销售费用、开发期税费、其他费用及不可预见费等。

开发建设投资在建设过程中形成以出售和出租为目的的开发产品成本和以自营为目的的固定资产及其他资产，应注意开发建设投资在开发产品成本与固定资产和其他资产之间的合理分配。

（2）经营资金是指房地产开发商用于日常经营周转的资金。

3）开发产品成本

开发产品成本是指开发商在开发过程中所发生的各项费用，也就是当开发项目产品建成时，按国家有关会计制度和财务制度规定转入的住宅产品的开发建设投资。当住宅地产项目开发有多种产品时，可以通过开发建设投资的合理分摊分别估计各种产品的成本费用。

从财务角度，这些成本可按用途分为土地开发成本、房屋开发成本、配套设施开发成本等。在核算上，这些成本又可划分为开发直接费（包括土地费用、前期工程费、基础设施建设费、建筑安装工程费、公共配套设施建设费）和开发间接费（包括管理费用、财务费用、销售费用、开发期税费、其他费用及不可预见费等）。此外，这些成本还可按开发成本（包括土地费用、前期工程费、基础设施建设费、建筑安装工程费、公共配套设施建设费、其他费用、开发期税费、不可预见费）和开发费用（包括管理费用、财务费用、销售费用）进行分类。开发成本无论怎么分，从本质上看都是一致的。

【例4-1】某开发商在杭州开发一个住宅地产项目，总建筑面积为87 300平方米，其中住宅72 000平方米，商铺5 300平方米，会所10 000平方米。住宅全部销售，商铺用于出租，会所由该开发商自己经营。该项目总投资80 800万元，其中开发建设投资80 650万元，由开发产品成本75 650万元和自营固定资产（会所）5 000万元组成。会所投入运营时需投入经营资金150万元，在项目结束时（预计38年后）一次收回。如果项目只有租售部分，无自营部分，那么其总投资就只有75 650万元，不包括自营固定资产（会所）的5 000万元和经营资金150万元。

2. 住宅地产项目开发总成本费用估算

住宅地产项目开发总成本费用估算的范围，包括土地费用、房屋开发费（是指建设成本中的土地开发成本和建筑物建设成本之和，具体包含前期工程费、基础设施建设费、建筑安装工程费和公共配套设施建设费）、开发间接费（包括管理费用、财务费用、销售费用、其他费用、开发期税费、不可预见费等）。各项费用的构成复杂、变化因素多、不确定性大，尤其是由于不同建设项目类型的特点不同，其费用构成有较大的差异。

1）土地费用

土地费用是指取得开发项目用地所发生的费用。开发项目取得土地使用权有多种方式，所发生的费用各不相同，主要有以下几种：划拨土地的征收补偿费、出让土地的土地出让价款、转让土地的土地转让费、租用土地的土地租用费、股东投资入股土地的土地投资折价。

（1）征收补偿费。征收补偿费包含农村集体土地征收补偿费用和城市国有土地上房屋征收补偿费用两种情况。

① 农村集体土地征收补偿费用。征收农村集体土地的土地取得成本有5项：建设用地使用权出让金，城市基础设施建设费，地上物拆除、渣土清运和场地平整费，土地征收补偿费及相关税费。具体见表4-6。

表 4-6 征收农村集体土地的土地取得成本一览表

序号	项目	
1	建设用地使用权出让金	
2	城市基础设施建设费	
3	地上物拆除、渣土清运和场地平整费	
4	土地征收补偿费	4.1 土地补偿费
		4.2 安置补助费
		4.3 地上附着物和青苗补偿费
		4.4 安排被征地农民的社会保障费用
5	相关税费	5.1 新菜地开发建设基金（征收城市郊区菜地才有）
		5.2 耕地开垦费（占用耕地才有）
		5.3 耕地占用税（占用耕地才有）
		5.4 征地管理费
		5.5 政府规定的其他有关费用（防洪费、南水北调费等）

② 城市国有土地上房屋征收补偿费用。征收城市国有土地上房屋的土地取得成本也有 5 项：建设用地使用权出让金，城市基础设施建设费，地上物拆除、渣土清运和场地平整费，房屋征收补偿费及相关费用。具体见表 4-7。

表 4-7 征收城市国有土地上房屋的土地取得成本一览表

序号	项目	
1	建设用地使用权出让金	
2	城市基础设施建设费	
3	地上物拆除、渣土清运和场地平整费	
4	房屋征收补偿费	4.1 被征收房屋补偿费
		4.2 搬迁费
		4.3 临时安置费（货币补偿方式的没有此项）
		4.4 停产停业损失补偿费（非住宅）
		4.5 补助和奖励
5	相关费用	5.1 房屋征收评估费
		5.2 房屋征收服务费
		5.3 政府规定的其他有关费用

（2）土地出让价款（相当于市场购买下的土地取得成本）。土地出让价款是国家以土地所有者的身份，将土地使用权在一定年限内让与土地使用者，并由土地使用者向国家支付的土地使用权出让价款。以出让方式取得熟地土地使用权时，土地出让价款由国有土地使用权出让金、土地开发成本和土地增值收益或溢价构成，政府出让土地时的底价通常以出让金和土地开发成本为基础确定，土地增值收益或溢价为开发商在土地出让市场竞买时所形成的交易价格与出让底价的差值；以出让方式获得城市毛地土地使用权时，土地出让

价款由土地使用权出让金和城市建设配套费（即城市基础设施建设费，也称大配套费）构成，获得此类土地使用权的开发商，需要进行房屋征收补偿和土地开发活动，并支付相应的城市国有土地上房屋征收补偿费用。

土地出让价款的数额由土地所在城市、地区、地段、土地用途、使用条件及房地产市场状况等多方面因素决定。由于各地已经普遍采用招标、拍卖、挂牌方式公开出让国有土地使用权，因此土地出让价款可以运用市场比较法，通过类似土地交易价格的比较调整来获得。对于缺少市场交易价格的区域或土地类型，可以参照相关城市制定的基准地价或标定地价，并在基准地价或标定地价的基础上加以适当调整确定。

此外，政府在出让经营性用地的国有土地使用权时，往往还附加一些受让条件，如配建一定比例的公共住房（包括经济适用住房、公共租赁住房、限价商品住房和廉租住房等）或其他配套用房或设施，对这种配建的房屋或设施，政府可能以事先规定的价格回购，或者由开发商无偿提供给政府或相关单位。此时开发商除了要支付土地出让价款，还要分担配建房屋的部分或全部成本。这部分附加成本虽然可计入后续的房屋开发费，但实际上属于开发商的土地费用支出。

（3）土地转让费（相当于市场购买下的土地取得成本，等于土地使用权购买价格与土地取得税费之和）。土地转让费是指土地受让方向土地转让方支付的土地使用权的转让费。依法通过土地出让或转让方式取得的土地使用权在一定条件下可以转让给其他合法使用者。土地使用权转让时，地上建筑物及其他附着物的所有权随之转让。由于土地转让活动通常以转让公司股权的方式进行，被转让的土地上往往也已经进行了一定程度的开发建设活动，因此土地转让费的估算相对复杂，通常需要房地产或土地专业估价人员协助。

（4）土地租用费。土地租用费是指土地租用方向土地出租方支付的费用。以租用方式取得土地使用权可以减少项目开发的初期投资，但仅在部分工业开发项目和公共租赁住房项目用地上有少量实践，在竞争性较为激烈的商品房项目开发中极为少见。

（5）土地投资折价（相当于市场购买下的土地取得成本）。开发项目的土地使用权可以来自开发项目的一个或多个投资者的直接投资。在这种情况下，不需要筹集现金用于支付土地使用权的获取费用，但一般需要将土地使用权评估作价。

应当注意的是，土地费用除了包括上述直接费用，还应包括在土地购置过程中所支付的税金和相关费用。例如，开发商通过招拍挂方式获取土地使用权时，需要按照土地交易价格的3%缴纳契税；开发商在参与土地出让招拍挂竞投时，需要支付前期市场及竞投方案分析研究费用、竞投保证金利息、手续费用等土地竞投费用。

2）房屋开发费

（1）前期工程费。前期工程费主要包括开发项目的前期规划、设计、可行性研究、水文地质勘测所需的费用及"三通一平"等土地开发费用。

① 开发项目的前期规划、设计、可行性研究、水文地质勘测所需的费用一般可按与项目总投资的百分比估算。一般情况下，前期规划及设计费为建筑安装工程费的3%左右，

可行性研究费占项目总投资的 0.1%～0.3%，水文地质勘测费可根据所需工作量结合有关收费标准估算，一般为设计概算的 0.5% 左右。

② "三通一平"等土地开发费用，主要包括地上原有建筑物、构筑物拆除费用，场地平整费用和通水、电、路的费用。这些费用可根据实际工作量，参照有关计费标准估算，一般为设计概算的 0.35%。但要注意如果是熟地，则"三通一平"等土地开发费用已包含在土地费用中，在此不能重复计算。

（2）基础设施建设费。基础设施建设费又称红线内外工程费，是指建筑物 2 米以外和小区规划红线以内的各种管线和道路等工程的费用，主要包括供水、供电、供气、道路、绿化、排污、排洪、通信、环卫等设施的建设费用，以及各项设施与市政设施干线、干管和干道的接口费用，属于土地开发成本（这属于小配套费，与大配套费相对）。

基础设施建设费通常采用单位指标估算法来计算。粗略估算时，各项基础设施工程均可按建筑平方米或用地平方米造价计算。

（3）建筑安装工程费。建筑安装工程费是指直接用于工程建设的总成本费用，主要包括建筑工程费（结构、建筑、特殊装修工程费）、设备及安装工程费（给排水、电气照明、电梯、空调、煤气管道、消防、防雷、弱电等设备及安装）、室内装修工程费用等。

在可行性研究阶段，建筑安装工程费的估算可以采用单元估算法、单位指标估算法、工程量近似匡算法、概算指标估算法等，也可根据类似工程经验估算。

当住宅地产项目包括多个单项工程时，应分别估算各个单项工程的建筑安装工程费。

（4）公共配套设施建设费。公共配套设施建设费是指居住小区内为居民服务配套建设的各种非营业性的公共配套设施（又称公共建筑设施）的建设费用，主要包括居委会、派出所、托儿所、幼儿园、公共厕所、停车场等的建设费用。一般应按规划指标和实际工程量估算。

（5）房屋开发费的估算。房屋开发费中各项费用的估算，可以采用单元估算法、单位指标估算法、工程量近似匡算法、概算指标估算法等，也可以根据类似工程经验进行估算。具体估算方法的选择，应视资料的可获得性和费用支出的情况而定。

① 单元估算法。单元估算法是指以基本建设单元的综合投资乘以单元数得到项目或单项工程总投资的估算方法。如以每间客房的综合投资乘以客房数估算一座酒店的总投资、以每张病床的综合投资乘以病床数估算一座医院的总投资等。

② 单位指标估算法。单位指标估算法是指以单位工程量投资乘以工程量得到单项工程投资的估算方法。一般来说，土建工程、给排水工程、照明工程按建筑平方米造价计算，采暖工程按耗热量（千瓦/小时）指标计算，变配电安装按设备容量（千伏·安）指标计算，集中空调安装按冷负荷量（千瓦/小时）指标计算，供热锅炉安装按每小时产生蒸汽量（立方米/小时）指标计算，各类围墙、室外管线工程按长度（米）指标计算，室外道路按道路面积（平方米）指标计算等。

③ 工程量近似匡算法。工程量近似匡算法采用与工程概预算类似的方法，先近似匡

算工程量,再配上相应的概预算定额单价和取费,近似计算项目投资。

④ 概算指标估算法。概算指标估算法是指采用综合的单位建筑面积或单位建筑体积等建筑工程概算指标计算整个工程费用的估算方法。常使用的估算公式是

$$直接费 = 每平方米造价指标 \times 建筑面积 \quad (4-2)$$

$$主要材料消耗量 = 每平方米材料消耗量指标 \times 建筑面积 \quad (4-3)$$

3)开发间接费

开发间接费是指开发商所属独立核算单位在开发现场组织管理所发生的各项费用,包括工资、福利费、折旧费、修理费、办公费、水电费、劳动保护费、周转房摊销和其他费用等。当开发商不设立现场机构,而由开发商定期或不定期派人到开发现场组织开发建设活动时,所发生的费用可直接计入开发商的管理费用。

(1)管理费用。管理费用是指开发商行政管理部门为组织和管理住宅地产项目的开发经营活动而发生的各种费用,主要包括管理人员工资、工会经费、业务接待费、职工教育经费、劳动保险费、待业保险费、董事会费、咨询费、审计费、诉讼费、房产税、土地使用税(企业管理用房)、车船使用费、技术开发费、无形资产摊销、开办费摊销等各种费用。

管理费用可以项目投资或直接费用为基数,取百分比计算。所取百分比一般为 3%。

(2)财务费用。财务费用是指开发商为筹集资金而发生的各项费用,主要包括借款和债券的利息、金融机构手续费、保险费、融资代理费、外汇汇兑净损失及企业为项目筹资发生的其他财务费用。

长期借款利息、流动资金借款利息的计算详见 4.4.3 节。利息外的财务费用可按利息的 10% 估算。

(3)销售费用。销售费用是指开发商在销售住宅产品过程中发生的各项费用及专设销售机构或委托销售代理的各项费用,主要包括以下 3 项。

① 广告宣传及市场推广费,为销售收入的 2%~3%(住宅较高、写字楼较低)。

② 销售代理费,为销售收入的 1.5%~2%。

③ 其他销售费用,为销售收入的 0.5%~1%。

以上各项合计,销售费用占销售收入的 4%~6%。

(4)开发期税费。住宅地产项目开发投资估算应考虑项目在开发过程中所负担的各种税金和地方政府或有关部门征收的费用。在一些大中城市,这部分税费已成为开发建设项目投资构成中占较大比重的费用。各项税费应当根据当地有关法规标准估算。以广州为例,这些税费一般包括:①配套设施建设费(按小区建筑安装工程造价的 5.5% 计收,按单体建筑安装工程造价的 11% 计收);②固定资产投资方向调节税(目前暂停征收);③土地使用税;④建筑工程质量安全监督费(已免征);⑤供水增容费(已免征);⑥供电增容费(已免征);⑦物业维修基金(按建筑工程造价的 5%~8% 计收,各地标准各异,用于出租的物业由开发商交,用于出售的物业由买家交);⑧其他。

（5）其他费用。其他费用主要包括临时用地费、临时建设费、工程造价咨询费、总承包管理费、合同公证费、施工执照费、工程监理费、竣工图编制费、工程保险费等。这些费用按当地有关部门规定的费率估算，一般占投资额的2%～3%。

（6）不可预见费。不可预见费包括备用金（不含工料价格上涨备用金）、不可预见的基础或其他附加工程增加的费用、不可预见的自然灾害增加的费用。它依据项目的复杂程度和前述各项费用估算的准确程度，以上述各项费用之和为基数，按3%～5%计算。

（7）如果是开发项目完成后出租或自营的项目，还应估算下列费用。

① 运营费用。运营费用是指住宅地产项目开发完成后，在项目经营期间发生的各种运营费用，主要包括管理费用、销售费用等。

② 修理费用。修理费用是指以出租或自营方式获得收益的住宅地产项目在经营期间发生的物料消耗和维修费用。

4.4.2 住宅地产项目收入与税金估算

1. 收入估算

住宅地产项目应在项目策划方案的基础上，制订出切实可行的住宅产品的出售、出租、自营等计划（以下简称"租售计划"），并通过该租售计划，正确地估算出住宅地产项目可能的收入。租售计划应与开发商的营销策略相结合，同时还应遵守各级政府有关住宅租售方面的限制条件和规定。

1）制订住宅地产项目租售计划

住宅地产项目租售计划一般包括可供租售的住宅类型及数量、租售价格、收款方式等内容。

（1）在确定可供租售的住宅类型及数量时，首先应确定住宅地产项目可以提供的住宅类型及数量，然后根据市场条件，确定开发项目在整个租售期内每期（年、半年或季度，以下同）拟租售的住宅类型及数量。

（2）在确定租售价格时，应在市场调查与预测的基础上，结合住宅地产项目的具体情况，通过市场交易信息的分析与比较来完成。根据住宅地产项目的特点，选择在位置、功能、规划、档次上可比的交易实例，通过对交易价格的分析与修正，得到拟开发住宅地产项目的租售价格。所确定的租售价格应与开发商的营销策略中的价格相一致，在考虑政治、经济、社会等宏观环境因素对住宅地产项目租售价格所造成的影响的同时，还应对住宅地产市场的供求关系进行分析。特别应注意已建成的、正在建设的及潜在的竞争性住宅地产项目对拟开发住宅地产项目租售价格的影响。

（3）在确定收款方式时，应考虑住宅交易的付款习惯和惯例。当分期付款时，应注意分期付款的期数与分期付款的比例。在制订租售计划时，应特别注意可租售面积比例的变化对租售收入的影响。

2）住宅地产项目租售收入估算

租售收入估算是要计算出每期所能获得的收入，主要包括土地转让收入、商品房销售收入、出租房租金收入、配套设施销售收入和开发商自营收入等。

（1）住宅地产项目的出租、出售收入，一般为可租售的项目建筑面积的数量与单位租售价格的乘积。对于出租的情况，应注意空置期（项目竣工后暂未租出的时间）和空置率（未出租建筑面积占可出租总建筑面积的百分比）对各期租金收入的影响。同时还应考虑经营期未出租项目的转售收入。

（2）住宅地产项目的自营收入，是指开发商以开发完成后的住宅地产项目为其进行商业和服务业等经营活动的载体，通过综合性的自营方式得到的收入。在进行自营收入的估算时，应充分考虑目前已有的商业和服务业设施对拟开发住宅地产项目建成后所产生的影响，未来商业和服务业设施对拟开发住宅地产项目建成后所产生的影响，以及未来商业和服务业市场可能发生的变化对拟开发住宅地产项目的影响。

2. 税金估算

1）经营税金及附加估算

经营税金及附加是指住宅出售、出租与自营过程中发生的税费，主要包括增值税、城市维护建设税、教育费附加（即通常所说的"两税一费"）。

其具体估算如下。

（1）增值税。对住宅地产项目开发投资而言，增值税是从纳税住宅出售或出租收入中征收的一种税。一般纳税人采取预收款方式销售自行开发的房地产项目，应在收到预收款时按照3%的预征率预缴增值税。应预缴增值税计算公式如下。

$$应预缴增值税 = 预收款 \div (1+ 适用税率或征收率) \times 3\% \tag{4-4}$$

目前一般计税按照9%的适用税率计算，简易计税方式按照5%的征收率计算。一般纳税人应在取得预收款的次月纳税申报期向主管税务机关预缴税款。投资估算阶段增值税按照预缴税款进行估算。

目前我国的增值税税率是5%。

（2）城市维护建设税。城市维护建设税是以纳税人实际缴纳的增值税、消费税为计税依据，专门用于城市建设、维护而征收的一种税。对开发商而言，城市维护建设税的计税依据是其实际缴纳的增值税。城市维护建设税的税率因纳税人所在的地区而有所差异：纳税人所在地为市区的，税率为7%；纳税人所在地为县城、镇的，税率为5%；纳税人所在地不在市区、县城或者镇的，税率为1%。

（3）教育费附加。教育费附加是国家为发展教育事业、筹集教育经费而征收的一种附加费，其计费依据与城市维护建设税相同。对开发商而言，教育费附加的计费依据是其实际缴纳的增值税。教育费附加的税率一般为3%。

2）土地使用税估算

土地使用税是开发商在开发经营过程中占有国有土地应缴纳的一种税。计税依据是纳税人实际占有的土地面积。采用分类分级别的幅度定额税率，每平方米的年幅度税额按城市大小分为 4 个档次，具体规定如下。

（1）大城市：1.5～30 元。

（2）中等城市：1.2～24 元。

（3）小城市：0.9～18 元。

（4）县城、建制镇、工矿区：0.6～12 元。

土地使用税的计算公式为

$$年应纳土地使用税 = 应纳税土地面积（平方米）\times 税率 \tag{4-5}$$

3）房产税估算

房产税是投资者拥有住宅时应缴纳的一种财产税。对于出租的住宅，以住宅租金收入为计税依据。对于非出租的住宅，以住宅原值一次扣除 10%～30% 后的余额为计税依据计算缴纳。具体减除幅度由省、自治区、直辖市人民政府确定。

房产税采用比例税率，按住宅余值计征的，税率为 1.2%；按住宅租金收入计征的，税率为 12%。

4）土地增值税估算

（1）基本计算规定。土地增值税按照纳税人转让住宅所取得的增值额和规定的税率计算征收。其计算公式为

$$增值额 = 转让住宅所取得的收入 - 扣除项目金额 \tag{4-6}$$

$$增值率 = 增值额 \div 扣除项目金额 \times 100\% \tag{4-7}$$

$$应纳税款 = 增值额 \times 税率 - 扣除项目金额 \times 速算扣除系数 \tag{4-8}$$

（2）土地增值税的扣除项目。计算土地增值税应纳税额，并不是直接对转让住宅所得的收入征税，而是对收入额减除国家规定的各项扣除项目金额后的余额计算征税。这个余额就是纳税人在转让住宅中获取的增值额。

扣除项目包括以下费用。

① 取得土地使用权所支付的地价款和相应的手续费。

② 住宅地产项目开发成本，包括土地征用拆迁补偿费、前期工程费、基础设施建设费、建筑安装工程费、公共配套设施建设费、开发间接费等。

③ 住宅地产项目开发费用，包括管理费用、财务费用、销售费用。

在计算土地增值税时，上述三项费用并不按纳税人住宅地产项目开发实际发生的费用进行扣除。具体扣除时，还要看财务费用中的利息支出是否能够按转让住宅地产项目计算分摊并提供金融机构的证明。

如果是，则财务费用中的利息支出允许据实扣除，但最高不能超过商业银行同期贷款利率计算的金额，而其他住宅地产项目开发费用则按照第①、②项计算金额之和的 5% 以内计算扣除。

如果否，则凡不能按转让住宅地产项目计算分摊利息支出或不能提供金融机构证明

的，则整个住宅地产项目开发费用都按上面第①、②项计算金额之和的 10% 以内计算扣除。

④ 旧房或建筑物的评估价格。转让旧有住宅时，应按旧房或建筑物的评估价格计算扣除项目金额。

⑤ 与转让住宅有关的税金，包括增值税、城乡维护建设税、教育费附加、印花税等。

⑥ 财政部规定的其他扣除项目。如加计扣除，对从事房地产开发的纳税人，可按取得土地使用权所支付的金额与房地产开发成本之和加计 20% 的扣除。

（3）土地增值税的税率。土地增值税实行四级超率累进税率：增值额未超过扣除项目金额 50% 的部分，税率为 30%，速算扣除系数为 0；增值额超过扣除项目金额 50%、未超过扣除项目金额 100% 的部分，税率为 40%，速算扣除系数为 5%；增值额超过扣除项目金额 100%、未超过扣除项目金额 200% 的部分，税率为 50%，速算扣除系数为 15%；增值额超过扣除项目金额 200% 的部分，税率为 60%，速算扣除系数为 35%。

（4）土地增值税的免税规定。有以下情形之一者，免征土地增值税。

① 纳税人建筑以普通标准住宅出售，增值额未超过扣除项目金额的 20%。

② 因国家建设需要征收的住宅。

在实际工作中，除普通标准住宅不实行预征外，对其他各类商品房均实行预征。普通标准住宅是指由政府指定的开发商开发、按照当地政府部门规定的建筑标准建造、建成后的商品房实行国家定价或限价、为解决住房困难户住房困难、由政府指定销售对象的住宅。普通标准住宅须由开发商凭有关文件，经当地主管税务部门审核后确认。土地增值税预征的计税依据为纳税人转让住宅取得的收入，普通住宅预征率为 1%～1.5%，非普通住宅预征率为 1.5%～2.5%，商业用房预征率为 2.5%～3.5%。待商品房开发完成后，再进行清算。

【例 4-2】 某开发商出售住宅得到收入 40 000 万元，其扣除项目金额为 10 000 万元，试计算其应纳土地增值税的税额。

解：（1）计算增值额为

40 000-10 000=30 000（万元）

（2）计算增值率为

30 000÷10 000×100%=300%

（3）判断土地增值税适用税率。

增值额超过扣除项目金额 200%，适用税率为 60%，速算扣除系数为 35%。

（4）计算土地增值税税额为

30 000×60%-10 000×35%=14 500（万元）

【例 4-3】 某开发商建设普通标准住宅出售得到收入 40 000 万元，其扣除项目金额为 35 000 万元，试计算其应纳土地增值税的税额。

解：（1）计算增值额为

40 000-35 000=5 000（万元）

（2）计算增值率为

$$5\,000 \div 35\,000 \times 100\% = 14.28\%$$

（3）判断土地增值税适用税率。

因增值额未超过扣除项目金额的20%，故该项目免征土地增值税。

5）企业所得税估算

企业所得税是对企业生产经营活动所得和其他所得征收的一种税。就住宅地产开发活动而言，企业所得税的纳税人即为开发商。企业所得税税额的计算公式为

$$企业所得税税额 = 应纳税所得额 \times 税率 \qquad (4-9)$$

$$应纳税所得额 = 利润总额 - 允许扣除项目的金额 \qquad (4-10)$$

为保证国家能及时得到有关税收，将预计的总开发成本按年实际销售收入逐年扣除，使开发商只要有销售收入，就要扣除所得税，而非按照整个项目的获利年度起计征。在开发项目最终销售完毕的年度，再统一核算整个项目的所得税，并按核算结果结合项目开发过程中已交所得税情况，多退少补。

开发商所得税税率一般为25%。在实际工作中，税务部门对正在开发的项目实行企业所得税预征，等到开发完成后再进行核算，多退少补。在投资估算工作中，一般按照预征方式估算企业所得税。企业销售未完工开发产品取得的收入，应先按预计计税毛利率分季（或月）计算出预计毛利额，计入当期应纳税所得额。企业销售未完工开发产品的计税毛利率由各省、自治区、直辖市国家税务局、地方税务局按下列规定进行确定。

（1）开发项目位于省、自治区、直辖市和计划单列市人民政府所在地城市城区和郊区的，不得低于20%。

（2）开发项目位于地级市城区及郊区的，不得低于15%。

（3）开发项目位于其他地区的，不得低于10%。

（4）属于经济适用房、限价房和危改房的，不得低于3%。

4.4.3 住宅地产项目开发借款还本付息估算

借款还本付息估算主要是测算借款还款期的利息和偿还借款的时间，从而观察项目的偿还能力和收益，为财务分析和项目决策提供依据。

1. 还本付息的资金来源

根据国家现行财税制度的规定，归还建设投资借款的资金来源主要是项目建成后可用于借款偿还的利润、折旧费、摊销费、其他还款资金等；对预售或预租的项目，还款资金还可以是预售或预租收入。

（1）利润。用于归还借款的利润，一般应是可供分配的利润中弥补以前年度亏损、提取了盈余公积金和公益金及向投资者分配利润后的未分配利润。

（2）折旧费。如果项目建设完毕后形成了一部分固定资产，在使用初期还无须更新，那么作为固定资产重置准备金性质的折旧基金，在被提取后暂时处于闲置状态。为了有效利用一切可能的资金来源以缩短还贷期限，可以利用部分新增折旧基金作为偿还贷款的来源之一，但以后应由未分配利润扣除归还贷款的余额垫回，以保证折旧基金从总体上不被挪用，在还清贷款后恢复其原有的经济属性。

（3）摊销费。

（4）其他还款资金。

（5）预售或预租收入。

2. 还款方式

1）国外（含境外）借款的还款方式

按照国际惯例，债权人一般对贷款本息的偿还期限有明确的规定，要求借款方在规定的期限内按规定的数量还清全部贷款的本金和利息。因此，需要按协议的要求计算出在规定的期限内每年归还的本息总额。

2）国内借款的还款方式

目前虽然借贷双方在有关的借贷合同中规定了还款期限，但在实际操作过程中，主要还是根据技术方案的还款资金来源情况进行测算。一般按照先贷先还、后贷后还，息高先还、息低后还的顺序，或按双方的贷款协议归还国内借款。

3. 利息计算

按照国家的有关规定，在进行建设项目经济评价时，对当年发生借款的，假定借款在当年年中发生，按半年计息，其后按全年计息。每年应计利息为

$$\text{每年应计利息} = (\text{年初借款本息累计} + \text{本年借款} \div 2) \times \text{利率} \tag{4-11}$$

【例4-4】 某住宅地产开发项目，建设期为3年。在建设期第1年借款300万元，第2年借款600万元，第3年借款400万元，年利率为12%，试计算该住宅地产开发项目的建设期贷款利息。

解： 建设期各年利息计算如下。

第1年应计利息 =（0+300÷2）×12%=18（万元）

第2年应计利息 =（318+600÷2）×12%=74.16（万元）

第3年应计利息 =（318+600+74.16+400÷2）×12%≈143.06（万元）

故建设期贷款利息 =18+74.16+143.06=235.22（万元）。

4. 借款还本付息估算表

住宅地产项目开发投资的借款还本付息估算表提供了项目的债务状况等财务信息，描述了项目开发经营过程中债务本息的分布状况，为项目的经营决策和财务决策、偿债能力分析提供了重要依据。但应注意，借款还本付息估算表只反映了固定资产资金的借款本

息,而没有反映流动资金借款本息。流动资金借款还本付息一般是每年利息照付、期末一次还本。换句话说,流动资金的利息列入了财务费用,而由于其本金在项目计算期末用回收的流动资金一次偿还,因此在此没有考虑流动资金借款偿还问题。

针对项目借款还本付息估算表,可进行如下分析:①分析项目债务清偿能力;②协助安排短期贷款;③研究资金筹措方案的合理性。

【例4-5】某住宅地产开发项目,建设期为3年。第1年借款1 000万元,第2年借款2 000万元,第3年借款3 000万元。项目建设完毕后开始销售,预计每年的销售收入足以还本付息。贷款方的条件是年利率为8%,建设期结束后5年内等额还本付息。试编制该项目的借款还本付息估算表。

解:(1)计算建设期各年应计利息。根据式(4-11)得

第1年应计利息 =(0+1 000÷2)×8%=40(万元)

第2年应计利息 =(1 040+2 000÷2)×8%≈163(万元)

第3年应计利息 =(1 040+2 000+163+3 000÷2)×8%≈376(万元)

第3年年末借款累计 = 本金 + 利息 =6 000+40+163+376=6 579(万元)

(2)计算每期应还本付息额。

$$A=6\ 579 \times 8\% \times (1+8\%)^5 / [(1+8\%)^5-1] \approx 1\ 648(万元)$$

(3)编制借款还本付息估算表,见表4-8。

表4-8 借款还本付息估算表 单位:万元

序号	项目	合计	1	2	3	4	5	6	7	8
1	借款及还本付息	0	0	0	0	0	0	0	0	0
1.1	年初借款本息累计	0	0	1 040	3 203	6 579	5 457	4 246	2 938	1 525
1.2	本年借款	6 000	1 000	2 000	3 000	0	0	0	0	0
1.3	本年应计利息	2 240	40	163	376	526	437	340	235	123
1.4	本年还本付息	8 240	0	0	0	1 648	1 648	1 648	1 648	1 648
1.5	年末借款累计	0	1 040	3 203	6 579	5 457	4 246	2 938	1 525	0
2	借款偿还的资金来源	0	0	0	0	0	0	0	0	0
2.1	投资回收	8 240	0	0	0	1 648	1 648	1 648	1 648	1 648
2.2	未分配利润									
2.3	短期借款									
2.4	其他还款资金									

4.4.4 住宅地产项目开发投资估算案例

下面以任务导入为实例进行投资估算。

1. 项目概况

项目概况见任务导入。

该地块案名为黄龙金茂悦，定位为杭州黄龙 CBD、老城西文教板块地标级轻奢豪宅，也是方兴地产首发杭州的首席高端作品。

2. 规划方案及主要技术经济指标

根据规划设计要点的要求及对市场的调查与分析，拟在该地块上兴建高层住宅（沿街一楼为商铺），幢数约 15 栋，其中 13 栋高层（5 栋 18 层、2 栋 26 层、5 栋 27 层、1 栋 28 层），1 栋 2 层社区用房，1 栋 2 层物业经营用房。主力户型面积（不含地下室）为 128 平方米、90 平方米、89 平方米。项目主要技术经济指标见表 4-1。

3. 项目开发建设及经营的组织与实施计划

1）有关工程计划的说明

项目总工期为 36 个月（2020 年 4 月—2023 年 3 月）。

2）项目实施进度计划

项目实施进度计划见表 4-9。

表 4-9 项目实施进度计划表

序号	工作名称	2020年 第2季度	2020年 第3季度	2020年 第4季度	2021年 第1季度	2021年 第2季度	2021年 第3季度	2021年 第4季度	2022年 第1季度	2022年 第2季度	2022年 第3季度	2022年 第4季度	2023年 第1季度	2023年 第2季度	2023年 第3季度	2023年 第4季度	2024年 第1季度	2024年 第2季度	2024年 第3季度	2024年 第4季度
1	前期准备	■	■																	
2	基础工程			■	■															
3	主体工程				■	■	■	■	■	■										
4	安装工程						■	■	■	■	■									
5	装饰工程								■	■	■	■	■							
6	道路工程											■	■							
7	绿化工程												■	■						
8	围墙工程													■						
9	竣工验收													■						
10	销售						■	■	■	■	■	■	■	■	■	■	■	■	■	■

4. 项目各种财务数据估算

1）开发成本估算

（1）土地出让地价款估算。该项目地块情况见表 4-10。根据挂牌竞价结果，该公司取得土地使用权的成交价格为 237 000.00 万元，同时需要缴纳 3% 的契税（为 7 110.00 万元），因此该公司于 2020 年 3 月向政府缴纳的土地出让价款及契税合计为 244 110.00 万元，见表 4-10。

表 4-10 地块情况

名　　称	单　　位	数　　量
土地面积	平方米	61 160
地上建筑面积	平方米	171 248
楼面地价	元/平方米	13 839.58

（2）建筑安装工程费估算。参照有关类似建筑安装工程的投资费用，用单位指标估算法得到该项目的建筑安装工程费估算结果，见表 4-11。

表 4-11 建筑安装工程费估算表

序号	项目	建筑面积/平方米	土建		装饰		设备		金额合计/万元
			单价/（元/平方米）	金额/万元	单价/（元/平方米）	金额/万元	单价/（元/平方米）	金额/万元	
1	住宅	170 000	1 600	27 200.00	300	5 100.00	200	3 400.00	35 700.00
2	公共建筑	1 248	1 200	149.76	400	49.92	200	24.96	224.64
3	地下室	54 089	2 000	10 817.80	200	1 081.78	200	1 081.78	12 981.36
4	合计	225 337	—	38 167.56	—	6 231.70	—	4 506.74	48 906.00

（3）前期工程费估算。该项目前期工程费估算表见表 4-12。

表 4-12 前期工程费估算表　　　　　　　　　　　　单位：万元

序　号	项　　目	计 算 依 据	金　　额
1	规划设计费	建筑安装工程费×3%	1 467.18
2	可行性研究费	建筑安装工程费×0.15%	73.36
3	水文、地质、勘探费	建筑安装工程费×0.5%	244.53
4	通水、通电、通路费	建筑安装工程费×2.5%	1 222.65
5	总计		3 007.72

（4）基础设施建设费估算。基础设施建设费一般按实际工程量估算，通常占建筑安装工程费的 15% 左右。

$$48\,906.00 \times 15\% = 7\,335.90（万元）$$

（5）公共配套设施建设费估算。公共配套设施建设费一般按规划指标和实际工程量计算，也可按配套项目的建筑面积和单价来计算，还可按建筑安装工程费的 3%~5% 估算。该项目已经在建筑安装工程费中包含公共配套设施建设费，在此不重复计算。

（6）开发期税费估算。开发期税费按当地有关部门规定的费率估算，一般按建筑安装工程费的 8%～15% 估算。这里按照 10% 估算。

$$48\ 906.00 \times 10\% = 4\ 890.60（万元）$$

（7）其他费用估算。其他费用按当地有关部门的费率估算，约占建筑安装工程费的 3%。也可以将此项费用直接并入开发期税费进行估算。在此按照建筑安装工程费的 3% 估算。

$$48\ 906.00 \times 3\% = 1\ 467.18（万元）$$

（8）不可预见费估算。不可预见费一般取前（1）～（7）项之和的 1%～3%，或建筑安装工程费的 2%～5%。在此按照建筑安装工程费的 5% 估算。

$$48\ 906.00 \times 5\% = 2\ 445.30（万元）$$

因此，开发成本合计 = 244 110+48 906.00+3 000.72+7 335.90+4 890.60+1 467.18+2 445.30= 312 155.70（万元）。

2）开发间接费估算

（1）管理费用估算。管理费用可以项目投资成本为基数，取一个百分比计算，一般为开发成本的 2%～3%。在此按照开发成本的 3% 计算。

$$312\ 155.70 \times 3\% \approx 9\ 364.88（万元）$$

（2）财务费用估算。长期借款利息、流动资金借款利息的计算详见 4.4.3 节。利息外的财务费用可按利息的 10% 估算。第 1 年借款 100 000.00 万元，贷款利率为 8%，每年等本偿还，要求从建设期第 2 年起 1 年内还清。建设期借款利息计算如下。

第 1 年应计利息：

$$（0+100\ 000.00 \div 2） \times 8\% = 4\ 000.00（万元）$$

第 2 年应计利息：

$$（100\ 000.00+4\ 000.00+50\ 000.00 \div 2） \times 8\% = 10\ 320.00（万元）$$

第 3 年应计利息：

$$（100\ 000.00+4\ 000.00+50\ 000.00+10\ 320.00） \times 8\% = 13\ 145.60（万元）$$

利息合计为 27 465.60 万元，其他融资费用为利息总和的 10%，则

$$其他融资费用 = 27\ 465.60 \times 10\% = 2\ 746.56（万元）$$

则财务费用为上述合计，共 30 212.16 万元，详见表 4-13。

（3）销售费用估算。

销售费用约占销售收入的 4%～6%。在此按照销售收入的 5% 估算。

$$522\ 550.00 \times 5\% = 26\ 127.50（万元）$$

开发间接费合计 65 704.54 万元。

3）投资与总成本费用估算汇总

根据以上估算，总成本合计为 377 867.24 万元。编制投资与总成本估算汇总表，详见表 4-13。

表 4-13　投资与总成本费用估算汇总表　　　　　　　　　　　　单位：万元

序号	项目	金额	估算说明
1	开发成本	312 155.70	以下 1.1~1.8 项合计
1.1	土地费用	244 110.00	按照实际计算
1.2	建筑安装工程费	48 906.00	按照实际计算
1.3	前期工程费	3 007.72	按照建筑安装工程费的 6% 估算
1.4	基础设施建设费	7 335.90	按照建筑安装工程费的 15% 估算
1.5	公共配套设施建设费	0.00	已经包含在建筑安装工程费中
1.6	开发期税费	4 890.60	按照建筑安装工程费的 10% 估算
1.7	其他费用	1 467.18	按照建筑安装工程费的 3% 估算
1.8	不可预见费	2 445.30	按照建筑安装工程费的 5% 估算
2	开发间接费	65 704.54	以下 2.1~2.3 项合计
2.1	管理费用	9 364.88	按照开发成本的 3% 估算
2.2	销售费用	26 127.50	销售收入 ×3%
2.3	财务费用	30 212.16	利息 ×1.1
3	合计	377 867.24	1+2

4）项目销售收入与经营税金及附加估算

（1）销售单价估算。销售单价的估算可以采用市场比较法和成本法。

① 住宅部分销售单价。

A. 市场比较法估价过程。在市场上收集到与该住宅所在区域、个别因素、交易情况及交易日期均类似或接近的 4 个比较案例 A、B、C、D。其中 A、B、D 项目的交易日期均为 2020 年 12 月 1 日，C 项目的交易日期为 2020 年 10 月 1 日。已知 2020 年下半年至 2021 年 4 月，该城市该类住宅和商铺价格的变动呈上升趋势，月平均变动率为 +0.5%，其他条件见表 4-14 和表 4-15。

表 4-14　该项目住宅价格市场比较法系数修正表

项目名称		定价对象	A	B	C	D
销售均价/（万元/平方米）			2.6	2.5	2.6	2.5
交易日期修正		1	1.02	1.02	1.02	1.02
区域因素修正	交通	100	99	100	99	100
	配套	100	102	102	102	102
	环境	100	97	97	97	96
个别因素修正	装修	100	100	100	100	100
	得房率	100	96	98	95	98
	物业服务	100	102	95	95	92
交易情况修正		100	100	100	100	100
比准价格（万元/平方米）			2.76	2.77	3.00	2.89

表4-15 该项目住宅价格市场比较法销售状况权重系数修正表

项目名称	A	B	C	D	合计
比准价格/（万元/平方米）	2.76	2.77	3.00	2.89	
销售状况权重（销售率）	85.00%	90.00%	100.00%	95.00%	370.00%
加权的相对价格/（万元/平方米）	2.35	2.49	3.00	2.74	10.59
本项目住宅销售价格/（万元/平方米）					2.86

综合考虑各种因素，结合系数修正计算出其加权平均数，确定本项目住宅部分的销售单价为3.00万元/平方米。

B.成本法估价过程。经测算，本项目住宅部分的建房成本为1.62万元/平方米（包含楼面价），成本利润率取40%，则该项目住宅部分的销售单价为

销售单价 = 建房成本 ×（1+ 成本利润率）

=1.62×（1+40%）

=2.24（万元/平方米）

综合两种方法的估算结果，考虑市场的情况，确定住宅部分的销售均价为2.85万元/平方米。

② 商铺部分销售单价。

A.市场比较法估价过程。目前该市房地产市场商铺多为租售并举，且以出租为多，因此可比实例资料较少，我们只选取到4个相近项目A、B、C、D作为比较实例。其中，A、B项目的交易日期是2020年11月1日，C、D项目的交易日期是2021年1月1日，其价格变动情况与住宅相同。但由于二者的销售状况权重难以确定，故最后采用算术平均值确定了该项目商铺部分的销售单价为5万元/平方米，详见表4-16。

表4-16 本项目商铺价格市场比较法系数修正表

项目名称		定价对象	A	B	C	D
销售均价/（万元/平方米）			4.6	4.8	4.6	4.5
交易日期修正		1	1.02	1.02	1.02	1.02
区域因素修正	交通	100	99	100	99	100
	繁华程度	100	102	102	102	102
	临街状况	100	97	97	97	96
个别因素修正	装修	100	100	100	100	100
	停车条件	100	96	98	95	98
	物业服务	100	102	95	95	92
交易情况修正		100	100	100	100	100
比准价格/（万元/平方米）			4.89	5.32	5.31	5.20
市场法定价/（万元/平方米）		5.18				

B.成本法估计过程。经测算，该项目商铺部分的建房成本为1.62万元/平方米（包含

楼面价），成本利润率取 100%，则该项目商铺部分的销售单价为

销售单价 = 建房成本 ×（1+ 成本利润率）=1.62 ×（1+100%）=3.24（万元 / 平方米）

综合两种方法的估算结果，考虑市场的情况，确定商铺部分的销售均价为 5.00 万元 / 平方米。

③ 车位销售单价。根据该市该区域目前的情况，车位平均售价为 25.00 万元 / 个。

④ 建议销售单价。在综合考虑了市场和成本两方面对定价的影响后，分析人员建议该项目各部分的销售单价如下。

住宅：2.85 万元 / 平方米。

商铺：5.00 万元 / 平方米。

车位：25.00 万元 / 个。

（2）销售收入的估算。该项目可销售数量为：住宅部分 17 000 平方米，商铺部分 1 000 平方米，地下车位 1 322 个。整个项目销售总收入估算见表 4–17。

表 4–17 整个项目销售总收入估算

用途	可销售数量	预计销售单价	销售收入 / 万元
住宅	170 000 平方米	2.85 万元 / 平方米	484 500.00
商铺	1 000 平方米	5.00 万元 / 平方米	5 000.00
车位	1 322 个	25.00 万元 / 个	33 050.00
合计	—	—	522 550.00

（3）销售计划与销售收入及税金的确定。销售计划是根据杭州市区类似住宅项目的情况综合确定的，经营税金及附加分别为：增值税按照销售收入的 5% 估算，城市维护建设税按照增值税的 7% 估算，教育费附加按照增值税的 3% 估算，土地增值税按照销售收入的 1% 估算。具体计算结果见表 4–18（2016 年 5 月 1 日后的房地产开发项目经营税金按照"营改增"新规执行）。

表 4–18 销售收入及税金分期按比例预测

序号	项目	合计	2021 年	2022 年	2023 年	2024 年
1	销售收入 / 万元	522 550.00	0	258 775.00	155 265.00	108 510.00
1.1	住宅销售收入 / 万元	484 500.00	0	242 250.00	145 350.00	96 900.00
1.1.1	住宅可销售面积 / 平方米	170 000	0	85 000	51 000	34 000
1.1.2	住宅销售单价 /（万元 / 平方米）		2.85	2.85	2.85	2.85
1.1.3	住宅销售比例	100%	0	50%	30%	20%
1.2	商铺销售收入 / 万元	5 000.00	0	0	0	5 000.00
1.2.1	商铺可销售面积 / 平方米	1 000	0	0	0	1 000
1.2.2	商铺销售单价 /（万元 / 平方米）		5.00	5.00	5.00	5.00
1.2.3	商铺销售比例	100%	0	0	0	100%
1.3	车位销售收入 / 万元	33 050.00	0	16 525.00	9 915.00	6 610.00

续表

序号	项　目	合　计	2021年	2022年	2023年	2024年
1.3.1	车位可销售个数/个	1 322	0	661	397	264
1.3.2	车位销售单价/（万元/个）		25	25	25	25
1.3.3	车位销售比例	100%	0	50%	30%	20%
2	经营税金及附加/万元	33 965.75	0	16 820.38	10 092.23	7 053.15
2.1	增值税/万元	26 127.50	0	12 938.75	7 763.25	5 425.50
2.2	城市维护建设税/万元	1 828.93	0	905.71	543.43	379.79
2.3	教育费附加/万元	783.83	0	388.16	232.90	162.77
2.4	土地增值税/万元	5 225.50	0	2 587.75	1 552.65	1 085.1

5）投资计划与资金筹措

该项目开发投资总计需 377 867.24 万元。其资金来源有 3 个渠道：一是企业的自有资金即资本金，二是银行贷款，三是预售收入用于再投资的部分。

该项目开发商投入资本金 145 506.82 万元作为启动资金，其中 2020 年投入约 98.52%，2021 年投入约 1.48%；从银行贷款 150 000.00 万元，其中 2020 年投入约 66.67%，2021 年投入约 33.33%；不足款项根据实际情况通过预售收入解决。投资计划与资金筹措表见表 4-19。

表 4-19　投资计划与资金筹措表　　　　　　　　　　　　　　　　　单位：万元

序号	项目名称	合　计	计　算　期			
			2020年	2021年	2022年	2023年
1	建设投资	347 655.08	243 358.56	52 148.26	34 765.51	17 382.75
2	资金筹措	347 655.08	243 358.56	52 148.26	34 765.51	17 382.75
2.1	自有资金	145 506.82	143 358.56	2 148.26	0	0
2.2	借贷资金	150 000.00	100 000.00	50 000.00	0	0
2.3	预售收入再投入	52 148.26	0	0	34 765.51	17 382.75

6）借款还本付息估算

银行借款 150 000.00 万元，2020 年贷款 100 000.00 万元，2021 年贷款 50 000.00 万元，贷款利率为 8%，2022 年年底利用住宅销售收入一次性还本付息。借款还本付息估算表见表 4-20。

表 4-20　借款还本付息估算表　　　　　　　　　　　　　　　　　　单位：万元

序号	项目名称	合　计	计　算　期		
			2020年	2021年	2022年
1	借款还本付息				
1.1	年初借款累计		0	104 000.00	164 320.00
1.2	本年借款	150 000.00	100 000.00	50 000.00	0

（单位：万元）（续表）

序号	项目名称	合计	计算期		
			2020年	2021年	2022年
1.3	本年应计利息	27 465.60	4 000.00	10 320.00	13 145.60
1.4	年底还本付息	177 465.60	0	0	177 465.60
1.5	年末借款累计	268 320.00	104 000.00	164 320.00	0
2	借款还本付息的资金来源	207 189.12	0	0	207 189.12
2.1	投资回收	207 189.12	0	0	207 189.12

财务费用包含银行利息、金融手续费等，一般金融手续费占银行利息的10%左右，因此估算财务费用＝利息总额×（1+10%）=27 465.60×1.1=30 212.16（万元）。

4.5 住宅地产项目开发投资财务分析

住宅地产项目开发投资的经济效果主要表现为销售收入，其多少主要用财务指标来衡量。

4.5.1 住宅地产项目开发投资财务指标

由于住宅地产项目开发投资财务指标中盈利能力指标和清偿能力指标与住宅置业项目投资的效益费用特点不同，在实践操作中，两种类型投资的财务指标体系略有不同。住宅地产项目开发投资财务指标体系中反映盈利能力的指标有成本利润率、销售利润率、投资利润率、投资回收期、财务内部收益率、财务净现值等，反映清偿能力的指标有借款偿还期、利息备付率、资产负债率等。

1. 盈利能力指标

在前面的学习情境中盈利能力指标已经介绍了投资回收期、财务内部收益率、财务净现值等指标，这里主要介绍成本利润率、销售利润率、投资利润率几个指标。

1) 成本利润率

成本利润率是指开发利润占总开发成本的比率，是初步判断住宅地产项目财务可行性的一个财务指标。成本利润率的计算公式为

$$成本利润率 =（项目总开发价值 - 项目总开发成本）/ 项目总开发成本 \times 100\%$$
$$= 开发利润 / 项目总开发成本 \times 100\% \tag{4-12}$$

在计算项目总开发价值时，如果项目全部销售，项目总开发价值则等于总销售收入扣

除销售税金后的净销售收入;如果项目用于出租,项目总开发价值则等于项目在整个持有期内净经营收入和净转售收入的现值累计之和。

项目总开发成本是住宅地产项目在开发经营期内实际支出的成本,在数值上等于开发建设投资,包括土地费用、前期工程费、基础设施建设费、建筑安装工程费、公共配套设施建设费、管理费用、财务费用、销售费用、其他费用、开发期税费和不可预见费等。

计算住宅地产项目的总开发价值和总开发成本时,可依评估时的价格水平进行估算,因为在大多数情况下,住宅地产项目的收入的变动与成本支出受市场价格水平影响的变动大致相同,使其收入的增长基本能抵消成本的增长。

开发商利润实际是对开发商所承担的开发风险的回报。成本利润率一般与目标利润率进行比较,若成本利润率超过目标利润率,则该项目在经济上是可接受的。目标利润率水平的高低,与项目所在地区的市场竞争状况、项目开发经营周期长度、项目的物业类型及贷款利率水平等相关。一般来说,对于一个开发周期为2年的商品住宅地产项目,其目标利润率大体应为35%～45%。

成本利润率是开发经营期的利润率,不是年利润率。成本利润率除以开发经营期的年数,也不等于年成本利润率。因为开发成本在开发经营期内是逐渐发生的,而不是在开发经营期开始时一次投入的。

2)销售利润率

销售利润率是衡量住宅地产项目单位销售收入盈利水平的指标。销售利润率的计算公式为

$$\text{销售利润率} = \text{销售利润(开发利润)} / \text{销售收入} \times 100\% \qquad (4-13)$$

其中:销售收入为销售开发产品过程中取得的全部价款,包括现金、现金等价物及其他经济利益;销售利润等于开发项目销售收入扣除总开发成本和营业税金及附加,在数值上等于计算成本利润率时的开发利润。

3)投资利润率

住宅地产项目开发投资的投资利润率是指项目开发经营期内一个正常年份的年利润总额或者项目开发经营期内的平均利润总额与项目总投资的比率。在这里,开发项目总投资与项目总开发成本的差异在于前者不包含财务费用。

投资利润率的计算公式为

$$\text{投资利润率} = \text{年利润总额或年平均利润总额} / \text{项目总投资} \times 100\% \qquad (4-14)$$

【例4-6】某开发商以5 000万元的价格获得了一宗占地面积为4 000平方米的土地50年的使用权,建筑容积率为5.5,建筑覆盖率为60%,楼高14层,1～4层建筑面积均相等,5～14层为塔楼(均为标准层),建造费用为3 500元/平方米,专业人员费用为建造费用预算的8%,其他工程费为460万元,管理费用为土地费用、建造费用、专业人员费用和其他费用之和的3.5%,市场推广费、销售代理费和销售税费分别为销售收入的0.5%、3.0%和6.5%,预计项目建成后售价为1.2万元/平方米。项目开发周期为3年,

建设期为2年,土地费用于开始一次性投入,建造费用、专业人员费用和其他费用在建设期内均匀投入;年贷款利率为12%,按季度计息,融资费用为贷款利息的10%。该项目总建筑面积、标准层每层建筑面积和开发商可获得的成本利润率与销售利润率分别是多少?

解:(1)计算项目总开发价值。

① 项目建筑面积:4 000×5.5=22 000(平方米)。

② 标准层每层建筑面积:(22 000–4 000×60%×4)/10=1 240(平方米)。

③ 项目总销售收入:22 000×1.2=26 400(万元)。

④ 销售税费:26 400×6.5%=1 716(万元)。

项目总开发价值 = 项目总销售收入 – 销售税费 =26 400–1 716=24 684(万元)。

(2)计算项目总开发成本。

① 土地费用:5 000万元。

② 建造费用:22 000×3 500/10 000=7 700(万元)。

③ 专业人员费用:7 700×8%=616(万元)。

④ 其他工程费:460万元。

⑤ 管理费用:(5 000+7 700+616+460)×3.5%=482.16(万元)。

⑥ 财务费用。

土地费用利息:$5\ 000\times[(1+12\%/4)^{3\times4}-1]\approx 2\ 128.80$(万元)。

建造费用、专业人员费用、其他费用利息:$(7\ 700+616+460+482.16)\times[(1+12\%/4)^{(2/2)\times 4}-1]\approx 1\ 161.98$(万元)。

融资费用:(2 128.80+1 161.98)×10%≈329.08(万元)。

财务费用 = 土地费用利息 + 建造费用、专业人员费用、其他费用、利息 + 融资费用 =2 128.80+1 161.98+329.08=3 619.86(万元)。

⑦ 市场推广及销售代理费用:26 400×(0.5%+3.0%)=924(万元)

$$项目总开发成本 = ①+②+③+④+⑤+⑥+⑦$$
$$=5\ 000+7\ 700+616+460+482.16+3\ 619.86+924$$
$$=18\ 802.02(万元)$$

(3)计算开发利润(销售利润)。

$$开发利润 =24\ 684–18\ 802.02=5\ 881.98(万元)$$

(4)根据式(4–12)得

$$成本利润率 =5\ 881.98/18\ 802.02\times 100\%\approx 31.28\%$$

(5)根据式(4–13)得

$$销售利润率 =5\ 881.98/26\ 400\times 100\%\approx 22.28\%$$

2. 清偿能力指标

清偿能力指标有借款偿还期、利息备付率、资产负债率等。前面已经介绍了借款偿还期、资产负债率,这里主要介绍利息备付率指标的计算。

利息备付率是指项目在借款偿还期内各年用于支付利息的息税前利润与当期应付利息费用的比率。其计算公式为

$$利息备付率 = 息税前利润 / 当期应付利息费用 \qquad (4-15)$$

其中,息税前利润为利润总额与计入总成本费用的利息费用之和,当期应付利息是指当期计入总成本费用的全部利息。利息备付率可以按年计算,也可以按整个借款期计算。

利息备付率表示使用项目利润偿付利息的保障倍数。对于一般商用房地产投资项目,商业银行通常要求该指标值为2~2.5;当利息备付率小于2时,表示该项目没有足够的资金支付利息,付息能力保障程度不足,存在较大的偿债风险。

4.5.2 住宅地产项目开发投资财务分析案例

住宅地产项目开发投资财务分析内容以"任务导入"数据和"4.4.4 住宅地产项目投资估算案例"数据为依据,具体分析如下。

1. 编制现金流量表与动态盈利分析

1) 编制全部投资现金流量表

设 i_c=10%,具体计算见表4-21。

表4-21 全部投资现金流量表 单位:万元

序号	项目名称	计算期				
		2020年	2021年	2022年	2023年	2024年
1	现金流入	0	0	258 775.00	155 265.00	108 510.00
1.1	销售收入	0	0	258 775.00	155 265.00	108 510.00
2	现金流出	243 358.56	52 148.26	61 289.95	33 297.42	11 122.28
2.1	建设投资	243 358.56	52 148.26	34 765.51	17 382.75	0
2.2	税金	0	0	16 820.38	10 092.23	7 053.15
2.3	所得税	0	0	9 704.06	5 822.44	4 069.13
3	净现金流量	−243 358.56	−52 148.26	197 485.05	121 967.58	97 387.73
4	累计净现金流量	−243 358.56	−295 506.82	−98 021.76	23 945.82	121 333.55
5	净现值(i_c=10%)	−221 235.05	−43 097.74	148 373.44	83 305.50	60 470.12
6	累计净现值	−221 235.05	−264 332.79	−115 959.34	−32 653.84	27 816.27
7	税前净现金流量	−243 358.56	−52 148.26	207 189.12	127 790.02	101 456.85
8	累计税前净现金流量	−243 358.56	−295 506.82	−88 317.70	39 472.32	140 929.17
9	税前净现值	−221 235.05	−43 097.74	155 664.25	87 282.30	62 996.72
10	累计税前净现值	−221 235.05	−264 332.79	−108 668.54	−21 386.23	41 610.49

注:① 建设投资不包含财务费用。
② 企业所得税是按照销售收入的15%作为纳税额乘以税率。

财务指标计算如下。

税前全部投资净现值：NPV=41 610.49（万元）。

税后全部投资净现值：NPV=27 816.27（万元）。

税前全部投资内部收益率：IRR=16.57%。

税后全部投资内部收益率：IRR=14.44%。

税前静态投资回收期 =2 023－2 020+88 317.70/127 790.02 ≈ 3.69（年）。

税前动态投资回收期 =2 024－2 020+21 386.23/62 996.72 ≈ 4.34（年）。

税后静态投资回收期 =2 023－2 020+98 021.76/121 967.58 ≈ 3.80（年）。

税后动态投资回收期 =2 024－2 020+32 653.84/60 470.12 ≈ 4.54（年）。

2）编制自有资金现金流量表

设 i_c=10%，具体计算见表 4-22。

表 4-22　自有资金现金流量表　　　　　　　　　　　　单位：万元

序号	项目名称	计算期				
		2020 年	2021 年	2022 年	2023 年	2024 年
1	现金流入	0	0	258 775.00	155 265.00	108 510.00
1.1	销售收入	0	0	258 775.00	155 265.00	108 510.00
2	现金流出	143 358.56	2 148.26	238 755.55	33 297.41	11 122.28
2.1	资本金	143 358.56	2 148.26	0	0	0
2.2	预售收入再投入	0	0	34 765.51	17 382.75	0
2.3	贷款本息偿还	0	0	177 465.60	0	0
2.4	税金	0	0	16 820.38	10 092.23	7 053.15
2.5	所得税	0	0	9 704.06	5 822.44	4 069.13
3	税后净现金流量	−143 358.56	−2 148.26	20 019.45	121 967.59	97 387.73
4	累计税后净现金流量	−143 358.56	−145 506.82	−125 487.37	−3 519.78	93 867.95
5	净现值（i_c=10%）	−130 325.96	−1 775.42	15 040.91	83 305.50	60 470.12
6	累计净现值	−130 325.96	−132 101.38	−117 060.47	−33 754.97	26 715.15

财务指标计算如下。

自有资金税后内部收益率：IRR ≈ 16.39%。

自有资金税后净现值：NPV ≈ 26 715.15（万元）。

3）盈利能力分析

（1）净现值。开发项目在整个经济寿命期内各年所发生的现金流量差额，为当年的净现金流量。将该项目每年的净现金流量按基准收益率折算为项目实施初期（即为该项目开始投资的当年年初）的现值，此现值的代数和就是项目的净现值。

基准收益率是项目的净现金流量贴现时所采用的折现率，一般取稍大于同期贷款利率为基准折现率。该项目在长期贷款利率的基础上上浮了约 3%，即 10% 作为基准折现率。

净现值评价标准的临界值是 0。经上面计算，该项目税前、税后全部投资的 NPV 分别为 41 610.49 万元和 27 816.27 万元，均大于 0，资本金的税后净现值 NPV 为 26 715.15 万元，也大于 0。这说明本项目可按事先规定的基准收益率获利，在所确定的计算期内发生投资净收益，有经济效果，项目可行。

（2）内部收益率。内部收益率是指项目计算期内各年净现金流量的现值累计之和等于 0 时的折现率，本项目属于独立方案的评价与分析，经上面计算，税前、税后全部投资的 FIRR 分别为 16.57% 和 14.44%；资本金的税后 FIRR 为 16.39%，均大于同期贷款利率 7% 和基准收益率 10%（i_c），说明项目盈利，达到同行业的收益水平，项目可行。

2. 编制利润表与盈利能力分析

1）编制利润表

根据表 4-18 和表 4-19 编制利润表，见表 4-23。

表 4-23 利润表 单位：万元

序号	项目名称	计算依据	计算期					合计
			2020 年	2021 年	2022 年	2023 年	2024 年	
1	销售收入		0	0	258 775.00	155 265.00	108 510.00	522 550.00
2	总成本费用		247 758.56	63 500.26	49 225.67	17 382.75	0	377 867.24
3	税金		0	0	16 820.38	10 092.23	7 053.15	33 965.75
4	利润总额	（1）-（2）-（3）	-247 758.56	-63 500.26	192 728.96	127 790.02	101 456.85	110 717.01
5	所得税	（1）×15%×25%	0	0	9 704.06	5 822.44	4 069.13	19 595.63
6	税后利润	（4）-（5）	-247 758.56	-63 500.26	183 024.89	121 967.58	97 387.73	91 121.39
7	盈余公积金	（6）×10%	-24 775.86	-6 350.03	18 302.49	12 196.76	9 738.77	9 112.14
8	公益金	（6）×5%	-12 387.93	-3 175.01	9 151.24	6 098.38	4 869.39	4 556.07
9	可分配利润	（6）-（7）-（8）	-210 594.77	-53 975.22	155 571.16	103 672.45	82 779.57	77 453.18

2）计算盈利能力指标

盈利能力指标计算如下。

全部投资的投资利润率 = 年平均利润总额 / 总投资额 ×100%

=110 717.01/5/347 665.08 ×100%

≈6.37%

资本金投资利润率 = 年平均利润总额 / 资本金 ×100%

=110 717.01/5/145 506.82 ×100%

≈15.22%

资本金净利润率 = 年平均税后利润 / 资本金 ×100%

=9 112.14/5/145 506.82 ×100%

≈12.52%

成本利润率 = 利润总额 / 项目总开发成本
= 110 717.01/377 867.24 × 100%
≈ 29.30%
销售利润率 = 利润总额 / 销售收入
= 110 717.01/522 550.00 × 100%
≈ 21.19%

3）盈利能力分析

本项目以上 4 个指标与房地产行业内住宅地产项目相比比较好，故项目可以考虑接受。

3. 清偿能力分析

住宅地产项目的清偿能力，主要考查计算期内项目各年的财务状况及偿还到期债务的能力。

1）计算借款偿还期

由于该项目开发是用于销售，因此不考虑借款偿还期。

2）计算利息备付率及分析

利息备付率 = 息税前利润 / 当期应付利息费用 =（110 717.01+27 465.60）/27 465.60 ≈ 5.03

该指标大于 2，表示该项目有足够的资金支付利息，付息能力保障程度强，不存在偿债风险。

4. 编制资金来源与运用表及资金平衡能力分析

1）编制资金来源与运用表

根据表 4-18～表 4-20 编制资金来源与运用表，见表 4-24。

表 4-24　资金来源与运用表　　　　　　　单位：万元

序号	项目名称	计算期				
		2020 年	2021 年	2022 年	2023 年	2024 年
1	资金来源	243 358.56	52 148.26	258 775.00	155 265.00	108 510.00
1.1	销售收入	0	0	258 775.00	155 265.00	108 510.00
1.2	资本金	143 358.56	2 148.26	0	0	0
1.3	银行借款	100 000	50 000	0	0	0
2	资金的运用	243 358.56	52 148.26	238 755.55	33 297.42	11 122.28
2.1	建设投资	243 358.56	52 148.26	34 765.51	17 382.75	0
2.2	借款还本付息	0	0	177 465.60	0	0
2.3	税金	0	0	16 820.38	10 092.23	7 053.15
2.4	所得税	0	0	9 704.06	5 822.44	4 069.13
3	盈余资金［（1）-（2）］	0	0	20 019.45	121 967.58	97 387.73
4	累计盈余资金	0	0	20 019.45	141 987.04	239 374.76

2）资金平衡能力分析

根据表 4-24，本项目每年累计盈余资金均大于或等于 0，故从资金平衡角度分析，该项目是可行的。

5. 项目财务指标汇总

项目财务指标汇总见表 4-25。

表 4-25　项目财务指标汇总

项目	静态指标		动态指标			
			NPV/万元		IRR	
	投资利润率	资本金利润率	税前	税后	税前	税后
全部投资	6.37%		41 610.49	27 816.27	16.57%	14.44%
自有资金		15.22%		26 715.15		16.39%

6. 结论

从项目的财务分析来看，项目税前、税后全部投资净现值与税后资本金投资净现值均大于零，内部收益率均大于基准收益率和贷款利率，且每年累计盈余资金大于零，故从盈利能力和偿债能力分析来看，该项目都是可行的。

4.6　住宅地产项目开发投资不确定性分析

住宅地产项目开发投资是一个动态的过程，它具有周期长、资金投入量大等特点，很难在一开始就对整个开发投资过程中的有关费用和建成后的收益情况做出精确的估计，因此，有必要就上述因素或参数的变化对评价结果产生的影响进行深入研究，以使住宅开发投资项目经济评价的结果更加真实可靠，从而为投资决策提供更科学的依据。

住宅地产项目开发投资不确定性分析，是分析不确定性因素对项目可能造成的影响，并进而分析可能出现的风险。不确定性分析是住宅地产项目开发投资经济评价的重要组成部分，对住宅地产项目的投资决策成败有着重要的影响。住宅地产项目开发投资不确定性分析可以帮助投资者根据住宅地产项目投资风险的大小和特点，确定合理的投资收益率水平，提出控制风险的方案，有重点地加强对投资风险的防范和控制。

4.6.1 住宅地产项目开发投资不确定性因素分析

在各财务指标的计算中,每个因素的取值都是以估计和预测为基础的,而在实际开发投资过程中,这些因素很容易发生变化,而且有些因素的变化对评价结果有较大的影响。因此,在分析过程中,找出这些主要影响因素,分析其变化对评估结果的影响,可以为开发商或投资者提供更多的决策支持信息,并使其在以后的开发投资过程中得到有效的控制。

1. 住宅地产项目开发投资的主要不确定性因素

通过实例计算,我们可以看出,对于住宅地产项目而言,涉及的主要不确定性因素有土地费用、建筑安装工程费、租售价格、开发期与租售期、容积率及有关设计参数、资本化率、贷款利率等。这些因素对住宅地产项目经济评价的结果影响很大。

1)土地费用

土地费用是住宅地产项目开发投资分析中一个重要的计算参数。在进行项目投资分析时如果开发商还没有获取土地使用权,则土地费用往往是一个未知数。因此通常要参照近期土地成交的案例,通过市场比较或其他方法来估算土地费用。由于土地费用由出让金、城市建设配套费和土地开发费用组成,因此在地块现状条件比较复杂和土地交易市场不很健全的情况下,很难准确估算。

住宅地产市场的变化也会导致土地费用的迅速变化。有关统计分析表明,在大城市中心区,土地费用已经占到了总开发成本的50%~70%;在城市郊区,该项费用也占到了总开发成本的30%左右。而且随着城市发展和城市可利用土地资源的减少,土地费用在城市住宅项目总开发成本中所占的比例在日益增加。因此分析土地费用变化对住宅地产项目经济评价结果的影响,就显得十分重要。

2)建筑安装工程费

在住宅地产项目开发投资分析过程中,建筑安装工程费的估算比租金和售价的估算要容易一些,但即使如此,分析时所使用的估算值与实际值也很难相符。导致建筑安装工程费发生变化的原因主要有两种。

(1)开发商在决定购置某块土地进行开发之前,通常要进行或委托相关的咨询机构进行整个建筑安装工程费的详细估算,并在此基础上测算能承受的最高地价。当开发商获得土地使用权后,就要选择一个合适的承包商,并在适宜的时间从该承包商处得到一个可以接受的合理报价,即标价,并据此签订建设工程承包合同。由于估算建筑安装工程费与承包商报价之间会经历购置土地使用权等一系列前期准备工作,两者往往间隔半年到一年,这期间可能会由于建筑材料或劳动力价格水平的变化导致建筑安装工程费出现上涨或下跌的情况,使进行项目评估时估计的建筑安装工程费与签订建设工程承包合同时的标价不一致。如果合同价高于原估算值,则开发商利润会减少;反之,如果合同价低于原估算值,则开发商利润会增加。

（2）当建筑工程开工后，若建筑材料价格和人工费用发生变化，也会导致建筑安装工程费改变。这种改变对开发商是否有影响，要看建设工程承包合同的形式如何。如果承包合同是一种固定总价合同，则建筑安装工程费的变动风险由承包商负担，对开发商基本无影响；否则，开发商要承担项目建设阶段由于建筑材料价格和人工费用上涨所引起的建筑安装工程费增加额。

3）租售价格

租金收入或销售收入构成了住宅地产项目的主要现金流入，因此租金或售价对住宅地产项目收益的影响是显而易见的，而准确地估算租金和售价又非易事。在项目评估过程中，租金或售价的确定是通过与市场上近期成交的类似住宅的租金或售价进行比较、修正后得出的。这种比较实际上隐含着一个基本假设，即不考虑通货膨胀因素及租金和售价在开发期间的增加或减少，而仅以现在的租金和售价水平估算。但同类型住宅市场上供求关系的变化，开发过程中社会、经济、政治和环境等因素的变化，都会对住宅租售价格水平产生影响，而这些影响是很难事先定量描述的。

4）开发期与租售期

住宅地产项目的开发期，由准备期和建造期两个阶段组成。在准备期，开发商要进行征地、拆迁、安置、补偿工作，委托设计院做规划设计方案和方案审批，还要办理市政基础设施的使用申请等手续。如果开发商报送的方案不能马上得到政府有关部门的批准或批准的方案开发商不满意，这不仅会使项目的规模、布局发生变化，还会拖延宝贵的时间。另外，在项目的建设工程开工前，开发商还要安排工程招标工作，招标过程所需时间的长短又与项目的复杂程度、投标者的数量有关，而招标时间长短也会影响到开发期的长短。建造期（即建筑施工工期）一般能够较为准确地估计，但某些特殊因素的影响也可能会引起施工工期延长。例如，某些建筑材料或设备短缺、恶劣天气、政治经济形势发生突变、劳资纠纷引起工人罢工，或者基础开挖中发现重要文物或未预料到的特殊地质条件等都可能会导致工程停工，使施工工期延长。由于施工工期延长，开发商一方面要承担更多的贷款利息，另一方面还要承担总费用上涨的风险。另外，建设工程承包合同形式选择不当也可能导致承包商有意拖延工期，致使项目开发期延长。

租售期（出租期或出售期）的长短与宏观社会经济状况、市场供求状况、市场竞争状况、预期未来住宅价格变化趋势、住宅地产项目的类型等有直接关系。例如，中低价位的商品住宅和经济适用房项目，其销售周期就远远低于高档商品住宅项目。当住宅市场出现过量供应、预期住宅价格会下降时，租售期就会延长；商品住宅供应减少、预期住宅价格上涨时，租售期就会缩短。租售期延长，会增加住宅地产项目的融资成本和管理费用等项支出，特别是在贷款利率较高的情况下，将会给开发商带来沉重的财务负担。

5）容积率及有关设计参数

当住宅地产项目用地面积一定时，容积率的大小就决定了项目可建设建筑面积的数量，而建筑面积直接关系到项目的租金收入、销售收入和建筑安装工程费。如前所述，在项目评估阶段，开发商不一定能拿到政府有关部门的规划批文，因此容积率和建筑面积是不确定的。另外，即使有关部门批准了住宅地产项目的容积率或建筑面积，项目可供出租或出售的面积仍然不能完全确定。因为住宅出售时公共面积的可分摊和不可分摊部分、住宅出租时可出租面积占总建筑面积的比例等参数，在项目评估阶段只能根据经验大致估算。

6）资本化率

资本化率也是影响经济评价结果最主要的因素之一，其稍有变动，将大幅度影响项目总开发价值或物业资本价值的预测值。众所周知，项目总开发价值或项目资本价值可用项目建成后年净经营收入除以资本化率来得到。现假定某项目年净租金收入期望为200万元，若进行市场调查与分析后认定资本化率为8%，与认定资本化率为10%，两者相差2%（假设收益年限为无限年），但所求得的项目资本价值相差500万元（2 500万元 −2 000万元）。另外，在利用折现现金流分析法进行项目投资分析时，行业内部收益率或目标收益率也在很大程度上影响着项目的投资决策。

目前，选择住宅地产项目资本化率的常用办法是选取若干参照项目的实际净租金收入与售价的比值，取其平均值作为评估项目的资本化率，即

$$R = (P_1/V_1 + P_2/V_2 + P_3/V_3 + \cdots + P_N/V_N)/N = 1/N \sum P_i/V_i \tag{4-16}$$

式中，P_i——第i个参照项目的年净租金收入；

V_i——第i个参照项目的市场价值或售价；

R——资本化率。

由于不同专业人员的经验、专业知识及手中所掌握的市场资料有限，所选择的参照项目可能不同，因此会有不同的结论。另外，由于开发周期内市场行情的变化，以及参照项目与投资项目之间的差异，评估时所选择的资本化率与将来实际的投资收益率相比，也不可避免地会出现误差，从而使开发商要承担附加风险。

7）贷款利率

贷款利率的变化对住宅地产项目财务评价结果的影响也很大。由于开发商在开发建设一个项目时，资本金往往只占到投资总额的30%~35%，其余部分都要通过金融机构借款或预售"楼花"的方式筹措。所以，资金使用成本即利息支出对开发商最终获利大小的影响极大。有关资料表明，20世纪90年代初期中国房地产开发项目的财务成本曾经占到了总开发成本的15%~25%。进入21世纪以来，由于世界范围内的经济增长速度放缓，各国贷款利率水平持续下调，到2015年已经降低到6%左右，2019年10月8日是人民银行定价基准转换日，自2019年10月8日起，中国建设银行新发放的个人住房贷款都以贷款市场报价利率（LPR）作为参考基准定价。利率的影响，决定了开发商利用财务杠杆的有效性。

除以上7个主要不确定性因素外，住宅地产项目总投资中资本金或借贷资金所占比例等的变动也会对项目评估结果产生较大的影响。

2. 不确定性因素的相互作用

从以上分析可以看出，住宅地产项目开发过程中所涉及的这些不确定性因素，或者以独立的形式，或者以相互同步或不同步的形式发生着变化。这些变化的最终结果是对住宅地产项目的费用和效益产生影响。假如住宅地产项目的总收入和总费用是以同步形式发生变化的，那么开发商的纯利润将基本保持不变，在这种前提下对项目进行不确定性分析的意义不大。

但在住宅地产项目开发投资过程中，总收入和总费用的变化并不同步。因此，有必要对各不确定性因素的变化情况，以及这些变化对开发商的收益有何影响、影响程度如何，进行详细分析，以保证开发投资决策有充分的依据。

住宅地产项目开发投资不确定性分析的方法，主要包括盈亏平衡分析和敏感性分析。

4.6.2 住宅地产项目开发投资盈亏平衡分析

1. 盈亏平衡分析的基本原理

盈亏平衡分析是在完全竞争或垄断竞争的市场条件下，研究投资项目产品成本、产销量与盈利的平衡关系的方法。对于一个投资项目而言，随着产销量的变化，盈利与亏损之间一般至少有一个转折点，我们称之为盈亏平衡点（BEP），在这一点上，销售收入和总成本费用相等，既不亏损也不盈利。盈亏平衡分析就是要找出项目方案的盈亏平衡点。

盈亏平衡分析的基本方法是建立成本与产量、销售收入与销量之间的函数关系，通过对这两个函数及其图形的分析，找出盈亏平衡点。

盈亏平衡分析有线性盈亏平衡分析和非线性盈亏平衡分析两种。当产销量的变化不影响市场售价和生产成本时，成本与产量、销售收入与销量之间呈线性关系，此时的盈亏平衡分析属于线性盈亏平衡分析。当市场上存在垄断竞争因素的影响时，产销量的变化会导致市场售价和生产成本的变化，此时的成本与产量、销售收入与销量之间呈非线性关系，所对应的盈亏平衡分析也就属于非线性盈亏平衡分析。实际工作中，线性盈亏平衡分析最常用，因此这里主要介绍线性盈亏平衡分析的方法。

1）线性盈亏平衡分析的假设条件

（1）产品销售收入和总成本费用都是房地产开发面积（产品产量）的线性函数。

（2）产品销量和产量相等，即开发的房地产产品全部能租售出去。

（3）产品固定成本和销售单价在产品销售期间保持不变。

（4）同时开发几种不同类型的房地产产品时，应将之组合折算成一种产品。

（5）计算所用的各种数据应是正常生产年度的数据。

2）线性盈亏平衡分析的基本公式

（1）年销售收入公式如下。

$$B=PQ \qquad (4-17)$$

（2）年总成本费用公式如下。

$$C=C_f+C_v Q \tag{4-18}$$

式中，B——销售收入；

P——销售单价；

C——总成本费用；

C_f——固定成本；

C_v——单位产品的变动成本；

Q——产（销）量。

当实现盈亏平衡时，有 $B=C$，即由此可以推导出

$$\text{盈亏平衡点产（销）量 } Q^*=C_f/(P^*-C_v) \tag{4-19}$$

$$\text{盈亏平衡点价格 } P^*=C_v+C_f/Q^* \tag{4-20}$$

$$\text{盈亏平衡点单位产品变动成本 } C_v^*=P-C_f/Q^* \tag{4-21}$$

当产（销）量超过盈亏平衡点产（销）量 Q^* 时，项目处于盈利区域；当产（销）量小于盈亏平衡点产（销）量 Q^* 时，项目处于亏损区域，如图4.1所示。

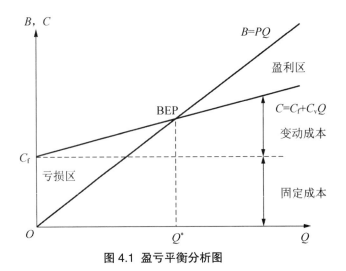

图4.1 盈亏平衡分析图

【例4-7】某项目建筑面积为3万平方米，销售单价为3 000元/平方米，总成本费用为7 800万元，其中固定成本300万元，成本与产量呈线性关系。试求该项目单位产品变动成本，并分别用销量、销售单价、单位产品变动成本表示盈亏平衡点。

解：（1）计算该项目单位产品变动成本。

$$C_v=(7\,800-300)/3=2\,500（元/平方米）$$

（2）根据式（4-19），用销量表示盈亏平衡点。

$$Q^*=300/(3\,000-2\,500)=0.6（万平方米）$$

（3）根据式（4-20），用销售单价表示盈亏平衡点。

$$P^*=2\,500+300/3=2\,600（元/平方米）$$

（4）根据式（4-21），用单位产品变动成本表示盈亏平衡点。
$$C_v^* = 3\ 000 - 300/3 = 2\ 900（元/平方米）$$

2. 住宅地产项目开发投资盈亏平衡分析

住宅地产项目开发投资盈亏平衡分析有临界点分析和保本点分析两种，两者的主要差异在于平衡点的设置。临界点分析，是分析计算一个或多个不确定性因素变化而使住宅地产项目达到允许的最低经济效益指标的极限值，以不确定性因素的临界值组合显示该项目的风险程度。保本点分析，是分析计算一个或多个不确定性因素变化而使住宅地产项目达到利润为零时的极限值，以不确定性因素的临界值组合显示该项目的风险程度。

单个不确定性因素临界值的分析计算可以采用列表法和图解法进行，多个不确定性因素临界值组合的分析计算可以采用列表法进行。假设其他因素不变的情况下，根据式（4-22）测算各变动因素的临界点。

$$总销售收入 = 固定成本 + 变动成本 + 利润 \quad (4-22)$$

1）住宅开发投资项目的盈亏平衡分析中常见的不确定性因素

（1）最低售价。

售价是住宅地产项目最主要的不确定性因素，能否实现预定的售价，通常是住宅地产项目开发投资成败的关键。最低售价是指住宅地产项目的售价下降到预定可接受的最低盈利时的价格，当住宅销售价格低于这一价格时，住宅地产项目的盈利将不能满足预定的要求。最低售价与预测租售价格之间差距越大，说明住宅地产项目开发投资抗市场风险的能力越强。

【例4-8】某开发商拟开发建设一住宅小区项目，总土地面积为60 000平方米，容积率为2.5。已知该项目的土地成本等固定成本为30 000万元，单位产品变动成本为2 500元/平方米。该开发商在完成项目建设后，预计可获利9 000万元。该项目最低平均售价为多少？

解： 总建筑面积=60 000×2.5=150 000（平方米）=15（万平方米）

根据式（4-22）得

$$总销售收入 = 30\ 000 + 15 \times 2\ 500 + 9\ 000 = 76\ 500（万元）$$

$$该项目最低平均售价 = 76\ 500/15 = 5\ 100（元/平方米）$$

（2）最低销售量。

最低销售量也是住宅地产项目最主要的不确定性因素，能否在预定售价下销售出理想的数量，通常是住宅地产项目开发投资成败的关键。最低销售量是指在预定的售价条件下，要达到预定的最低盈利所必须达到的销售量。最低销售量与可供销售量之间的差距越大，说明住宅地产项目抗市场风险的能力越强。

【例4-9】某开发商拟开发建设一住宅小区项目，总建筑面积为5万平方米，已知该项目的固定成本为3 000万元，住宅平均售价为4 000元/平方米，单位产品变动成本为2 500元/平方米。该开发商在完成住宅小区项目建设后，预计可获利300万元。该住宅小区项目的最低销售建筑面积为多少？

解： 根据式（4-22）得

总销售收入 =3 000+300+2 500×4=15 800（万元）

该住宅小区项目最低销售建筑面积 =15 800/4 000=3.95（万平方米）

（3）最高土地取得价格。

最高土地取得价格是指在住宅地产项目销售额和其他费用不变的条件下，保持满足预期收益水平所能承受的最高的土地取得价格。当土地取得价格超过这一价格时，住宅地产项目将无法获得足够的收益。最高土地取得价格与实际估测的土地取得价格之间差距越大，住宅地产项目承受土地取得价格风险的能力越强。

【例4-10】某开发商拟购买土地面积为5万平方米的住宅用地，规划容积率为2.0，已知该项目的周边楼盘住宅平均售价为4 000元/平方米，工程造价等单位产品变动成本为2 500元/平方米。该开发商在完成住宅建设后，预计可获利5 000万元。该开发商获得该地块的最高土地取得价格为多少？

解： 根据式（4-22）得

总销售收入 =4 000×5×2−5 000−2 500×5×2=10 000（万元）

该地块的最高土地取得价格 =10 000/（5×2）

=1 000（元/平方米）

（4）最高工程费用。

最高工程费用是指在预定销售额下，要满足预期的开发项目收益要求，所能承受的最高工程费用。最高工程费用与预测可能的工程费用之间差距越大，说明住宅地产项目承受工程费用增加风险的能力越大。

【例4-11】某开发商拟开发建设一住宅项目，总建筑面积为5万平方米，已知该项目的固定成本为5 000万元，住宅平均售价为4 000元/平方米。该开发商在完成项目建设后，预计可获利3 000万元。该住宅项目最高工程造价等单位产品变动成本为多少？

解： 根据式（4-22）得

总销售收入 =4 000×5−5 000−3 000=12 000（万元）

该住宅项目最高工程造价等单位产品变动成本 =12 000/5=2 400（元/平方米）

2）多因素临界点组合

多个不确定性因素同时发生变化，会引起住宅地产项目经济效益值的变化，当达到临界点时，各因素的变化值组合称为多因素临界点组合。多因素临界点组合的寻找可通过计算机完成。

4.6.3 住宅地产项目开发投资敏感性分析

1. 敏感性分析的概念

敏感性分析是指从众多不确定性因素中找出对投资项目经济效益值有重要影响的敏感性因素,并分析、测算其对项目经济效益值的影响程度和敏感性程度,进而判断项目承受风险能力的一种不确定性分析方法。

敏感性分析的目的包括以下几个方面。

(1)找出影响项目经济效益变动的敏感性因素,分析敏感性因素变动的原因,并为进一步进行不确定性分析(如概率分析)提供依据。

(2)研究不确定性因素变动,如引起项目经济效益值变动的范围或极限值,分析判断项目承担风险的能力。

(3)比较多方案的敏感性大小,以便在经济效益值相似的情况下,从中选出不敏感的投资方案。

2. 敏感性分析的步骤

住宅地产项目敏感性分析主要包括以下几个步骤。

(1)确定用于敏感性分析的财务指标。通常采用的指标为内部收益率,必要时也可以选用财务净现值、开发利润等其他财务指标。在具体选定财务指标时,应考虑分析的目的,显示的直观性、敏感性,以及计算的复杂程度。

(2)确定不确定性因素可能的变动范围。

(3)计算不确定性因素变动时,财务指标的相应变动值。

(4)通过财务指标的变动情况,找出较为敏感的不确定性因素,做出进一步的分析。

进行住宅地产项目敏感性分析时,可以采用列表的方法表示由不确定性因素的相对变动引起的财务指标相对变动幅度,也可以采用敏感性分析图对多个不确定性因素进行比较。

3. 单因素敏感性分析与多因素敏感性分析

根据不确定性因素每次变动数目的多少,敏感性分析可以分为单因素敏感性分析和多因素敏感性分析。

单因素敏感性分析是敏感性分析的最基本方法,在进行单因素敏感性分析时,首先假设各因素之间相互独立,然后每次只考查一项可变参数变化而其他参数保持不变,看项目财务指标的变化情况。

多因素敏感性分析是分析两个或两个以上的不确定性因素同时发生变化时,对项目财务指标的影响。由于项目评估过程中的参数或因素同时发生变化的情况非常普遍,因此多因素敏感性分析也有很强的实用价值。

多因素敏感性分析一般是在单因素敏感性分析的基础上进行的，且分析的基本原理与单因素敏感性分析大体相同，但需要注意的是，多因素敏感性分析需进一步假定同时变动的几个因素都是相互独立的，且各因素发生变化的概率相同。

【例4-12】某开发商拟在其以5 000万元（包含购置税金）购得的一块土地上开发一住宅小区项目，规划允许建筑面积80 000平方米，建造成本为2 500元/平方米，项目的准备期为3个月，建造期为12个月，第4个月到第15个月投入的建造成本分别占总建造成本的比例依次为4%、5%、6%、7%、9%、10%、12%、13%、12%、8%、7%和7%。预计项目从第10个月开始预售，竣工交付后3个月售罄，销售均价为4 000元/平方米，第10个月到第18个月销售比例依次为20%、15%、10%、10%、10%、10%、10%、10%、5%，销售税金为销售收入的6%，贷款利率为7.2%。用现金流法对该项目进行投资分析的结果见表4-26，试对该项目进行敏感性分析。

表4-26 现金流法对该项目进行投资分析的结果 单位：万元

项目名称	月 份									
	0	1	2	3	4	5	6	7	8	9
净销售收入										
销售收入										
销售单价										
销售比例	0	0	0	0	0	0	0	0	0	0
销售税金	0	0	0	0	0	0	0	0	0	0
总开发成本	5 150	860	1 072	1 285	1 500	1 923	2 142	2 568	2 790	2 599
土地费用	5 000									
建造成本比例		4%	5%	6%	7%	9%	10%	12%	13%	12%
建造成本		800	1 000	1 200	1 400	1 800	2 000	2 400	2 600	2 400
小计1	5 000	800	1 000	1 200	1 400	1 800	2 000	2 400	2 600	2 400
管理费用	150	24	30	36	42	54	60	72	78	72
小计2	5 150	824	1 030	1 236	1 442	1 854	2 060	2 472	2 678	2 472
小计2累计值	5 150	5 974	7 004	8 240	9 682	11 536	13 596	16 068	18 746	21 218
财务费用		36	42	49	58	69	82	96	112	127
销售费用										
利润										
成本利润率										

（单位：万元）（续表）

项目名称	月份									合计
	10	11	12	13	14	15	16	17	18	
净销售收入	7 520	5 640	3 760	3 760	3 760	3 760	3 760	3 760	1 880	37 600
销售收入	8 000	6 000	4 000	4 000	4 000	4 000	4 000	4 000	2 000	40 000
销售单价	5 000	5 000	5 000	5 000	5 000	5 000	5 000	5 000	5 000	
销售比例	20%	15%	10%	10%	10%	10%	10%	10%	5%	100%
销售税金	480	360	240	240	240	240	240	240	120	2 400
总开发成本	2 185	1 888	1 797	397	397	397	398	398	298	30 044
土地费用										5 000
建造成本比例	8%	7%	7%							100%
建造成本	1 600	1 400	1 400	0	0	0	0	0	0	20 000
小计 1	1 600	1 400	1 400	0	0	0	0	0	0	25 000
管理费用	48	42	42	42	42	42	42	42	42	1 002
小计 2	1 648	1 442	1 442	42	42	42	42	42	42	26 002
小计 2 累计值	22 866	24 308	25 750	25 792	25 834	25 876	25 918	25 960	26 002	
财务费用	137	146	155	155	155	155	156	156	156	2 042
销售费用	400	300	200	200	200	200	200	200	100	2 000
利润										7 556
成本利润率										25%

解：（1）进行单因素敏感性分析。假设各不确定性因素的变动幅度为 ±10%，则开发利润的变动敏感性分析见表 4-27。可以发现，开发利润的主要敏感性因素依次为售价、建造成本、地价和利率。

表 4-27 开发利润的变动敏感性分析

不确定性因素	原始值	变动幅度		开发利润 / 万元		
		−10%	10%	−10%	0	10%
售价	5 000 万元	−47.12%	47.12%	3 996	7 556	11 116
建造成本	20 000 万元	29.56%	−29.56%	9 790	7 556	5 322
地价	5 000 万元	7.55%	−7.55%	8 126	7 556	6 985
利率	7.20%	2.70%	−2.70%	7 760	7 556	7 352

假设各不确定性因素的变动幅度为 ±10%，则成本利润率的变动敏感性分析见表 4-28。可以发现，成本利润率的主要敏感性因素依次为售价、建造成本、地价和利率。

表 4-28　成本利润率的变动敏感性分析

不确定性因素	原始值	变动幅度		成本利润率		
		-10%	10%	-10%	0	10%
售价	5 000 万元	-46.76%	46.14%	13.39%	25.15%	36.75%
建造成本	20 000 万元	39.97%	-34.44%	35.20%	25.15%	16.49%
地价	5 000 万元	9.63%	-9.28%	27.57%	25.15%	22.82%
利率	7.20%	3.41%	-3.36%	26.01%	25.15%	24.30%

（2）进行多因素敏感性分析。选择对成本利润率最敏感的售价和建造成本，测算这两个不确定性因素共同变化的成本利润率的水平。假设售价按照 ±10%、±5% 变化，建造成本也按照 ±10%、±5% 变化，则该项目的成本利润率见表 4-29。从表 4-29 的测算结果中可以发现，该项目有较强的抗风险能力。

表 4-29　售价、建造成本共同变化对成本利润率的影响

建造成本变化	售价变化				
	-10%	-5%	0	5%	10%
-10%	22.56%	28.90%	35.20%	41.45%	47.66%
-5%	17.80%	23.91%	29.98%	36.01%	42.00%
0	13.39%	19.29%	25.15%	30.97%	36.75%
5%	9.30%	15.00%	20.66%	26.29%	31.88%
10%	5.49%	11.01%	16.49%	21.93%	27.35%

上述分析方法是敏感性分析中最基本的方法，它为开发商提供了关于项目盈利的有用信息和它对变动因素的敏感性，同时指出了哪些因素是最关键的因素。但该分析方法忽视了各因素之间的相互作用关系。在实际项目开发过程中，很可能有几个因素同时发生变化，因此有必要做更进一步的敏感性分析，以弥补上述方法的不足。

4. 敏感性分析的"三项预测值"法

"三项预测值"法是多因素敏感性分析方法中的一种。其基本思路是对住宅项目中所涉及的变动因素分别给出 3 个预测值，即最乐观预测值、最可能预测值、最悲观预测值，根据各变动因素 3 个预测值的相互作用来分析、判断开发利润受影响的情况。

在例 4-10 中经过对市场的全面调查、研究后，分别给出了各变动因素的 3 个预测值，见表 4-30。

表 4-30　各变动因素的 3 个预测值

变动因素	最乐观预测值	最可能预测值	最悲观预测值
售价	7%	5%	3%
建造成本上涨情况（年）	6%	7%	10%
贷款利率（年）	6%	8%	10%
土地成本	4 500 万元	4 800 万元	6 000 万元

从表 4-30 中可以看出，共有 4 个不确定性因素，每个因素有 3 个预测值，故共有 81 种组合情况。如果用人工分别计算每种组合情况，其结果是相当复杂的，在实际投资分析过程中可采用计算机计算。

如果将 4 个因素全部按最乐观情况考虑，或者全部按最可能情况和最悲观情况考虑，则可以得出开发项目的 3 组最有用的结果，具体见表 4-31。

表 4-31　各变动因素的 3 个预测值对开发利润的影响

变动因素	最乐观预测值	最可能预测值	最悲观预测值	原始评估值
开发利润值	9 624 万元	7 764 万元	4 353 万元	7 556 万元
占总开发价值的百分比	23.92%	19.67%	11.24%	20.10%
占总开发成本的百分比	31.44%	24.48%	12.66%	25.15%
在原始分析结果基础上的变化	27.37%	2.76%	−42.38%	—

结果表明，当因素发生变化时，开发利润值在 4 353 万～9 624 万元范围内变化，最可能利润值大约为 7 764 万元。

一般来说，在实际开发过程中是很少出现评估中所涉及的因素全部为最乐观或最悲观的情况，除非政府给予某种特别优惠的政策或者宏观经济出现全面萧条。但不管怎样，对变动因素进行全面分析，有助于开发商或投资商进行正确的决策。

敏感性分析是一种动态不确定性分析，是项目投资分析中不可或缺的组成部分。它用以分析项目财务指标对各不确定性因素的敏感程度，以便找出敏感性因素及其最大变动幅度，据此判断项目承担风险的能力。但是，这种分析尚不能确定各种不确定性因素发生一定幅度的概率，因而其分析结论的准确性会受到一定的影响。实际工作中可能会出现这样的情形：通过敏感性分析找出的某个敏感性因素在未来发生不利变动的可能性很小，引起的项目风险不大；而另一因素在敏感性分析时表现出不太敏感，但其在未来发生不利变动的可能性却很大，进而会引起较大的项目风险。为了弥补敏感性分析的不足，在进行项目评估和决策时，尚需进一步做概率分析。但在实际工作中因缺乏历史统计资料，人们经常使用建立在主观估计基础上的主观概率分布，因此，本书对概率分析不做进一步探讨。

小 结

本学习情境主要对住宅地产项目进行介绍,学生应熟悉住宅地产项目的规划设计和特点,掌握各类住宅地产项目的开发投资特点和投资策略,能够熟练编制全部投资现金流量表和自有资金现金流量表、资金来源与运用表、利润表、借款还本付息估算表,准确计算基本的财务指标,并根据财务指标,运用盈亏平衡分析和敏感性分析方法进行风险决策分析。

练 习 题

一、单项选择题(每题的备选答案中只有1个最符合题意,请把正确答案的编号填在对应的括号中)

1. 对商品住宅地产项目的市场吸纳及趋势的分析,属于住宅市场状况分析中的( )分析。

   A. 需求　　　　　　　　　　B. 供给
   C. 竞争　　　　　　　　　　D. 市场占有率

2. 下列影响住宅市场运行环境的因素中,属于经济环境的因素是( )。

   A. 城市或区域产业结构与布局　　B. 人口数量与结构
   C. 土地资源状况　　　　　　　　D. 建筑技术进步

3. 某住宅地产项目每年可获得50 000元的资金用于偿付年还本付息,贷款人要求偿债备付率不低于1.3,贷款利率为12%,贷款期限为20年,按月等额还本付息。则该项目的投资人所能申请到的最大贷款额为( )万元。

   A. 28.73　　　B. 29.11　　　C. 344.74　　　D. 349.31

4. 在住宅地产项目开发投资的不确定性分析中,最高土地价格分析属于( )。

   A. 临界点分析　　　　　　　　B. 期望值分析
   C. 敏感性分析　　　　　　　　D. 概率分析

5. 对住宅地产项目,不出现在项目投资现金流量表中的是( )。

   A. 销售收入　　　　　　　　　B. 开发建设投资
   C. 营业税金及附加　　　　　　D. 借贷本金偿还

6. 下列征收补偿中,不属于国有土地上房屋征收补偿费用的是( )。

   A. 房屋价值补偿费　　　　　　B. 搬迁补偿费
   C. 停产停业损失补偿费　　　　D. 土地补偿费

7. 下列财务报表中,在编制时要求资金流平衡的是( )。

A. 总投资估算表 B. 经营成本估算表
C. 投资计划与资金筹措表 D. 销售收入与经营税金及附加估算表

8. 某开发商于2019年8月1日获得开发项目用地的土地使用权，2020年6月1日完成规划设计，2020年10月1日获开工许可证，2022年4月1日项目建成并获发竣工证书，2022年10月1日销售完毕。在计算该项目的财务内部收益率时，其计算期为（　　）。

A. 2019年8月1日至2022年4月1日
B. 2020年10月1日至2022年4月1日
C. 2019年8月1日至2022年10月1日
D. 2020年10月1日至2022年10月1日

9. 住宅地产项目开发投资决策分析主要包括（　　）和项目财务评价两个部分。

A. 价格分析 B. 市场分析
C. 产品分析 D. 成本分析

10. 住宅地产项目开发投资的临界点分析，是分析计算一个或多个风险因素变化而使住宅地产项目达到（　　）的极限值。

A. 利润为零 B. 允许的最低经济效益指标
C. 最大费用 D. 最大利润

11. 某住宅地产项目的占地面积2万平方米，土地总价16 000万元，如果住宅开发成本为3 000元/平方米，预测销售价格为8 000元/平方米，则该项目实现盈亏平衡的容积率为（　　）。

A. 1.4　　　　B. 1.5　　　　C. 1.6　　　　D. 1.8

12. 在住宅地产项目开发投资估算阶段，对住宅开发费的估算用到估算公式"直接费＝每平方米造价指标×建筑面积"，这属于（　　）。

A. 单元估算法 B. 单位指标估算法
C. 概算指标法 D. 工程量近似匡算法

13. 某住宅地产项目拟有3个投资方案，若对这3个方案的经济合理性进行比较，则比较的基础是该项目的（　　）。

A. 利润表 B. 资金来源与运用表
C. 自有资金现金流量表 D. 全部投资现金流量表

14. 开发商税后利润应首先用于（　　）。

A. 弥补企业以前年度的亏损 B. 提取法定盈余公积金
C. 提取公益金 D. 向投资者分红

15. 住宅地产项目开发投资估算时，如为委托销售代理的，代理费应列入（　　）。

A. 管理费 B. 销售费用
C. 其他费用 D. 前期费用

二、多项选择题（每题的备选答案中有2个或2个以上符合题意，请把正确答案的编号填在对应的括号中。全部选对的，得2分；错选或多选的，不得分；少选且选择正确的，每个选项得0.5分）

1. 下列现金流量图能表示的住宅地产项目开发投资模式有（　　）。

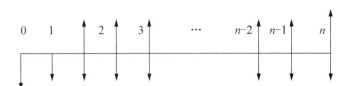

　　A. 开发—销售模式　　　　　　　　B. 开发—持有出租—出售模式
　　C. 购买—持有出租—出售模式　　　　D. 购买—更新改造—出售模式
　　E. 购买—更新改造—出租模式

2. 对于开发—销售模式下的住宅地产项目开发投资，分析其动态盈利能力时的计算期包括（　　）。
　　A. 开发期　　　　B. 论证决策期　　　C. 经营准备期
　　D. 经营期　　　　E. 销售期

3. 开发商进行住宅地产市场状况分析的内容通常有（　　）。
　　A. 供需分析　　　B. 竞争分析　　　　C. 市场占有率分析
　　D. 投资收益分析　E. 宏观因素分析

4. 甲乙两个项目均为出售型住宅地产项目，开发经营期为2年。对这两个项目进行比选时，可直接采用的静态盈利能力比选指标有（　　）。
　　A. 利润总额　　　B. 投资利润率　　　C. 资产负债率
　　D. 财务净现值　　E. 偿债备付率

5. 下列住宅地产项目开发投资成本费用中，属于土地费用的有（　　）。
　　A. 土地出让价款　　　　　　　　B. 土地购置税费
　　C. 基础设施建设费　　　　　　　D. 水文地质勘测费
　　E. 土地开发工程费

6. 住宅地产项目开发投资财务评价的基本报表包括（　　）。
　　A. 总投资估算表　B. 现金流量表　　　C. 资金来源与运用表
　　D. 利润表　　　　E. 资产负债表

7. 在计算住宅地产项目开发投资的偿债备付率时，可用于还本付息的资金包括（　　）。
　　A. 折旧费和摊销费　B. 投资回收　　　C. 投资回报
　　D. 未分配利润　　　E. 权益融资

8. 下列各项中，用以反映项目清偿能力的指标有（　　）。
　　A. 速动比率　　　B. 利息备付率　　　C. 偿债备付率

D. 内部收益率　　　E. 资产负债率

三、判断题（请根据判断结果在括号中用"√"表示正确，用"×"表示错误。不答不得分，判断错误扣1分，本题总分最多扣至零分）

1. 住宅地产项目用于出租或自营时，开发期和经营期发生的期间费用均计入开发建设投资。（　　）

2. 在进行住宅地产项目开发投资盈亏平衡分析时，最高运营费用比率越高，说明投资项目抵抗风险的能力越强。（　　）

3. 在住宅地产项目开发投资策划方案中，对拟开发项目应进行开发内容和规模的分析与选择。（　　）

4. 住宅地产项目开发费中的公共配套设施建设费，包括为居民服务配套建设的各种营利性和非营利性配套设施的建设费用。（　　）

5. 在住宅地产项目开发投资中，开发商所投入的资金大部分以固定资产形式存在于住宅地产商品中。所以对开发商来说，不论其开发模式如何，其投入开发的资金大部分均不属于流动资金的性质。（　　）

6. 住宅地产项目的总开发成本中不包括含销售税金。（　　）

四、计算题（要求写出计算过程；需按公式计算的，要写出公式；仅有计算结果而无计算过程的，不得分。计算结果保留到小数点后两位）

某开发商以3 000万元购得一住宅用地70年的使用权，该住宅用地面积为3 000平方米，规划容积率为5.5。据估算，该住宅地产项目的建筑安装工程费为2 200元/平方米，勘察设计和前期工程费为建筑安装工程费的3%，基础设施和公共配套设施建设费为430万元，开发期间税费按建筑面积计算，为114元/平方米，管理费用为上述费用（土地费用除外）之和的3.5%。预计住宅在项目建成时全部售出，销售费用、销售税金分别为销售收入的3%和5.5%。项目开发期为2年，建造期为1.5年。土地费用于开发期初一次性投入，开发期间税费于建造期初一次性投入，建筑安装工程费、勘察设计和前期工程费、基础设施和公共配套设施建设费、管理费用在建造期内均匀投入。年贷款利率为7.7%，按季计息。不考虑土地增值税。

（1）若开发商要求的税前成本利润率为30%，求该项目的最低售价。

（2）若该项目的售价为8 000元/平方米，求该项目保本的最低销售量。

实　训　题

撰写"任务导入"中的住宅地产项目开发投资分析报告。

（1）报告的基本格式：Word电子文档，有封面、目录、正文，要求目录有链接，目录和正文页眉要有"住宅地产项目开发投资分析报告"字样，页脚有页码，封面、目录与正文分节，正文每部分分节。

（2）报告基本内容：①城市经济社会发展概况；②城市住宅地产项目市场行情分析；③推荐住宅地产项目的基本概况；④投资估算分析；⑤财务分析；⑥决策分析。

（3）财务表格全部用Excel编制，设置公式自动计算，并建立表格间的链接关系，使表格间的数据相互引用，并用Excel的函数计算财务净现值、财务内部收益率等指标。

学习情境 5 商业地产项目开发投资分析

- **商业地产项目开发投资分析**
  - **认识商业地产**
    - 了解商业地产的概念、商业地产开发各阶段的考虑重点、商圈及成功的商业地产良性互动模型
    - 熟悉商业地产分类
    - 熟悉商业地产项目开发与住宅地产项目开发的区别
    - 熟悉商业地产项目的特点分析
  - **商业地产市场分析**
    - 了解商业地产市场分析的工作任务与工作目的
    - 熟悉商业地产市场调研策略分析
    - 掌握商业地产市场调研分析
  - **商业地产项目开发定位分析**
    - 熟悉商业地产项目业态定位、主题定位、客户定位、功能定位、形象定位
    - 掌握商业地产项目档次定位、价格定位、经营方式定位
  - **商业地产项目开发规划设计分析**
    - 了解商业地产项目开发规划设计的市场依据、规划设计理念、产品总体形象设计
    - 熟悉商业地产项目开发规划概念设计、景观概念设计、建筑产品概念设计
  - **商业地产项目业态组合规划**
    - 掌握商业地产项目业态选择
    - 掌握商业地产项目业态组合
    - 熟悉商业地产项目业态功能分析
    - 掌握商业地产项目业态品牌组合和楼层主题设计
  - **商业地产项目开发投资财务分析**
    - 熟悉商业地产项目开发财务指标测算
    - 了解商业地产项目开发盈亏平衡分析
    - 了解商业地产项目开发敏感性分析
  - **商业地产项目开发投资风险分析**
    - 了解风险及商业地产项目开发投资风险的含义
    - 熟悉商业地产项目开发投资风险识别
    - 熟悉商业地产项目开发投资风险评估
    - 了解商业地产项目开发投资风险应对

任务导入

1. 项目背景

恒大水晶国际广场位于杭州市西湖区之江国家旅游度假区的核心区域。杭州之江国家旅游度假区是国务院1992年10月批准建立的12个国家级旅游度假区之一，与西湖风景名胜区毗邻，东临钱塘江、西靠龙坞、灵山风景区，地势开阔平整。区域外围，东南方向面临宽阔雄伟的钱塘江景，西北面是丘陵山地，现状地形平整，少起伏，地势较低。

杭州市城市总体规划将实施由"西湖时代"向"钱塘江时代"跨越的新举措，将"旅游西进"战略作为城区空间扩展的重要战略，之江板块位于杭州市的次中心居住区的西南部，属于城市旅游西进、沿江开发、跨江发展的重点区域。

杭州市政府2009年提出"之江新城"的概念，着力将其打造为时尚、美丽、和谐、环保的宜居之城，设计为花园城市，使其成为杭州的后花园。杭州之江国家旅游度假区规划用地布局形成"一心五轴六片"的空间结构形式。规划至2030年，所有基建完成，人口达50万人。沿江区域26平方千米为杭州低密度城市居住地，规划为旅游度假区，紧邻之江大桥，由核心商务区、住宅片区环绕，本项目是核心商务区的住宅配套项目。

2. 产业规划

以文化创意、休闲旅游、高科技制造为三大产业，全力推进46个重点产业项目和五大项目，推进之江"产城融合"。

3. 商业配套

五星级酒店：杭州华庭云栖度假酒店、杭州绿城云栖玫瑰园度假酒店、杭州千岛湖滨江希尔顿度假酒店等。大规模综合体：水晶城购物中心、杭州国际金融会展中心。办公区：核心商务区建写字楼，已出让办公用地建筑面积约100万平方米。商业：核心商务区已出让商业用地建筑面积约50万平方米。10%留用地：将引进大型超市、影院等。

项目北面约500米处在建杭州国际金融会展中心，该中心将与世界贸易协会、中国商业联合会合作，引进国际国内大型专业展览，并打造中国最高端的国际宝玉石首饰博览交易中心；此外，该中心还将引进国内外大型金融机构、国际零售集团，建设面积达20万平方米的国际5A级高档金融办公中心及大型商业中心，配套建设5万平方米的五星级大酒店。

除此之外，该中心还将建设杭州中融古文化博物馆，打造国际艺术品展示交易中心；西面不远的枫桦西路和江涵路之间，还规划了浙江图书馆新馆、浙江省博物馆新馆、浙江非物质文化遗产馆和浙江文学馆等；西南面约1 000米，320国道附近的之江医院已投入使用。

4. 交通方面

之江大桥已免费通行，往来滨江不用再绕行；之江路提升改造（实现双向六车道），一路直达钱江新城、九堡、下沙；紫之隧道无缝连接城西；地铁6号线已建成通车，其换乘地铁线路最多……以环境宜居著称的之江新城迎来了最好的交通时代。其中恒大水晶国际广场距离地铁6号线之浦路站口约25米，距紫之隧道之浦路入口也仅有1500多米。

5. 周边地价

地块西北面之江度假区单元XH1705-19地块在2020年1月的拿地楼面价为6 969元/平方米，之江度假区单元XH1711-01地块在2020年4月的拿地楼面价为6 263元/平方米，两个项目均为商业综合休项目。2019年9月杭政储出〔2019〕53号地块由中国节能环保集团以总价18.84亿元竞得，住宅综合楼面价7 537元/平方米。

6. 项目名称

项目名称为恒大水晶国际广场〔杭州晶立置业有限公司杭政储出〔2013〕88号地块商品住宅（设配套公共建筑）及商业商务用房项目〕。

7. 项目地址

该项目位于杭政储出〔2013〕88号地块（之江旅游度假区单元R21-B-75-2地块、B1/B2-B-75-3地块），四至范围为：东至规划三号支路，南至珊瑚沙河，西至珊瑚沙河，北至规划二号支路。

8. 项目投资方

项目投资方为三立（中国）控股有限公司和宁波开拓置业有限公司，建设和经营单位为杭州晶立置业有限公司。

9. 建设内容及规模

项目总用地面积为180 365平方米，其中出让宗地面积174 165平方米，划拨用地面积6 200平方米用于配建幼儿园。该项目包含R21-B-75-2地块商品住宅（设配套公共建筑）项目和B1/B2-B-75-3地块商业商务用房项目。R21-B-75-2地块商品住宅（设配套公共建筑）项目用地面积为91 062平方米，地上建筑面积不大于176 544平方米，地下建筑面积约191 000平方米（具体以初步设计批复为准）；规划12班幼儿园用地面积6 200平方米，建筑面积5 580平方米，由建设单位建设后无偿移交政府相关部门。B1/B2-B-75-3地块商业商务用房项目用地面积89 303平方米，地上建筑面积不大于223 257.5平方米。项目主要技术经济指标见表5-1。该项目分期实施，具体以项目方案批复为准。

表 5-1 项目主要技术经济指标

项　　目		R21-B-75-2 地块技术指标	B1/B2-B-75-3 地块技术指标
总用地面积 / 平方米		91 062	89 303
总建筑面积 / 平方米		262 609	413 144.06
其中	地上建筑面积 / 平方米	182 124	223 257.50
	地下建筑面积 / 平方米	80 485	189 645.37
建筑密度		15.76%	45%
容积率		2.0	2.5
绿地率		30%	25%

10. 投资规模

项目总投资 59 990 万美元。注册资本 37 000 万美元，其中三立（中国）控股有限公司出资 18 870 万美元，占注册资本的 51%；宁波开拓置业有限公司出资 18 130 万美元，占注册资本的 49%。总投资与注册资本的差额部分由投资方自行筹措解决。

11. 项目规划

该项目总建筑面积 68 万平方米，除了约 18 万平方米的高端住宅社区，还囊括约 5 万平方米的国际开放式购物中心、约 4.6 万平方米的滨水购物长廊、约 6 万平方米的品牌酒店、约 6 万平方米的下沉式地下商业空间、约 3 万平方米的儿童体验主题乐园、约 5 000 平方米的室内模拟自然海浪泳池等丰富业态。项目规划效果图如图 5.1 所示。

图 5.1 项目规划效果图

现委托杭州世联卓群房地产咨询有限公司做前期调研工作。请以该公司的名义出具一份商业地产项目开发投资分析报告。

5.1 认识商业地产

5.1.1 商业地产概述

1. 商业地产的概念

商业地产（Commercial Property），顾名思义即供商业经营用的地产载体，泛指用于各种零售、餐饮、娱乐、健身、服务、休闲等经营业态的房地产形式。商业地产从经营模式、功能和用途上区别于普通住宅、公寓、别墅、写字楼、厂房等房地产形式。商业地产具有地产开发、商业运营与资本运作三重特性，着眼于长期发展战略。

中国内地正式使用商业地产的概念开始于1999年，以大连万达集团股份有限公司为代表的房地产企业开发了效仿美国商场（Mall）操作模式的"订单式商业地产"。商业地产兴盛于2004年WTO全面对外资开放商业零售以后，全国各大开发商纷纷应势调整战略，陆续推出其商业地产品牌，目前中国正处于商业地产高速发展时期。

2. 商业地产开发各阶段的考虑重点

开发商在开发商业地产时，要考虑项目的地理位置、商业定位、规划设计、招商策略、运营管理等因素，具体如下。

（1）地理位置。应考虑客流规律、交通状况、商业环境、地形特点、城市规划、人口密度等因素。

（2）商业定位。应考虑功能定位（综合、购物、餐饮、娱乐、旅游等）、业态定位（百货、综合超市、购物中心、精品广场、商场、专业卖场、量贩仓储、商业街区、奥特莱斯品牌折扣店等）、风格定位（呼应战略性商业定位业态的内装、外装与环境等）、市场定位（目标客户等）、形象定位（切合定位的个性元素组合）、文化定位（项目所传达的文化主题内涵）等因素。

（3）规划设计。应考虑大区规划、环境空间设计、平面设计、交通组织设计、配套设计、休闲小品设计等。

（4）招商策略。应考虑招商策略的拟定、进场条件与时间的确定、设店商资料收集、设店商分类、引商技巧、媒体投放选择、设店商开业前相关管理事宜。

（5）运营管理。应完善租赁（联营）合同、美化环境与形象、建筑物维修养护、设施设备维护、日常经营运作、系列策划推广、信息化等。

3. 商圈

商圈也称购买圈、商势圈，是指零售店以其所在点为中心，沿着一定的方向和距离扩展，吸引顾客的辐射范围，简单地说，也就是来店顾客所居住的地理范围，理论上是由当地的人口规模、人均可支配收入、出行成本、商业业态所决定的。

零售店的销售活动范围通常都有一定的地理界限，即有相对稳定的商圈。不同的零售店由于所在地区、经营规模、经营方式、经营品种、经营条件等方面的不同，其商圈规模、商圈形态及商圈内顾客分布密度存在着一定的差异，即"商圈效应"。

1) 商圈分类

商圈一般有两种分类方法，一是以顾客密集度来界定，二是以顾客到店的时间来界定。

（1）第一种分类：此类商圈按照顾客密集度来界定，区分为核心商圈、次级商圈和边缘商圈。

① 核心商圈，是最接近零售店、顾客密度最大的区域，是主要商圈。核心商圈的顾客占顾客总数量的60%～70%。

② 次级商圈，是位于邻近商圈以外的区域，顾客密度较小。次级商圈的顾客占顾客总数量的20%～30%。

③ 边缘商圈，是位于外围商圈以外的区域，顾客最少，密度也最小。边缘商圈的顾客占顾客总数量的5%～10%。

（2）第二种分类：此种商圈按照顾客来店所需的时间来界定，区分为徒步商圈、骑车商圈、乘车商圈和开车商圈。

① 徒步商圈，是指步行可接受的范围或距离，一般来说单程以10分钟为限，距离在500米以内，也称之为第一商圈。

② 骑车商圈，是指骑自行车所能及的范围或距离，一般来说单程以15分钟为限，距离在2 000米以内，也称之为第二商圈。

③ 乘车商圈，是指乘公共汽车所能及的范围或距离，乘车10分钟左右，距离在5 000米以内，也称之为第三商圈。

④ 开车商圈，是指开车经过普通公路、高速公路来此消费的顾客群（一般是回头客或慕名而来的顾客），也称之为第四商圈。

随着交通的发展与人们出行方式的改变，商圈分类应该有新的计量标准。商圈辐射范围已从过去的绝对地理距离变为交通时间距离，即商圈开始步入以交通时间来计量辐射范围的时代。

2) 影响商圈的主要因素

（1）零售店经营的商品类型。日用品商店商圈范围小，服装等选购品商店商圈范围较大，电器音响等高档耐用品商店商圈范围最大。

（2）零售店经营的规模。商品类型和服务种类随零售店规模扩大而增加，因此零售店经营规模越大商圈越大。但是二者增加比例不同,且规模增大到一定程度,商圈范围不再扩大。

(3)竞争商圈的扎堆效应。当各家零售店距离很近的时候,每家零售店的商圈不会因竞争而减小,反而会因形成的商店群而扩大整体的商圈范围。

(4)零售店的促销活动。零售店可以通过广告宣传和开展公关活动,以及广泛的人员推销与营销推广活动来不断扩大知名度和影响力,吸引更多的边际商圈顾客慕名光顾,随之零售店的商圈规模也会得到扩张。

(5)交通地理条件(便利性和可及性)。交通地理条件是影响商圈规模的一个主要因素。位于交通便利地区的零售店,其商圈规模会因此扩大,反之则会限制商圈范围的延伸。自然和人为的地理障碍,如山脉、河流、铁路、高速公路、高架立交等不可避免地会截断商圈的发展,成为商圈规模扩大的巨大障碍。

4. 成功的商业地产良性互动模型

参照图5.2,我们可以明确开发商、运营商、设店商三者之间的良性互动关系。

1)开发商

房地产业是资本密集型行业,长线的商业地产更是如此,可见其资本运营的重要性。此外,开发商应顺应政策的导向寻求相关的支持,选择适合该业态的经营地理位置并充分地授权和尊重专业团队或执行顾问,注重财务诚信、结账准时,赢得设店商的赞誉,长期前瞻,忌短视近利。

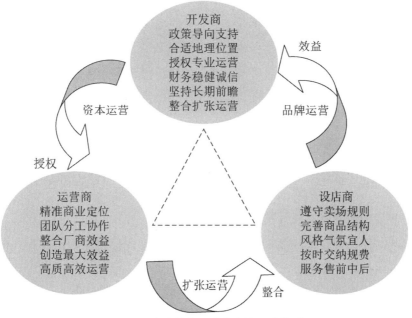

图5.2 成功的商业地产良性互动模型

2）运营商

开发商要授权给专业的运营商，那运营商接受开发商授权后应该做什么？运营商在其中又扮演着什么角色？一般来说，运营商应该担当"扩张运营"（扩大单店经营影响范围、连锁复制、攻城略地）者的角色。在项目战略规划伊始，运营商就要以一定的高度、广度、深度来策划项目的总体规划。

在进行精准的商业定位之后，运营商接下来便是组建与推进整个系统工程（战略统筹、企划推广、招商运营、综合物管、设计工作等），这就涉及团队的分工协作。运营商团队包括战略统筹者、企划推广者、招商运营者、综合物管者、设计工作者等具体角色，合理地把相应的专业人才集结成战斗团队协同作战，才能成功地完成项目任务。例如，战略统筹者要做好整个项目的战略性定位及执行指导；企划推广者要按战略目标，整合营销，利用创意、媒体及活动造势来成功推广；招商运营者要通过前期的市场调研，做好MD广告，把适合进驻的设店商进行分类，策略性地进行招商工作；综合物管者要负责项目后台系统信息化管理的保障支持；设计工作者要全面推进并妥善管理各类工程。在经营管理过程中，运营商团队要尽力做到高质、高效运营，降低管理成本，以取得最大成效，这也是团队专业实力的体现。

3）设店商

运营商要整合设店商的资源。在这个密不可分的三角关系模型中，设店商所扮演的角色也至关重要。他们对品牌经营的好坏强弱，会直接反映到销售额及给项目带来的效益额上。

设店商所要做的首先是"遵守卖场管理规则"，服从卖场的各项管理制度，把自己与卖场绑为一体，休戚与共，如此方能共生共赢；其次还要不断适应市场，调整和完善商品结构，激发顾客的购买欲望；再次设店商还应配合卖场的风格定位，按时交纳各项规费，便于卖场的运营管理顺利进行；最后设店商应重视自身与卖场的商誉，对顾客进行售前、售中、售后的完善服务，让顾客感觉到有可靠的归属感而赢得其忠诚度，长此即可带来更为稳定的客源，也能提升其品牌形象价值。

5.1.2 商业地产分类

不同地域、不同类型的商业地产有不同的分类。

1. 按行业类别功能划分的商业地产类型

（1）零售功能地产：以商品零售为主要功能，通常规模较大。代表业态有百货商场、精品店、家居建材店、商业街、大卖场和商场等。

（2）娱乐功能地产：以娱乐为主要功能，通常和其他类型的商业地产融合发展，呈现大规模、高复合度、时尚化的特点。代表业态有电影城、娱乐城、KTV会所、动漫游艺园、儿童游乐场等。

（3）餐饮功能地产：以餐饮为主要功能，呈现楼层式、单体形式、街廊式融合发展的经营特点。代表业态有小吃店、零食店、快餐饮品店、品牌正餐店、大型餐饮店、休闲餐饮中心、美食广场等。

（4）健身服务及休闲功能地产：以健身休闲为主要功能。代表业态有健身馆、SPA馆、瑜伽馆、运动俱乐部、运动用品专卖店、舞蹈教室、武术馆、企业团队建设赛场等。

（5）商品批发功能地产：以商品批发为主要功能，为商品集散地。代表业态有小商品批发市场，轻纺、饰品批发市场等。

2. 按消费行为划分的商业地产类型

（1）物品业态房地产，是供消费者购物的商业地产形式，其首先强调销售物品，与商业服务紧密相关，物品是其最基本的经营内容。代表业态有商场、大型购物中心、百货商场、超市、家居建材店、工厂直销折扣店、各种室内外商业街，以及各种类型的商品旗舰店和专业店。

（2）服务业态房地产，是供消费者就餐、办公、住宿的商业地产形式。代表业态有餐饮房地产、写字楼、服务型公寓、SPA馆等。

（3）体验业态房地产，是为消费者提供某种身心感受的商业地产形式。代表业态有娱乐类房地产、休闲类房地产等。

3. 按建筑形式划分的商业地产类型

（1）单体建筑，指商业地产项目独立在特定地块上建设，没有其他房地产存在。单体建筑形式的商业地产项目一般为单一业态模式，通常都设有主力店，如百货店、购物中心等。

（2）综合建筑，指几种业态形式的商业集合在一个项目中，甚至是商业地产和住宅地产结合的开发模式。例如，项目中有一个一定规模的卖场，而其周边或上面是公寓、酒店、写字楼等项目。综合建筑形式的商业地产在项目规划设计阶段还面临多种房地产形式的统一规划问题，如果规划不合理，很可能会影响整个项目的成功运营。

（3）建筑群落，由多栋大小不等的建筑物组成，如奥特莱斯折扣店或旅游商业地产。

（4）商业街区，是我国最主要的商业组合业态，街道的形式由各种零售业态组合而成。根据其性质定位可以分以下几类。

① 中心商业街区：规模大，辐射范围广，来自其他区域的消费人群数量占人流总量的70%，是城市零售市场的晴雨表（长度以800～1 200米为宜），如上海南京路商业街。

② 次级商业街区：规模较中心商业街区小，消费人流主要来自商业街区所在的区域，其他区域的消费人流占的比例不大（长度以600～1 000米为宜），如上海四川北路休闲街。

③ 邻里商业街区：规模较小，客源主要来自附近住宅区的居民，其他区域的居民前来购物消费的极少（长度以300～500米为宜）。

④ 专业性/个性商业街区：规模可大可小，具有消费指向性（长度以300米以内为宜）。

5.1.3 商业地产项目开发与住宅地产项目开发的区别

1. 规划层面的区别

（1）与住宅地产项目开发规划相比，商业地产项目的客户需求个性化特点非常鲜明，各种业态对商铺的要求具有不可替代性。大型商业地产项目的业态和功能较住宅地产项目更为复杂，各种人流、物流、水平和垂直动线及消防疏散的组织要求相当烦琐。在满足功能要求的前提下如何满足未来大量商家的需求，特别是可视性和可达性，以获得最大的商业利益，进而为开发商取得最大的出租（联营）和出售回报，是商业地产项目规划设计时需要重点考虑的问题。

（2）与住宅地产项目开发规划相比，在大型商业地产项目的平面设计中，对各部分功能都有严格的要求，如主力大卖场、百货商场等每个品牌业态，对建筑的面积、柱距、层高、电梯位置、设备设施等都有不同的要求，对大型娱乐设施的功能布局、内部人流路线更是有严格的要求。而如何将大量商铺区域的平面灵活地组织，化整为零，利于出租，同时又可化零为整，有利于整体管理，这都直接影响到开发商的经济回报甚至关系到项目的生死存亡。

所以，商业地产项目的规划必须以招商为基础进行，并伴随整个招商过程。开发商在进行商业地产项目开发时要汲取多方面的经验，不仅包括优秀商业空间设计师的专业经验，还包括主力店及次主力店等的建议，这样才能避免因规划不当带来的投资损失。

2. 开发流程层面的区别

与住宅地产项目仅仅通过开发商和购买者两个环节就可以构成的单一价值链不同，商业地产项目是社会商业行为的物质载体。所以，在商业地产项目的价值链上除了开发者，还包括与商业活动有关的消费者、设店商、经营者和投资者。因此，商业地产项目开发要权衡的利益更多，开发流程也更为有机、复杂，各环节是否链接正常都将直接影响项目的盈利。

1）商业地产项目选址过程更严谨

一般情况下，无论是住宅地产项目开发还是商业地产项目开发均要在项目选址前进行初步市场调研。客观地讲，住宅地产项目开发选址的灵活性较大，其开发商只需要迎合目标客户群的喜好即可，即使前期拿地失误也可以在后期通过一系列策略来弥补；而在商业地产项目开发中，开发商不仅要考虑投资者的利益，还要考虑运营商、设店商、消费者的利益，所需平衡的利益方增多，开发商要想完全掌控全局相对困难，一旦拿地失误，就很有可能损失惨重，所以商业地产项目的选址过程比住宅地产项目更严谨。

对住宅地产项目的目标客户而言，无论他们是投资还是自住，首先考虑的都是社区的环境、便利性和居住氛围，对地段有一定的要求；而商业地产项目考虑的是经营增值、周边效益，所以商业地产项目一定要选择具备商业发展潜力的地段或区域，这样才能保证项目的长期盈利。

2）商业地产项目调研更复杂

在住宅地产项目开发市场调研的基础上，商业地产项目增加了区域结构、城市商业发展规划及政策、区域零售业结构、消费导向、商铺分布及经营状况、未来供应量、地块交通、自然条件、社会条件、商圈等方面的分析。

3）商业地产项目开发定位更系统化

除了目标客户定位，商业地产项目还必须进行目标市场定位、目标消费群定位、目标投资小业主定位、目标设店商群定位、经营定位、功能定位、经营规模定位、形象定位等。

4）商业地产项目开发环节更多

商业地产项目开发比住宅地产项目开发增加了筹组、开业、运营、管理4个环节。在住宅地产项目开发中，不少开发商经常扮演"甩手掌柜"的角色，开盘、营销、交楼后就消失得无影无踪，从而给经营管理者留下一堆问题。

一个正在销售的商业地产项目如果想持续盈利，则必须在前期预留很大一部分商铺用于"旺场"（拉动人气）后自营。所以，开发商不能抱着当"甩手掌柜"的心理来开发商业地产项目，而必须抓好运营、管理这两个环节，这样才能减少经济纠纷，获取最大的利润。

而且，商业地产项目交楼后，开发商还面临着开业问题。这个环节也是住宅地产项目开发中没有的。一般来说，开业是否能吸引足够的人流，往往直接决定了后期的经营状况。一旦开业失利，开发商必然陷入投资者、设店商等因营业惨淡而带来的被动局面。

3. 利润层面的区别

（1）商业地产项目开发与住宅地产项目开发在经济效益上有本质的区别，住宅地产项目的未来经济利润可以使用普通会计利润来预算，其利润途径只是简单的销售收入扣减开发总成本；而商业地产项目的开发利润则要通过多种不定性的途径实现，其中包括有形效益和无形效益。

（2）目前，国内在商业地产项目开发建设中存在着4种权益关系，即开发商权益、物业所有者权益、设店商权益、运营商权益。一般开发商通过销售及委托运营商运营物业而获得利益；物业所有者通过出租、自营或把商业物业委托给运营商运营，以此获取收益；经营商通过商品销售获取经营效益；运营商通过专业的定位、规划、运营来获取顾问费或获利分成。

5.1.4 商业地产项目的特点分析

目前，住房和城乡建设部按用途对房地产项目划分的类型中，商业地产项目主要指零售业、批发业的房地产，包括商场、购物中心、商业店铺、超级市场、批发市场等。而在实际运用中，人们有时将商业地产项目涵盖的范围扩大，除零售业、批发业房地产外，还包括餐饮、娱乐等其他营业性、经营性房地产。鉴于商业有广义（指所有以营利为目的的事业）与狭义（指专门从事商品交换活动的营利性事业）之分，本书对商业地产项目的研究侧重于后者,即以狭义商业为基础,主要指进行商品交易活动的零售、批发商业经营场所的开发,与住房和城乡建设部关于房地产项目分类中的商业地产项目范围一致。除一般房地产开发项目的特点外,下面主要从顾客构成、项目选址、定位规划、经营方式、资产经营、竞争及风险、城市功能及社会效益等方面阐述商业地产项目的主要特征。

1. 顾客构成的双重性

商业地产项目与其他房地产项目的显著区别之一就是其顾客构成包括两个层次:第一个层次是直接承租或购买商业用房的经营商户,这个层次的顾客是开发商的直接顾客;第二个层次是前来商业区购物的终端顾客,这个层次的顾客是经营商户的直接顾客、开发商的间接顾客。在第一个层次中,还存在这样一种情况,即前来购买商业用房的是投资者,而不是真正的经营商户。这些投资者看中了商铺未来的升值潜力,先期购买产权,然后转租给经营商户,立足于长期稳定的回报;或者见机抛售,获取收益。这两个顾客层次与被誉为"现代营销学之父"的菲利普·科特勒将营销环境中的市场分为业务市场和消费者市场相类似。对于开发商来说,第一个层次的经营商户(业务市场)固然重要,毕竟项目收入直接来源于承租或购买物业的经营商户,但项目整体的发展还有赖于第二个层次的终端顾客(消费者市场),因为广大消费者的认同程度直接影响着经营商户承租或购买物业的行为,进而影响项目收益。此外,开发商对于第一个层次中的投资者需予以足够注意,若投资者过多,将不利于项目的长远运营。

2. 项目选址分析的渐进性

所有房地产项目都存在项目区位的分析与选择,包括地域与具体地点两个层次的分析与选择。对于商业地产项目来说,尤其要重视项目选址这项工作,并需按层次进行渐进分析。商业地产项目的运营是直接面向购买商品的广大消费者的。不同城市或地区的经济总量、社会发展、人口数量、收入水平、消费水平等存在很大的差异,这些差异也影响着项目可达到的市场目标。根据有关宏观指标数据,在行业内人们往往将城市划分为一线城市、二线城市、三线城市等不同层次,这其实就反映了不同城市或地区的消费市场容量水平。项目所在城市或地区的选择直接决定了项目运营可能面对的主要消费群体的总体状况,包括消费需求和消费能力,对项目发展影响巨大。项目所在的城市或地区选定后,就需考虑项目的具体地点。顾客在选择商店进行购物时,店铺的位置往往是其考虑的最重要因素。同时,店铺的地理位置也是形成差别化甚至垄断经营的重要条件。商业地产项目的位置一旦确定,就无法更改,若项目所在位置无法吸引到足够多的顾客,经营商户自然就不会前来承租或购买物业,也就无法实现项目收益。优越的项目区位是商业地产项目获得其他竞争者不易模仿的竞争优势的重要途径。

3. 定位规划的多方需求与整体性

对于商业地产项目来说,潜在的直接顾客(即经营商户)包括百货公司、连锁超市、专卖店、专业店、个体经营户等不同的经营主体，另外往往还有配套的餐饮、休闲、娱乐等机构，既有外资、国资，也有民企、个人。各经营商户的经营内容、经营特色存在很大的差异，相应对物业的需求也呈个性化。同时，商业地产项目还要面对广大的终端顾客，这一层次的顾客结构更加复杂。因此，若在项目前期还没有找到有意承租或购买物业的经营商户（如果有，项目的开发建设就可以按经营商户的需求进行，也可称之为定制），则项目在市场定位上需最大限度地确定主要顾客方向，且项目的开发建设需尽可能考虑多方面的需求。另外，在已基本设定市场目标的前提下，商业地产项目的规划更加追求整体性，这体现在项目前期的策划定位、中期的开发建设和后期的经营管理全过程中，需要整体策划、整体定位、统一推出，尽可能避免单打独斗、零散开发、零散租售，否则会破坏整个商业地产项目的完整性、协调性及对外形象。考虑到商业地产项目具有公共服务的特点，在具体规划设计中还需特别注意公共空间和配套设施的设计，强调功能作用、引导作用、服务作用，确保商业运营所要求的大规模人流、实物流、资金流、信息流的高效运转。

4. 经营方式的多样性

不同于住宅地产项目等主要采用开发销售的方式，商业地产项目采用的经营方式更为多样，在出售和出租两种基本方式的基础上，还包括整体出售、整体出租、出售出租混合、出售自营混合、出租自营混合、出售出租自营混合等多种方式，另外还有售后包租、售后托管等其他方式。实际上，大中型商业地产项目很少采用直接销售，而以混合型运营居多。此外，项目是由开发商投资建设的，租售的对象可能是直接经营的商户，也可能是本身不经营而准备二次转租转售以谋求收益的投资者，其经营方式也有很大的灵活性。经营方式的多样性使得经营方案的比选成为商业地产项目决策分析和评价中一项重要的工作。是通过出租获得持续收益，还是通过出售获得一次性回报，以及各经营方式如何有机组合，开发商需要综合考虑资金压力、自身经营能力、市场接受程度、近期与远期利益等各方面因素。此外，拟定经营方案下的财务收益也存在很大的不确定性。

5. 资产经营的长效性

商业地产项目建成后，不再只是物业管理，更多的是一种对资产的经营。对于开发商来说，住宅地产开发销售的模式决定了其资产难以实现增值（销售完毕就意味着开发结束），而商业地产项目具有长期经营的市场需求，既可以通过出售获利，又可以通过出租或其他经营方式获得长期的利润回报，从而在长期经营中实现资产增值。搞好商业地产项目的经营管理，可以满足企业在多方面的发展需求，如扩大企业知名度、提升企业品牌形象、保持一定稳定的现金流、实现经常性回报、增强融资能力等，并能以此固定资产作为未来发展的基础，形成企业的核心竞争力。商业地产项目在资产经营方面具有独特的优势，也正基于此，项目的成功不仅仅体现在所开发商业地产的出租与出售完毕，取得一定的经济收益上，还体现在所定位商业的运营成功上。

6. 竞争激烈、风险高

总体而言，商业地产项目比其他一些房地产项目的投资回报率高。但是，商业地产项目建成后，项目本身没有明确的租约保障，没有固定的消费对象，项目的发展与商业发展密切相关。项目运营收益的高低不仅取决于自身的环境条件、营销策略，还取决于区域的社会经济发展状况。城市发展的重心、人们的收入及消费水平、需求变化等将直接影响项目的效益水平。基于商业本身竞争的激烈性，商业地产项目之间的竞争也十分激烈，投资风险相对较高。

7. 可促进城市功能提升，产生良好的社会效益

城区的形成和再发展是以复杂和综合的因素为动因的。一个城市新区的形成，必然要有足够的地理因素、交通因素、人口因素、基础设施因素及包括商业网点在内的服务因素等诸多条件支撑。一定规模的商业网点作为城市功能的必要条件和外在反映，不仅可以满足人们的居住生活需求，还能促进人口集聚和资源流动，催化城市新区的建成。成功的商业地产项目对所在地域区段的城市功能和结构能产生很大的影响，具有显著的辐射带动效应，直接体现之一就是其往往可以带动周边房地产的增值。此外，商业地产项目可以产生良好的社会效益。商业本身具有对劳动力较强的吸纳能力，商业地产项目建成运营后，能为当地提供大量的就业机会，促进所在地区充分就业。商业项目的正常运营，可以形成大量的消费，上缴一定的税金，为经济增长、财政收入等做出贡献。

5.2 商业地产市场分析

通过对项目所在地商业地产市场总体供求情况和项目的区域性供求情况及对特定目标群体的调查，了解目标商家的分布及消费心理、消费特征，综合地分析、判断本市商用地产市场未来 3~5 年内的趋势走向，可以为项目的市场定位、开发策略及项目规划等提供依据和指导性意见。

5.2.1 商业地产市场分析概述

影响商业地产市场项目的因素很多，如市民的收入水平、消费水平与消费结构，商圈半径、新旧商业格局，商业贸易的繁荣程度及其影响力，商场物业所处区域（或商圈）的商业环境，竞争对手的实力与策略等。因此，商业地产市场分析成了商业地产项目开发投资前的首要工作。

1. 工作任务

通过对项目环境的综合考察和市场调研分析，以项目为核心，针对当前的经济环境、本地区商业地产市场的供求状况、项目所在区域同类商业物业的现状、经营商家的承租行为进行调研分析；再结合项目进行 SWOT 分析，以上述调查资料为基础，对项目进行准确的市场定位和项目价值分析，捕捉盈利的机会，并把开发理念转化成项目持续品牌战略，指导项目的总体规划设计，对项目进行定价模拟和投入产出分析，并就规避风险进行策略提示，同时对项目开发节奏提出专业意见，使项目投资迈出成功的第一步。

2. 工作目的

（1）深度把握项目所在区域的商业地产情况，洞悉项目商业机会。

（2）以未来界定现在的策划模式，赋予项目独一无二、个性化的主题概念，与同区域内其他项目形成卖点落差，提炼项目的核心吸引力。

（3）细化项目的市场定位，打造项目的真正差异化，塑造项目耀眼的特色性质。

（4）通过专业运作及战略联盟商家的实际需求，界定项目的战略定位，领跑同行业内商业市场，成为同区域商圈的新商业革命引擎。

5.2.2 商业地产市场调研策略分析

1. 市场调研步骤

第一步：界定问题。
第二步：寻求解决问题的方法。
第三步：制定调研方案。
第四步：进入现场或收集数据。
第五步：整理和分析数据。
第六步：准备及呈送调研报告。

2. 市场调研分类

商业地产市场调研通常按照不同目标、任务、规模、方式，可将其分为以下几类。

（1）按工作任务，可分为基础调研、专题研究调研、项目定位调研。

（2）按工作规模，可分为全地段全面考察调研、典型代表调研、个案深入调研。

（3）按操作方法，可分为实地考察调研、问卷调研、访谈调研。

（4）按调研形式，可分为系统分工调研、集中快速调研、自由漫游调研。

3. 市场调研范围

各类市场调研的范围见表 5-2。

表 5-2 市场调研范围

调研种类	所需资料分析范围
商圈分析	对项目所在的商圈做出基础分析,另找出商圈的辐射范围、业态情况、营业品种、商业租金水平、人流状况与交通状况等
消费者分析	对消费群结构、消费能力、消费习惯、收入、偏好等做调研
投资客户分析	对投资客户投资的商铺做基础调研,如了解其营业时间、业绩、铺面状况等

4. 确定市场调研方法

市场调研的准确与否,很大程度上取决于所采用的市场调研方法。一般情况下,商业地产的市场调研可采用以下 4 种方式。

(1) 直接调查:直接与政府人士、房地产代理商、开发商、金融部门、行业协会、社会有关机构及市场中的活跃人士进行广泛的交流接触,询问、请教他们,以较快的速度获取所需的市场信息。通过这种方法取得的信息往往比较可信。

(2) 间接调查:通过报纸、杂志及其他媒体收集有关房地产信息、发展动态、市场分析等材料。当然对这些材料要对比分析,去伪存真。

(3) 直接征询:这一方法的难度相对较大,但获得的信息具有较强的参照性,对项目的定位和营销方案的制定很有意义。使用这种方法,首先要把想要咨询了解的问题编制成问卷,其次还要注意咨询调查对象的选择,应合理选择各阶层不同年龄、文化、收入层次的被访人员,使调查具有代表性。直接征询也可以通过街头随机访问或在展销会上进行。

(4) 现场"踩点"调查:调查人员以买楼者身份直接进入销售现场,通过索取楼盘资料、听售楼员介绍、实地调查获得资料。不过要注意楼盘资料和售楼员介绍是否有夸大和不全面之处,不要为其表象所迷惑。尽可能通过参观楼盘、施工现场及其他途径从侧面(如通过内部人员和一些已购房人士做深入的调查)增加调查结果的可靠程度。

5.2.3 商业地产市场调研分析

1. 商业地产项目宏观经济环境分析

(1) 经济环境。首先要阐明城市的地位,即城市所处经济圈的基本情况及城市在所处经济圈中的地位;其次要分析城市的经济发展状况,即分析城市 GDP 和人均 GDP 及其变化情况、产业结构及其演进、城市主导产业及重大产业投资发展状况、固定资产投资和房地产投资情况及房地产开发投资占固定资产投资的比重、城市化进程等;最后要分析城市的社会发展状况,即分析城市人口及其近年的变动情况、城市外来人口状况与人口导入政策、城市在岗职工平均工资水平及其变化趋势、城市居民人均可支配收入及其变动趋势、城市居民储蓄存款余额及其变化趋势、社会消费品零售额(操作时,资料收集渠道为城市政府门户网站和年度政府工作报告)。

（2）城市规划。分析城市发展的总体目标、总体布局规划，城市区域功能划分、各区域规划发展目标，城市交通建设状况，城市更新和旧城改造（操作时，资料收集渠道为该城市城乡规划局门户网站和年度政府工作报告）。

（3）城市商业网点规划。分析城市商业定位及发展目标、商业中心规划布局、各类商业专项市场规划布局、大型零售网点规划（操作时，资料收集渠道为该城市城乡规划局与经信局门户网站及年度政府工作报告）。

杭州市投资环境分析

（4）政策环境。政策环境是指房地产开发所面临的政策和制度环境，主要分析与房地产有关的财政政策、货币政策、产业政策和土地政策等（操作时，资料收集渠道为该城市城乡和住房建设局、国土资源局门户网站，以及政府关于住房保障与房地产行业发展的最新规划等）。

2. 商业地产项目市场分析

（1）商业用地的供应。分析历年供应的商业用地，包括土地位置、面积、容积率、土地价格等关键指标，推测未来几年商业形态的分布、商业地产的供应情况及商业物业的价格走势。

2015年中国商业地产市场发展分析及2016年趋势展望

（2）商业地产开发情况。分析历年商业地产的开发情况，包括商业地产施工面积、新开工面积、竣工面积等关键数据，结合商业地产开发周期，进一步推断未来几年商业地产的供应情况。

（3）商业地产需求状况。分析历年商业地产的销售面积、销售金额、平均价格、经营情况、租金走势及出租率等，推断未来几年商业地产的需求状况。

（4）租售价格比。租售价格比被广泛用于衡量一个城市或地区的商业地产的投资价值。在国内，评判商业的投资价值时，较多采用的租售价格比为120～150。通过分析该指标可以判断城市或地区商业物业的价格水平或投资价值，以及商业成熟度和经商环境。

3. 商圈分析

1）商圈分析步骤

第一步：确定资料来源，包括销售记录分析、信用证交易分析、邮政编码分析、调查等。

第二步：确定调查的内容，包括顾客购物频率、平均购买数量、顾客集中程度等。

第三步：对商圈的3个组成部分进行确定。

第四步：确定商圈内居民人口特征的资料来源。

第五步：分析商圈内居民的消费特征。

第六步：分析竞争对手与市场其他情况。

第七步：根据上述分析，确定是否在该商圈内营业，最后确定项目所在的区域和具体地点。

2）商圈分析内容

（1）项目所在区域商贸状况。分析范围包括商品交易状况、恩格尔系数、居民收入及消费构成等。

（2）人流（包括垂直人流及水平人流）分析。分析范围包括人流量、停留时间、每次消费金额、对不同消费类别（吃、喝、玩、乐）的需求等。

（3）商圈辐射范围。分析范围包括核心商圈、次级商圈辐射范围，商圈内的其他竞争项目等。

新设商业地产项目确定商圈主要根据当地市场的销售潜力分析，可以根据城市规划、人口分布、住宅小区建设、公路建设、公共交通等方面的资料，预测本项目将来可以分享的市场份额，从而确定商圈规模的大小。

3）商圈容量测算

商圈容量是指在一定经济区域内，以商场或商业区为中心，向周围扩展形成辐射力，对顾客吸引所形成的一定范围或区域的最大容量。

测算商圈容量，使用比较广泛的是饱和度指数，其公式为

$$IRS = (C \times RE) \div RF \qquad (5-1)$$

式中，IRS——饱和度指数；

C——顾客总数；

RE——每位顾客的平均购买额；

RF——商圈内商场的营业面积。

【例5-1】假设某年某商圈的商场每平方米平均营业额为10 996元，顾客总数为350万人，全年每位顾客的平均购买额为5 000元，现有商业物业为110万平方米，则该商圈的饱和度指数为多少？

解：根据式（5-1）得该商圈的饱和度指数为

$$(350 \times 5\,000) \div 110 \approx 15\,909（元/平方米）$$

该商圈每平方米的营业额与正常水平相差近5 000元，说明该商圈的商业物业还有开发投资空间。

案例1

杭州市武林商圈分析

杭州市武林商圈北向跨运河至文晖路，与朝晖大型居住区相邻，南至凤起路，东至中山北路，西与武林路时尚女装街相接，商业业态布置格局就是典型的U形坐北朝南布局。它的朝南开口像一个袋口，也像一个聚宝盆口，既可以吸纳来自东西两端的诸如环城北路、体育场路的人流量，也可以容纳来自朝南方向的延安路的客流量。因此，一直以来武林商圈就是杭州最繁华的核心商圈，它是杭州商业繁荣的一个象征，也是各大商家的必争之地。

经过多年的发展，现在的武林商圈不仅有积聚相当好的人气基础，还具有非常成熟的

商业形态，其商业集中、交通便捷、基础设施完善。商圈内居民多具备较强的经济实力，能够形成有效的消费。武林商圈的包容性非常强，涉及的业态也非常广。高档购物中心、百货商场、专业市场、专卖店、便利店都有分布；商圈内还有很多品牌专卖店、特色餐饮连锁店、咖啡店、服装店及各类饰品店。今后商圈内的经营业态将会增加休闲娱乐及时尚消费元素，所以，酒吧、咖啡吧、茶座及高档精品店（如家居用品店、香水店）都比较适合这一商圈的商铺经营。

早前的武林商圈主要集中在武林门一带，杭州大厦、银泰百货、杭州百货大楼等大型购物商厦雄居武林广场，后来连卡佛的入驻又将武林商圈的购物档次提升了一级；白马大厦、华浙广场、同方财富大厦等商务楼林立，电信、联通、移动总部也坐落在此，商贸业发达；而白鹿鞋城、华贸鞋城、武林鞋城、百姓鞋城、步步高鞋城等大型鞋城的集中，各大品牌手机专卖店的开放，使得武林门一带的市场更为繁荣。近年来，随着武林路时尚女装街两期工程的完工，武林路从一条普通的小马路一跃成为武林商圈中耀眼的明星。在武林路时尚女装街，既可以购买诸多大牌服饰，又可以选择一些本地品牌服饰。当然，武林路更为吸引人的是它各具风格的林林总总的小店铺，如假日帆船、太阳雨等，它们共同组成了武林路多姿多彩的流行世界。由于生意红火，武林路的店铺开始向孩儿巷、龙游路等周边地区扩展。由于武林商圈一带的人气一直很旺，因此附近旺铺的地位依旧牢固，而且供求极不平衡，基本处于卖方市场。商铺售价为4万～8万元/平方米，年租金最高可达7 000元/平方米左右，投资回报率为6%～7%，方位稍逊的投资回报率为4%～5%。也有一些相对便宜的商铺，这些商铺或位于小马路边或商业氛围相对较差。其中，孩儿巷商铺售价约在2.5万元/平方米以上，百井坊商铺售价约为2.2万元/平方米，附近的白云大厦、同方财富大厦或越都商务大厦售价为3万～3.8万元/平方米。而目前体育场路商铺售价也多高于3.5万元/平方米，有的甚至超过5万元/平方米。按照规划，作为武林中央商务区发展建设的武林商圈，其业态结构将由目前的商业30%、商务30%、住宅40%，转变为商业40%、商务40%、住宅20%，商业发展前景更好，商铺经营更加有利可图。由于该地区大型百货店已相当密集，因此今后要鼓励发展品牌专卖店、专业店及中小型餐饮业，在西湖文化广场周边增加休闲娱乐及时尚消费设施。规划期间，将结合地铁1号线站、地下车库及武林广场地下商城建设，以武林商圈为核心，打造武林中央商务区。

案例2

无锡市必胜客万达广场店商圈分析

1. 商圈的形态

（1）商圈特征：商圈规模大，商业场所多，人口密集，流动人口多。

（2）消费特点：快速、流行、便利性、冲动购买、消费金额相对较高。

（3）周边商店的聚集状况：多功能聚集（零售业、餐饮业、服务业、娱乐业、邮电业、金融业等聚集）。

2. 商圈所覆盖的范围

万达广场位于无锡市滨湖区河埒口中心商务区，处于河埒核心地区，东至青祁路，北至梁溪路，南到梁青路，西为蠡溪路。万达广场北面正对河埒休闲广场，南面有大型超市大润发，附近还有无锡市第四人民医院、西郊宾馆、育红小学、滨湖区实验幼儿园、建设银行、交通银行、江苏银行等。而必胜客位于万达广场的一楼东门，刚好方便周边的人流和车流，在其周围还有一些大型住宅，如万达公寓、紫金英郡等，住宅区的人口众多，必胜客能够满足其中一些年轻夫妇的需求，所以其商圈覆盖的范围及其定位也在不断地扩大。

3. 人口规模及特征

（1）1千米范围内常住人口6万人、流动人口2万人。

（2）2千米范围内常住人口17万人、流动人口6万人。

（3）3千米范围内常住人口30万人、流动人口10万人。

流动人口密度大，辐射地区人口规模集中；年龄分布为各个年龄段均有，因为万达广场各种货物种类齐全，能够满足不同消费者的需求。

4. 竞争商圈分析

（1）竞争商业地产项目现状调研分析，包括面积、特色、经营范围、业态、主要客户、辐射范围、主题概念、功能区划、业态组合、工程进度、周边配套、现场包装、媒体选择、广告效率、售价、租金、招商率、商户组合、经营状况、物管等分析。

（2）竞争商业项目总体分析，包括资金实力、性质、优势、劣势等的调研分析。

案例3

竞争商圈调查分析

3个竞争商圈调查分析汇总见表5-3。

表5-3 3个竞争商圈调查分析汇总

商圈名称	巴人广场商圈	新商业圈	老钟鼓楼商圈
所在片区	江北片区	巴城片区	巴城片区
形成时间	2002年5月	2000年左右	20世纪90年代
形成原因	市政建设、政府推动	位置优越、自然形成	学校聚集、交通发达
商圈半径/米	200	150	150
辐射范围	巴州组团	巴城片区、江北片区	巴城片区
周边配套	交通发达，周边银行、购物商场、娱乐休闲等商业配套十分完善	交通发达，周边娱乐、餐饮等十分发达	交通拥挤，配套逐渐落后
与本案的距离	1 500米	1 100米	660米
商圈特色	南侧的九洲商业城、西侧的德记大楼和东侧的盛华堂商业城，加之地下的人民商场组成巴州区最大规模的商务中心区	周边娱乐、餐饮配套齐全，是巴中市最密集的娱乐会所场所	巴州中学、巴师附小等学校聚集，周边购物、娱乐配套完善

续表

主力业态	超市、大卖场、休闲区	餐饮店、娱乐城、购物商场	服装店、超市、饰品店
优势、劣势	优势：巴州组团的核心；有巴中市最大的广场和目前最完善的购物体系；是目前巴州区的休闲中心 劣势：交通拥挤	优势：交通发达；有其他两商圈之间的区位优势；是目前巴州区的娱乐中心 劣势：受巴中市最大商圈的辐射影响	优势：学校的聚集效应；老商业中心的影响力 劣势：交通十分拥挤；新商圈的挑战；商业布局不合理

5.3 商业地产项目开发定位分析

定位是商业地产项目开发成败的关键。商业地产项目定位是预测、策划与决策的统一，是利用市场及技术预测的结果，通过资源整合及策略创新等策划手段，形成的具有充分可操作性、可控制性的企业发展决定。商业地产项目定位主要包括业态定位、主题定位、客户定位、功能定位、形象定位、档次定位、价格定位、经营方式定位等。在具体操作时，可以根据项目的实际情况而有所不同。

5.3.1 业态定位

业态是为满足不同的消费需求而形成的不同的零售经营形式。而业态定位即对商业地产项目做成什么形式的商业确定定位。

1. 业态种类

零售业态按零售店铺的结构特点，并根据其经营方式、商品结构、服务功能、选址、商圈、模式、店堂设施和目标顾客等结构的不同进行分类，可分为百货店、超级市场、大型综合商场、便利店、专业店、专卖店、仓储商店、家居中心、购物中心共九大业态。

（1）百货店，指在一个大型建筑物内，根据不同商品部门设销售区，开展各自的进货、管理、运营的零售业态。

（2）超级市场，指采取自选销售方式，以销售生鲜商品、食品和向顾客提供日常必需品为主要目的的零售业态。

（3）大型综合商场，指采取自选销售方式，以销售大众化实用品为主，并将超级市场和百货店的经营优势合为一体的，满足顾客一站式购物体验的零售业态。

（4）便利店，指以满足顾客便利性需求为主要目的的零售业态。

（5）专业店，指以经营某一大类商品为主，并具备专业知识丰富的销售人员和提供适当服务的零售业态。

（6）专卖店，指专门经营或授权经营制造商品牌和中间商品牌的零售业态。

（7）仓储商店，指在大型综合商场经营的商品基础上筛选大众化实用品销售，并实行储销一体，以提供有限服务和低价商品为主要特征的，采取自选方式销售的零售业态。

（8）家居中心，指以经营与改善、建设家庭居住环境有关的装饰和装修等用品、日用杂品、技术及服务为主的，采取自选方式销售的零售业态。

（9）购物中心，指企业有计划地开发、拥有、管理运营的各类零售业态、服务设施的集合体。我国的购物中心有3种类型：一是城市商业区域副中心购物中心，二是城郊区大型购物中心，三是邻里购物中心。它以服务的多样性、管理模式的科学性、经营业态组合的现代性三大优势赢得了现代消费者对这种商业模式的依赖感。购物中心由于其形态的复杂性与经营消费对象的差异性又有多种分类方法，其中每种分类都有其独立的开发策略与经营管理方法，具体见表5-4。

表5-4 购物中心分类及开发建设特点

总分类	总特征	细分类	开发建设特点（开发策略）
城市独立购物中心	由于受城市用地条件和城市环境的限制，一般其建筑面积不超过10万平方米	填充型	位于城市中心商业区更新改造地段，主要散布在商业街一侧，利用原来场地建设，与主要商业街相通
		扩展型	在原有商业区域加大营业面积，在不改变原有商业区组成的基础上提供一个改变商业区功能的方法
		核心替换型	通过更新城市黄金地段上过时的零售设施，使之成为现代化的购物中心
城市兼容购物中心	与城市其他功能设施形成一个城市综合体，其建筑面积控制在2万平方米以内	多功能型	大规模高密度城市建筑综合体的一部分，与写字楼公寓、酒店、居住设施等共同构成综合体
		辅助型	在城市综合体内，购物中心是其辅助功能，如大型酒店、大型办公楼、大型公共交通枢纽的辅助中心
城市专卖店购物中心	以经营商品的特色和时代感为特征，以建筑设计的别致和商品化陈列而锁定特定的消费群体，一般建筑面积在5 000平方米左右	节日型	由历史建筑物建设而成，迎合特定消费者的品位和人们对环境与节日文化的追求
		主题型	致力于形成一种购物主题，以建筑为基础，通过亲切而富有变化的步行空间，融合与历史有关的情感
		都市专卖店型	高密度的城市市区地下空间或高层办公楼地下层与地铁转换站共同形成的购物中心
城市消费购物中心	一般以一个主导商店作为骨干地位的大承租户，面积占出租总面积的70%~90%，其自营面积均在3 000~10 000平方米	垄断型	集中经营单一类别的商品，从货源渠道、销售渠道等方面控制周围承租面积小的众多租户，形成垄断格局
		支配型	由几家大商户承租，严格从经营品牌系列价格体系、市场信息源等方面控制购物中心的发展方向
城市郊区邻里购物中心	属于郊区小型购物中心，主要为消费者提供日常生活用品和个人服务，一般建筑面积在300~1 000平方米	便利型	封闭型底商群楼或独立建筑体；以连锁便利店为主，目标消费者为社区居民，以家庭主妇为主；提供日常生活用品购物和配套服务；提供便利和提升购物效率；目的地购物模式

2. 业态定位模式

（1）项目整体功能组合设计、单层功能组合设计。
（2）从商圈的融合性上对业态合理选择搭配。
（3）从项目的整体需求上对业态合理定位。
（4）从项目控制内耗的角度上对业态合理界定。
（5）从各商家对楼层、位置、进深、面宽等的要求上对业态合理调整。
（6）从各商家的经营特点上对业态合理调整。

3. 以需求界定业态组合模式

1）从经营商家的需求来界定

业态组合定位有许多选择，但任何选择都必须考虑大量的细节，如内置步行街商铺的开间、进深和购物中心内部动线宽度以多少为宜，商铺面积如何划分才利于招商和经营，公摊面积多大易为经营商接受等，所有这些细节都必须与项目的业态组合定位精准吻合。

2）从消费者的需求来界定

业态组合必须尊重消费者的购物习惯，保证人流的良性循环，方便消费者购物，使消费者产生强烈的购买欲，并愿意在商场里逗留更长时间，保证消费者在这一微环境中保持愉快的心情和较高的兴致。

3）从市场竞争来界定

根据操盘经验，大型商业地产项目定位主要考虑如下几个因素。

（1）尽可能引进符合项目实际需要的新业态，以造成对原有业态的强烈冲击，颠覆旧有商业格局，同时，所确定的业态必须有足够大的规模，以至于3~5年无人能超出，形成规模上的强势地位，从而成为新的商业中心。

（2）要有主流业态和核心店，保证项目开业后能对周边商业物业形成竞争态势；具有很强的销售力，以吸引人气；强调多业态经营，以使各业态之间优势互补，降低整体经营成本，提高利润率，预防风险。

（3）现代百货店和大型综合商场比较适合作为主流业态引进，但二者之间存在竞争关系，要注意它们之间的错位经营。

（4）首层和二层尽可能采用产权清晰、便于日后管理的内置步行街业态，即使引进现代百货店或大型综合商场作为核心店，也必须考虑采用适合进行产权分割的办法，将项目化整为零进行销售，确保开发资金回笼。

（5）大型综合商场能够有效地形成商气，对确保项目运营成功有利，但其要求租金相对较低，容易形成"租售"矛盾。

（6）现代百货店以时尚和女性消费为主，可以承受较高的租金，但该业态必须从首层开始配置,公摊面积最少40%。其与大型综合商场相似,将在一定程度上导致部分潜在客户群不愿投资此类业态。

5.3.2 主题定位

确定独特的主题理念,是项目后期招商的灵魂。在信息化社会,顾客的购物方式发生了很大变化,购物的多元化、个性化与情感化的倾向越来越明显。因此,根据所在商圈顾客的购物需要、消费心理特点、区域文化,参考综合性商城的不同流派,确定商城的主题,而后在空间处理、环境塑造、形象设计等方面对商业主题进行一致性表现,真正起到商业文化信息中心的作用。

5.3.3 客户定位

在商业地产项目中,客户定位并不是单指一种客户群体的定位,而是包含了目标消费群、目标投资小业主、目标商户群3种客户群体的定位。

1. 目标消费群定位

商业地产项目的目标消费群是进入商业地产项目消费的零散公民个体的集合体。商业地产项目目标消费群的定位也必须基于前期的市场调研,如调查消费群体的消费需求、消费层次、消费特性、消费文化、消费习惯、消费水平等。

综观国内外,市区成功的商业地产项目都有一个共同的特点,即依附于大型写字楼、高档公寓或酒店,这些商业地产项目的目标消费群定位都偏向于具备中高档消费能力的企业白领一族。与此相区别,城郊结合的新兴商业地产项目的目标消费群则定位为周边中高收入的长住居民,因为该类商业地产项目一般紧邻大型生活居住区。由此可见,商业地产项目目标消费群的定位必须与项目所处的区域功能紧密联系起来。

2. 目标投资小业主定位

商业地产项目的目标投资小业主是指购买商铺产权或者承租商铺使用权的投资者。商业地产项目在确定目标投资小业主时,应明确目标市场区域的划出,只有找准目标投资小业主与目标投资小业主所在地(目标市场区域),才能使租售推广宣传达到事半功倍的效果,才能真正有效地推动项目的租售。

3. 目标商户群定位

商业地产项目的目标商户群是指入驻零售商、服务商等经营商家的统称,是商业地产项目的招商对象。目标商户群的定位原则如下。

1)主力商户优先

因为主力商户具有一定的保客能力,营业绩效较有保证,商业地产项目在规划设计之初，应先确定主力商户（如百货店、大型综合商场、专业店等），并在招商过程中优先办理，从而在建筑方面能够满足主力商户的特殊建筑要求。当然也不能忽视各独立商店的集客能力，被吸引进各独立商店的顾客也将成为整个商业地产项目的顾客，每个商业个体在整体计划的指导下，均能提供最适合的服务。商业地产项目最成功的客源策略始于主力商户，应在此基础上展开招商计划，以紧扣稳定客户群的需求特征，在互动关系下达到整合的效果，形成一股强有力的经营动力。

2）以核心商户提升商圈价值

商业地产项目最大的特点就是可以以单体商厦的形式创造商圈。因此，在招商时，一方面必须从商圈整体建设的角度出发选择一部分核心商户，这些核心商户是提升商圈价值的主体力量，应选择那些品牌知名度高、发展资金雄厚的大型商业企业；而次级、辅助零售商则应选择那些商品、服务差异化程度较大，能够完善商业地产项目功能的特色零售商。另一方面商业地产项目的经营者必须保证入驻商户，特别是核心商户的稳定性。

3）经营者与租户达成"利益共同体"

有一点必须指出，商业地产项目的经营者不是房东。因为房东只要租出场地就可以收到租金，而不会太多考虑承租者的经营状况。而商业地产项目的经营者不但要考虑各设店商的经营业绩，还要随时指导设店商如何开展业务。由于商业地产项目中的每个设店商的经营绩效都会影响商业地产项目整体的成败及收益，因此二者是紧密联系的"利益共同体"，正是由于这种特殊关系，大多数设店商都能给予高度的配合。

5.3.4 功能定位

随着人们消费水平的提高，休闲、娱乐型购物消费已成为一种趋势。现代商业地产项目通常体现如下四大功能。

（1）购物功能：体现在商业地产项目的商品品种和档次上。购物功能是商业地产项目最基本的功能。

（2）休闲功能：在现代大型商业地产项目中，休闲功能往往被当作商业地产项目的附加功能加以设置。

（3）娱乐功能：体现于各类游玩活动，如电玩、电影城、儿童游玩区等。

（4）服务功能：主要体现于商业地产项目的物业管理和客户经营主体服务两方面。

5.3.5 形象定位

商业地产项目的形象定位，实际上就是商业地产项目经营企业的形象定位，它随着商业地产项目的经营运作而持续存在并发挥作用。商业地产项目形象可以通过企业形象识别系统加以塑造并传达给消费者。如下3种形式可以表现商业地产项目形象。

（1）通过商业地产项目建筑外观来表现，如建筑形状、结构、颜色等。

（2）通过卖场购物气氛来表现，如卖场内购物环境、布局设计、橱窗设计、形象展示、POP广告等。其中POP广告往往是营造卖场购物气氛、塑造商业地产项目形象的重要手段。形象性的POP广告在色彩的选用上要注重突出季节感，例如，春天可选用粉红色或绿色的基调，营造一种欣欣向荣的气氛；夏天可选用蓝色或青色，突出一派清爽的感觉；秋天可选用浅橙色或咖啡色，以体现成熟丰收的季节感；冬天宜选用红色或金色，给人以温暖、温馨的购物空间。

（3）通过产品价格、质量、服务、促销策略等形式表现。

5.3.6 档次定位

项目的消费与经营品牌的档次，是由其所服务的消费者决定的，一般来说可分为高级、中高级、中档、大众化等几种档次。其中品牌店的组合差异性对项目经营中的消费人群、消费档次、建筑风格和经营风格影响很大。

5.3.7 价格定位

项目在市场上销售和租赁的价格，对于不同的地域、不同的楼层、不同的经营者都有所区别。价格定位需要依靠科学的经济分析，基于商业操作的实战经验与科学专业的经济分析来进行。商业地产项目最佳定价的三大法则如下。

（1）纵向定价波动大。

① 商业地产项目地下一层与一层的租金相差2～3倍。到商业地产项目地下一层消费暂时还不是我国消费者的主流消费习惯，按照市场规律，一般情况下，地下一层租售金额与一层相差2～3倍，如某城市商业地产项目的地下一层店铺售价为15 000元/平方米，同样区位的一层店铺售价为45 000元/平方米。

② 一层、二层价格相差2～5倍。一层的商铺往往好租，租金也高。一层的人流量是其他楼层所不能比的，而且，人们的消费观念一直都是以方便为主，一层可以最大限度地满足人们的需求。

③ 二层、三层的租金相差1.5倍左右。按照商业地产项目的功能分区可知，一般商业地产项目的二层和三层都存在互补作用，以引导消费者在商业地产项目中循环消费；而且从对人们的逛街行为的分析可以得出，二层、三层的人流量相差并不大，所以租金的定位就可以以一层的租金作为基准对二层、三层的租金进行限制。

（2）楼层越高，租金要相应地降低，甚至要成倍地降低。楼层越高，人流量会相应地减少，从而也会影响到营业状况。根据具体的情况相应地下调租金，有利于将商铺租出。

（3）商业地产项目紧挨楼梯口的商铺的租金要比其他位置的高。商业地产项目楼梯口是消费者的必经之路，其实商业地产项目中的商铺就像筛子一样，将顾客一层层地筛过，更多顾客已经被占尽地利的商铺筛下了。

5.3.8 经营方式定位

对于新推商业地产项目来讲，确定自身经营方式定位非常重要。如何走出传统商业地产项目的局限，满足现代人消费购物习惯，并引导他们形成健康新型的消费购物观念是经营方式定位要解决的问题。

1. 经营方式分类

考虑企业实力、经营目标、承受风险能力等因素，根据实操经验和国际通行的分类方式，可把经营方式分为3类，即自营、招租、委托管理。每种经营方式各有其特点，具体见表5-5。

表5-5　3类主流经营方式特点分析

经营方式	经营特点
自营	购销：商业地产项目自行进货，自行销售，自担经营风险； 保底抽佣：商业地产项目将场内一定面积的铺位或专柜交由实际商家经营，商业地产项目按该铺位或专柜销售额的一定比例抽取佣金； 纯分成：商业地产项目将场内一定面积的铺位或专柜交由实际商家经营，商场按该铺位或专柜销售额的一定比例定期抽取佣金，双方不约定最低销售保底额，而是共同经营，共担风险
招租	商业地产项目将场内一定面积的铺位或专柜出租给实际商家，获取租金收益，铺位或专柜的实际商家负责经营，获取经营收益，承担经营风险
委托管理	投资者将商业物业委商业管理公司全权经营，投资者获得稳定的租金回报，而商业管理公司从中收取一定比例的管理费用

2. 经营方式定位要点

（1）投资资金回笼周期预测。项目资金的有效回收，可以保证企业能拥有充足的流动资金有效运用到下一个项目中去。

（2）项目收益效果预测。收益效果是开发成败的关键，可以通过对不同经营方式的收益效果进行分析比较，选择最优方案。

（3）经济走势分析。通过对利率走势、投资回报率等因素的分析，判断应采取何种经营方式。

（4）风险比较分析。分析商业地产项目不同经营方式所带来的风险概率及其大小等。

（5）统一管理。商业地产项目实行统一管理，能有效维护其日常经营秩序。

根据以上分析，结合中国零售商业业态的划分标准（表5-6），对商业地产项目进行准确定位，是商业地产项目开发成功的关键。

表 5-6 中国零售商业业态的划分标准

业态	经营方式	商品结构	服务功能	选址	商圈	规模	设施	目标顾客
百货店	采取柜台销售与自选销售相结合的方式	种类齐全，少批量高毛利，以经营男、女、儿童服装、服饰、衣料、家庭用品为主	定价销售，可以退货，有导购、餐饮、娱乐场所等服务项目和设施	城市繁华区、交通要道	范围大，以流动人口为主要销售对象	面积在5 000平方米以上	设施豪华，店堂典雅、明快	中高档消费者和追求时尚的人
超级市场	自选销售模式，出入口分设，结算在出口处的收银机处统一进行	以购买频率高的商品为主，经营的商品以肉类、禽蛋、水果、水产品、冷冻食品、副食调料、粮油及其制品、奶及奶制品、熟食及日用必需品为主	营业时间每天11小时，往往采取连锁经营方式，有一定面积的停车场	居民区、交通要道、商业区	较窄，以居民为主要销售对象	面积在500平方米以上		以居民为主
大型综合商场	自选销售方式和连锁经营方式	以衣、食为主，用品齐全，重视本企业的品牌开发	设有与商场营业面积相适应的停车场	城乡结合部、交通要道、住宅区	范围较大	面积一般在2 500平方米以上		购物频率高的居民
便利店	以开架自选为主，结算在进口或出口处，往往采取连锁经营方式。经营实行信息系统化，开展单品管理	商品结构特点明显，有即时消费性、小容量、应急性等特点，价格高于其他零售店	营业时间长，一般在16小时以上，甚至24小时，终年无休息	居民住宅区，主干线公路边，车站，医院，娱乐场所，机关、团体、企事业所在地	较窄，一般设定在居民徒步购物5~7分钟可以到达的范围内	面积在100平方米左右，面积利用率高	店堂明亮、清洁，货物丰富	主要为居民、单身者、年轻人，80%顾客为有目的购买
专业店	采取定价销售和开架面售，也可开展连锁经营	体现专业性、深度性，品种丰富，可供选择的余地大，以经营某类商品为主，经营的商品有自己的特色，一般为高利润	从业人员需具备丰富的专业知识，可以退货	多样化，大多设在繁华商业区、百货店或购物中心内	范围不定	营业面积根据主营商品特点而定		多为流动顾客，主要满足消费者对某类商品的选择性需求
专卖店	采取定价销售和开架面售，也可连锁经营	以企业品牌为主，销售量少、质优、高毛利	注重品牌声誉，从业人员需具备丰富的专业知识，并提供专业知识性服务	在繁华商业区、商店、百货店或购物中心内	范围不定	营业面积根据主营商品的特点而定	商店的陈列、照明、包装、广告讲究	以中青年为主

5.4 商业地产项目开发规划设计分析

任何商业地产项目的招商,最终都要回到产品与商家的直接对话上来,因此,好的产品才是最具有市场说服力的。正是因为产品是依赖于市场而生存的,所以在确定了整体的开发战略后,如何把大的理念灌输到实际的操作中去,才是一个专业公司责任与专业精神的体现。

商业地产项目必须以市场的需求为导向,以经营需求发展的趋势来规划设计产品,以好的产品来说服市场,以良好的口碑来保持市场的领先优势。

5.4.1 开发规划设计的市场依据

1. 市场调查

项目的规划设计必须依据市场调查得出定位结论,集中策划师的灵感智慧,运用建筑设计师的技术手段,发挥营销专家的推广策略来共同完成。需特别注意引进新业态和设计好项目的业态组合。通过对项目商业现状进行充分的市场分析,对项目本身的业态选择、业态组合、分布和面积配比,商铺划分、建筑形态、区域和楼层功能、人流导向系统、项目环境及配套设施等进行预先设定,以指导项目的工程规划设计和建筑设计。

2. 商家的需求

在考虑商家的需求时,最重要的是主力店的设计。对于主力店来说,其业态规模、功能流程、规划设计一般由商家自己来确定,不同的连锁主力店有自己不同的功能要求,这些使用要求与设计由商家决定而非开发商自行主张。许多开发商在未明确主力店的情况下,便开始规划设计。因为缺乏定向设计的依据,其所做的设计看似通用性强,实则无的放矢。一旦主力店明确,其所做的设计往往要推翻重来。所以,盲目的规划设计只会增加前期不必要的成本和后期的招商难度。

3. 超越时代消费者的需求

设计必须富有时代感以满足市场需求,同时又需超越时代趋势以激发消费者更深层次的渴望,否则就不能持久,不能引起消费者的共鸣。消费不是单方面的,因此设计的空间必须满足他们的感受和兴趣,符合消费者想要学习和成长的渴求,在这一设计中,故事性是设计必不可少的要素——设计和销售规划必须有故事渊源,否则只能昙花一现或令人感到风马牛不相及。此外,现在参与互动的消费者越来越多,为新的参与形式提供了可能性。为了满足新兴文化的需求，必须设计出富有个性、故事性强、消费者能完全投入的奇遇和旅程。

5.4.2 规划设计理念

规划设计理念是反映项目主题的重要部分，商业地产项目的规划设计理念包括以下3点。

（1）符合商业地产项目的选址规律，即规划上要有可行性。

（2）有具体的主题功能区。

（3）具有超前性、市场性，应以消费者的消费心理为规划设计的主导核心。

5.4.3 产品总体形象设计

1. 产品功能组合设计

产品功能组合设计包括整体功能组合设计和单层功能组合设计，其要点如下。

1）楼层设计与业态组合

商业地产项目楼层设计要考虑业态规划，与业态有效组合。楼层与业态是相互关联的关系；楼层设计要考虑消费者的消费习惯、消费流程、逛商场的习惯及楼层功能组合流程图。

2）以业态定位作支撑点

由于业态一般根据消费者的消费习惯进行布局，因此楼层设计也应考虑消费者的消费习惯。以业态定位作支撑点，进行有效的楼层设计才能保证消费者在商场的停留时间。

2. 产品档次设计

项目的产品档次设计一般根据项目的整体定位与产品定位确定。

3. 主题形象设计

主题形象设计一般根据项目的形象定位与主题定位来确定，在规划设计中应贯彻这一理念。以超级购物中心为例，其整体形象设计不单依靠通常的建筑语言（如立面横竖线条的划分、开窗与实墙的虚实对比等）来完成，还包括光效、广告、媒体、特效工程的综合运用，如设计室外的景观电梯；在超级购物中心大厅设计可伸展出来的平台，用于演出等商业活动；在超级购物中心的显要位置预留悬挂大型广告条幅的空间；夜晚的灯光视觉效果设计；等等。这样才有利于形成最终成熟的大型综合商业项目。

5.4.4 开发规划概念设计

1. 空间布局

现在的购物场所是人的聚集场所，除了可满足人的购物、休闲、娱乐等需求，还要满足人的基本需求——社交。商业地产项目规划设计的基本原则是通达，但在过道和公共空间设计上也可发挥创造性和灵活性，为商户和消费群体强化或削弱商业地产项目的社交职能。

1）平面设计建议

平面设计的内容是确定步行街形态，确定商户单元的布局和面积大小，为所有商户提供互利互惠的机会，最大限度地为每个承租户带来穿行人流，提供最多的购物机会。

2）公共空间设计建议

随着商业地产项目空间的日益扩大和复杂，让人轻松舒畅穿梭于商场就显得尤为重要。成功的规划包括"跑道"型设计，即店面两边设，顾客中间走；"小城市，市中心"型设计，即聚集场所设在中央，人们逛商场宛如散步于城市步行街。此外，还应增加用作广告和展示的公共空间的面积，很多时候大型商业项目总收入的30%来自广告及展示空间。

3）开间设计建议

大型商业地产项目设计的柱距与单元面宽有直接关系。大型商店店面宽度宜为6米、8米、12米、15米、18米、21米或24米，柱子不宜落在店面线上。根据经验，进深一般在18~35米比较合适。如果开间方向的柱距是6米，那么进深方向可以是3米、4米。

4）中庭空间设计建议

一般大型商业地产项目设计有中庭，中庭是项目最热闹的部分，也是项目室内步行街节点上的序列高潮。中庭应尽量做到空间变化丰富，绿化植物密集，水体布置精心，玻璃顶投下的天光光影丰富而富有变化，以展现项目的空间和景观设计的特色和精华。这里人流密集，上上下下动感强烈，配合座椅和餐饮设施，可以为购物者驻足停留和休息交往提供舒适的场所。

对于大型商业地产项目的中庭空间设计，要尽力做到以下几点。

（1）流畅、明快。消费者购物时都希望拥有好心情，能让他们最大限度地感受到舒适，激发其购物、浏览的兴奋点，对于大型商业地产项目的中庭空间设计来说非常重要。

（2）体验式的环境空间。消费者走进购物场所后，就开始了一段商业消费的体验，中庭空间设计作为大型商业地产项目的标志，在很大程度上就是让消费者能感受到一种互不干涉的购物体验。

（3）引领消费者。一个大型商业地产项目的消费空间相当大，要想有效地吸引消费者，那么引领消费者到大型商业地产项目各处购物、游玩也是设计中很重要的一部分。

5）内庭空间设计建议

一般大型商业地产项目都会有内庭，用来作为顾客休闲、观赏及给购物场所紧凑的购物空间留白的感观空间。内庭的设计，除了要有足够的空间及与内庭小品配合，还要注意以下两大要点。

（1）和谐性与均衡性。以商业地产项目核心主题特色为基点，通过内庭景观与小品的有效组合，内庭设计与商业地产项目主题特色能密切联系，保证内庭景观、空间与商业地产项目主题特色的和谐性及均衡性。

（2）与市场互动。商业地产项目内庭与广场，一"内"一"外"，两者具有共性，又各具特性，共同为人群提供活动空间。内庭侧重于保持商业地产项目内人流的停留时间，广场则侧重于商业地产项目外圈人流的集合。如何将广场与内庭通过互动作用，导入人流，是内庭设计时需重点考虑的问题。

6）外部广场步行空间规划设计思路

（1）注重互动性。

① 商业地产项目与广场互动。步行空间的配置最好紧邻商业地产项目建筑物外墙，与商业地产项目入口有充足的缓冲空间（约10米×10米），达到商业地产项目对行人吸引的最佳效果，使广场与商业地产项目有良好的互动关系。

② 多样化活动互动。在广场的步行空间，应考虑行人行走过程中驻留点的停留空间。因此可以在广场平面规划时设置一些空间凹凸处或借用广场中公共设施的设置点，以达到广场多样化活动的互动。

（2）以人为本。步行空间的尺度在设计时采用建筑、建筑小品、硬质景观和软件环境进行处理，可以达到个性化设计的效果；亲水平台、喷泉、座椅、铺地、绿化等可以相互交错布置在略有高差的层面上，并以别致的小桥、柔和的曲线、素雅的材料、平静的水面、绿色的草坪等构成步行空间。

（3）设计流畅空间。在现代步行空间设计中，合理安排各种人流、货流与车流是必不可少的。设计中应采用分时段管理方式解决人流与货流的交叉问题；在规模较大的商业步行街，建筑底层应设商业街专用地下车库，在合适部位设计通往商业街的人员出入口，同时部分发挥地下室对人货分流的作用，提供商业地产项目的货运系统；步行动线的安排应以两据点的连接为原则，配置于广场周边，并减少广场中穿越性动线的出现；步行空间的宽度以容纳4人并肩行走的净空间为佳（3米×6米），其他附属设施（灯柱、广告、招牌立柱）设置于步行空间旁约1.5米的空间范围内，以达到步行空间的流畅性。

（4）自然导入。现代步行空间在注重硬质元素设计的同时，更应引入树木、花卉、草坪和水景等自然元素。以高直、遮阴和不阻挡视觉景观为选择步行空间植栽的原则；植栽的配置应配合广场设计的主题，也可以利用植栽作为区划广场使用行为的元素，融自然于广场。将地面绿化与屋顶绿化结合，既符合景观要求，又符合节能要求；设置不同凹入深度的过渡空间，并将遮阳与绿化相结合。

（5）统一主题。行走铺面除铺设完整外，设计时还应将广场中不同功能的区域以不同的地面材料相区分，并配合广场主题一并考虑。

（6）无障碍空间设计。铺面材料的选择，应达到防滑的效果，且将残障空间（导盲砖、残障步道）考虑于其中，这样才能形成无障碍、安全的步行空间。

（7）遵循"共生"与"冲突"并存的建筑理念。现代步行空间周围的建筑作为限定空间的主要元素，设计中更应以人对场所的感受规律为依据，在线性空间中布置变化丰富的建筑类型，充分体现"共生"与"冲突"并存的建筑理念，使人在步行过程中不断产生新奇的愉悦感。建筑边缘界面应采用灵活、近人的设计思想来塑造场所。

7）外部广场四维空间规划设计思路

（1）商业地产项目经营外延导入。广场平面规划中可将商业地产项目经营活动延续规划于其中，设置半户外商业休憩空间，或将商业地产项目的活动借助走廊过道的设计与广场活动结合，达到商业地产项目与广场良好的互动关系。商业广场空间功能见表5-7。

表5-7 商业广场空间功能

类　　型	功　　能
大众空间	休息交流
社会团体空间	演出空间、观赏纳凉
青年人空间	健力、娱乐设施
老年人空间	游乐活动
儿童空间	游乐活动

（2）最佳整体规划。广场的范围大小应与周围的商业建筑配合，避免建筑物对广场空间造成压迫感，所以应尽量使广场宽度与周围建筑高度比值接近1，这样的广场尺度可达到适度宽敞。

（3）细部组合。

①广场休憩设施设置方面，座椅应尽可能采用可及性高的设置（阶梯式或座台式的座椅），坐卧高度以45～60厘米为佳，以达到广场中休憩空间的便利性。

②广场休憩空间的个人空间距离最适宜尺度是1.30～3.75米，这样的空间范围可以使休憩者感到宽敞舒适，因此座椅空间的规划应以此为最小单位加以配置。

③广场休憩空间应尽可能面对广场活动发生的方向，有适当的植栽配置，且远离主动线位置（距离约3米），以达到休憩时的舒适感。

④广场中应有视觉焦点的设置，如喷水池、雕塑品、活动舞台等设施，以创造丰富有趣的视觉焦点。

（4）有效界定范围。在广场周围也应有明显的范围界定物（如短柱、矮砖等），以定义广场范围和道路的区别，确保广场活动进行的安全性，这样才能真正实现无障碍的广场休憩空间。

8）商业广场空间设计模式

商业广场空间设计模式见表 5-8。

表 5-8　商业广场空间设计模式

设 计 模 式	特 色
以线型空间为主结合面型空间	以线型空间为主，把街区分为几段，广场作为连接线型街区的元素，会使人们行走其中，感受到空间富于变化，有张有弛。线型街区适于购物，广场适合休息。城市步行空间中的购物活动是一种非强迫性行为，消费者不可能长时间地保持情绪和体力的投入状态，休憩和放松必须交织在购物活动过程中。因此，任何一种空间序列都应包含序幕、高潮及松弛阶段，有节奏地组织环境韵律，保持消费者的体力和购物激情
以庭院或广场为主向外辐射线型空间	以庭院或广场为主，购物或休闲分布在其中，或由广场向四周辐射出多个线型购物街区，并通过连廊、环形街等不同形式的外部空间把购物或休闲空间结合起来，构成一个复合的、多样化的、富有情趣的购物场所
以下沉式广场为主体的立体空间	由平面变化向垂直、多维发展的多功能步行空间是现代城市步行空间设计的又一主要形式

2. 建筑细节设计

1）内墙、地面设计技巧

（1）注重与灯饰、天花协调。商业地产项目内墙、地面的色调和图案等要注重与灯饰、天花协调，达到风格统一的视觉效果。

（2）内墙、地面色调与商业地产项目风格一致。色调是风格的主要表现形式，商业地产项目的内墙、地面作为其主要内部空间，其色调取决于商业地产项目风格。例如，如果商业地产项目采用现代风格，则内墙、地面色调以简明为主，图案一般采用清晰简约的格式图案。

（3）材料选取正确。内墙、地面材料选取正确，是保证日后对其维修与保养的核心。地面材料一般要易于保洁，具有耐磨性、防滑性，避免采用木质地板（防火功能）；内墙面材料，要防潮、防霉，选用防火材料。

（4）内墙、地面的图案选择。商业地产项目内墙、地面图案的运用除了要结合商业地产项目风格外，还要根据不同功能区的差异采用不同图案。例如，儿童游玩区的内墙、地面一般采用趣味卡通图案。

2）小品设计技巧

（1）风格确立原则。商业地产项目小品作为一种观赏装饰，必须与商业地产项目总体风格相融，要结合商业地产项目内部装修风格（包括色调、造型、图案等）进行设置。

（2）避免扎堆、重复。小品设置时要避免扎堆、重复设置，避免给消费者一种繁杂无序的感觉。

（3）注重观赏性。小品设置要具有观赏性，其造型、色调等要与前场、中庭的色调、风格具有统一格调。

3）室内灯饰设计技巧

（1）与区域气候环境相结合。结合商业地产项目所在区域气候，对灯饰色调进行选择。例如，南方气候温暖，灯饰色调一般采用偏冷色调；北方气候寒冷，灯饰色调宜采用暖色调。

（2）与商业地产项目结合。灯饰设置要根据商业地产项目档次、风格形象等予以综合考虑。例如，高档商业地产项目一般选用高级灯饰。

（3）与业态结合。灯饰选择还要根据业态的特点分析。例如，食品类与服装类商店的灯饰，前者不需特效，而后者则需注重灯光所带来的效果。

（4）与功能结合。商业地产项目不同的功能区，对灯饰的要求也不尽相同。例如，商场的过道是消费者进入商场的一个缓冲区，所以过道一般选用过渡性较好的灯饰，游玩区则选择色调丰富的灯饰组合。

3. 交通组织设计

1）电梯设置规划要点

（1）扶梯设置。

① 有效运载。商业地产项目扶梯的基本功能是运载商业地产项目内的人流，因此扶梯部数、布局位置的确定都要以有效疏散运载人流作为出发点。

② 避免扶梯口人流堵塞。由于大型商业地产项目人流量大，因此避免扶梯口人流堵塞是扶梯布局需考虑的因素之一。扶梯与过道衔接处一般会设置比过道宽的空间，或是过道交叉口。

③ "右上左下"规则。东方人一般习惯靠右行走，因此商业地产项目进行双向电梯布置时，要根据"右上左下"规则引导消费者向上购物。

（2）单向电梯设置。

商业地产项目运用单向电梯设置，不仅可以保持商业地产项目商品的关注率，保持人流的停留时间，增加消费者再购物的购买欲，而且还可以避免电梯口的堵塞。但同时也要注意考虑消费者逛购物场所的疲劳度，进行合理的跨距分析。

（3）垂直电梯设置。

① 人货分流：商业地产项目垂直电梯一般客梯与货梯分开设置，以有效实现人货分流。

② 专用通道设置：商业地产项目垂直电梯一般设置专用通道，与扶梯、商铺分立设置。其目的：一是避免人流堵塞；二是商业地产项目以扶梯为主，垂直电梯为辅，消费者逛购物场所多选用扶梯。

③ 观光梯设置：观光梯常用于一些大型商业地产项目或有内庭规划的商业地产项目，一般有内外两种，主要作为商业地产项目亮点。另外，设置在内庭的观光梯采取垂直方式有利于消费者了解商业地产项目的功能布局和业态分布。

2）过道设计要点

（1）脉络清晰。商业地产项目内过道设计要清晰，过道的脉络设计不仅影响对人流的疏散，也影响商铺的布局。

（2）与指引标志结合。指引标志主要用于指引消费者正确的目标方向，一般在过道交叉部位突出设置。

（3）合理设置宽度。过道的两大作用是疏散和引导人流。商业地产项目要结合人流量、规模等来合理设置过道宽度，一般商场的过道宽度在3米左右。

4. 配套布局

1）洗手间布局要点

（1）"隐性"布局。商业地产项目洗手间作为商业地产项目的附加设施，其布局设计不能有碍商业地产项目的经营功能。商业地产项目洗手间布局要以"隐性"作为基点，通过专用过道设置，将洗手间与购物空间形成有效分隔。

（2）采用回避法。商业地产项目某些业态，如饮食、食品类等，应避免与洗手间相邻。

（3）确定数量。结合商业地产项目人流确定洗手间个数，避免洗手间出现排队拥挤现象，且应每层都设置。

2）休闲椅布置建议

（1）休闲椅布置应避免与垃圾桶太近，否则垃圾异味会影响休闲椅的休息功能。休闲椅一般应与垃圾桶相距5～10米。

（2）休闲椅布置要避免占用过多空间，不能阻碍行人，形成间接阻塞。

（3）休闲椅布置应尽量有序、规则布局，避免凌乱而影响商业地产项目美观。

3）垃圾桶设置要点

（1）设置在电梯口侧，避免电梯内垃圾积累，保证电梯清洁。

（2）设置在过道拐角处，方便顾客。

（3）设置在洗手间内。

5.4.5 景观概念设计

1. 环境规划

环境规划包括商业地产项目整体环境规划、室外环境规划、室内环境规划及空中环境规划。环境规划不能脱离消费者的需求，要在洞悉消费者心理和项目本身主题、特色、风格、档次等的基础上进行，不能盲目求异求新。

商业区的环境规划应与景观相结合，尽量增加活动内容、娱乐设施，增加文化方面的内容。

2. 景观设置

大型商业地产项目的景观可以当作公园来设计，让消费者感觉像在公园漫步。同时室内景观设计与室外景观设计需要相互协调，实现景观的最大延伸，把室内热闹精彩及良好的购物氛围通过外延的放大处理达到效果最大化，而室外独具特色的景观设计也可为整个商业区提供娱乐休闲的场所。

商业区的景观形态特征：以商业建筑为主，兼以大量人流，景观五光十色，由商业建筑、室外空间场所、娱乐设施、广告、绿化、交通、人群等组成，比较人工化、城市化。

5.4.6 建筑产品概念设计

1. 外立面处理

商业地产项目外立面是商业地产项目的形象标志，设计新颖、风格独特的外立面能使商业地产项目在消费者心中留下深刻印象，易受消费者欢迎，有利于商业地产项目人气的聚集。根据调查分析，商业地产项目外观形象是消费者选择购物场所的第二大要素。大型商业地产项目的外立面设计既要考虑与周围建筑的关系，又要考虑入口处外立面与内部步行街的过渡与转换。外立面设计还应与建筑风格及商业功能统一。商业地产项目外立面设计四大组合元素见表5-9。

表5-9 商业地产项目外立面设计四大组合元素

元　素	设计要点
朝向	南向和东向的外立面光照充足，墙面宜采用淡雅的浅色调，北向或光照不足的外立面，墙面应以暖色调为主，如奶黄、浅橙、咖啡色等，不宜用过深的颜色
表现主题风格	在外立面设计中，表现风格是中心，外立面色调的选用、造型的确立等都以此为出发点
外部环境	① 自然环境，如地形、气候、花木等； ② 人造环境，如广场、喷泉、假山、雕塑等
色彩	色彩是表现风格的重要辅助手段，尤其是在调动人的情感方式方面具有重要作用：一方面，色彩可以弥补建筑材料原始质感和自然机理在调动人的感官方面的不足；另一方面，它又可以通过抽象手法直接表达出一种风格

外立面设计应遵循"三结合四性"准则。

1）三结合

（1）与定位结合。

① 档次：根据商业地产项目目标消费群不同的感观心理需求，结合商业地产项目定位高低，予以不同的外立面设计。例如，高档商业地产项目，其外立面以新颖、气派作为设计基准，以彰显目标消费者身份；如以大众为目标消费群体，商场外立面则以流行作为基准。

② 产业（专业商场）：结合专业商场的行业特点、结构等因素，商业地产项目外立面要突出其行业特性。例如，以IT产业为代表的商业建筑，其外立面应以简明、突显时代性作为设计基点。

（2）与商业地产项目特色结合。商业地产项目外立面是商业地产项目的形象包装，外立面不仅是简单的外壳,还要与商业地产项目特色、内部设计相结合。

(3)与区域环境结合。商业地产项目不可能脱离某个区域而存在,它必须依附于某种环境,所以商业地产项目外立面设计还要考虑区域的地形地势、气候、人文环境、区域建筑风格等。

2)四性

(1)创新性:商业地产项目外立面是商业地产项目的形象、感观品牌,所以商业地产项目外立面设计要有创意、新意,不拘一格,以区别于其他商业地产项目。

(2)协调性:商业地产项目外立面设计要与区域环境、人文环境等相协调,从审美角度,对色调与形状进行协调组合。外立面的材料选取还要与环境协调,包括与气候、日照等的协调(南方多雨、潮湿,不适合使用涂料;北方少雨、干燥,可以使用涂料)。

(3)综合性:进行外立面设计不仅要应用建筑学知识,还要综合运用其他学科知识,如美学、心理学等,以达到最佳组合效果。

(4)超前性:商业地产项目外立面设计不仅要新颖,而且要具有超前性,以避免外立面随时间推移而出现的过时问题。

2. 铺位设计

科学划分商业地产项目铺位,既要体现商品组合的丰富多样,又要考虑经营商家的实用性与合理性,还要兼顾独立铺位与整个商业地产项目的协调性与互动性。科学合理的铺位划分将会使经营商家的经营利润得以充分体现,使商业地产项目的形象更为鲜明、层次更为丰富,同时也将会使消费者的消费行为过程显得更加自然顺畅和轻松愉快。

众所周知,居住类物业的使用率越高越好(以同等的价格,业主能够获得更多实际使用面积),而商铺却不一样。在欧美等地区,一些比较高档的商业地产项目的使用率都是很低的,基本在50%左右。低使用率对项目经营的影响如下:①营造购物环境。使用率低是为了营造一种舒适的购物环境,满足消费者的消费偏好。越是高档的商业地产项目,其公共空间会越多。②决定商业地产项目流量。商铺的使用率决定消费人群的容量和人流量,使用率越低,可容纳消费者的空间就越大,其人流量也就会增加。例如,有甲乙两个商场,规模一样。甲商场有10个铺位,每个铺位年租金10万元,能容纳1 000个消费者,实现了1 000万元的营业额,那么甲商场平均每个铺位实现了100万元的营业额;乙商场能容纳2 000个消费者,也有10个铺位(只是每个铺位的面积比甲商场的小),但实现了2 000万元的营业额,则乙商场平均每个铺位实现了200万元的营业额,那么乙商场每个铺位的年租金即使为20万元,也会成为商家追抢的旺铺。但商铺的使用率也不能太低,经过科学的论证和西方国家长期的实践证明,50%左右的使用率比较合适。

总之,对商业地产项目规划设计,要从市场的角度给予专业的分析,符合各级经营商家的要求,能最有效聚集人流,综合考虑消费者步行时间设计、消费者购物路线设计、消费空间设计、消费者可达性设计等,使商业地产项目保持旺场,实现开发商利润最大化。

5.5 商业地产项目业态组合规划

业态组合是商业运作中极为重要的内容。如果业态组合定位科学合理，则可使营销增加靓丽的卖点，有利于促进商业地产项目的租售和运营；反之，如果业态组合定位不符合项目所在城市的商业发展现状，则可能导致项目投入运营后归于失败。

5.5.1 业态选择

业态选择要按照市场需求来进行，而不是品牌越大越好。

不同的商业地产项目有不同的业态选择方法，在此以大型商业地产项目的业态选择方法为例对业态选择进行总括性的说明。

大型商业地产项目的业态复合度极高，几乎涵盖全业态，表现为高度专业化与高度综合化并存的成熟性结构。该结构宽度极宽，一般由多家不同定位的大型百货店、超市大卖场支撑整个大型商业地产项目的结构，备齐高、中、低各档商品，品种齐全，为所有的目标消费者提供一站式购物享受；品种极多，表现在花色、尺寸的选择性大，许多特色商品在一般的商店不易找到，由诸多品牌专卖店、不同行业的专业主题大卖场互相补充。

1. 必要条件一：两个以上主力店

规模大的商业地产项目，业态组合不到位很容易给人零散的感觉，不利于商业地产项目的经营和以后的发展，所以大型商业地产项目必须要把主力店的招商建设作为重点来抓。规模大决定了大型商业地产项目需要两个以上的主力店（百货店、超市、专业主题商场相结合），才具有其所需要的核心凝聚力，才有足够的实力惠及所有的非主力店。

2. 必要条件二：品种功能一站到位

大型商业地产项目的大规模决定了其消费者定位为家庭（全家、全客层）。为了与家庭式消费这一主导方向保持一致，要设置大量属于不同行业的店铺或设施，如种类专卖店、家居家电专卖店、儿童及青年游乐设施、文化广场、餐饮区，以覆盖不同年龄层次、不同档次的消费者的需要；再辅以不同种类特色店以吸引国内外游客，从而满足全客层的一站式购物消费和一站式享受（文化、娱乐、休闲、餐饮、展览、服务、观光旅游）需求。唯有这样才能覆盖到尽可能大的商圈范围，满足一个大型商业地产项目的最低客流量要求，才能具备足够的实力与其他成熟的物业形态竞争。

3. 必要条件三：高度特色专业化、错位经营差异化

（1）高度特色专业化。大型商业地产项目的高度特色专业化主要表现在商品组合上，凡是符合自己定位的目标顾客需要的商品全部引入，而不符合自己定位的目标顾客需要的商品则一律不引入。忌贪大求全，忌急功近利，更忌为了达到一定的招租率而不加选择。

（2）错位经营差异化。大型商业地产项目的差异化，是指由于同一种商品往往会在不同业态、不同行业的商家中出现，故不同商家通过差异化的定位取向、文化氛围，特色化的陈列方式、商品组合、购物环境、装潢艺术、灯光道具、促销手段、特色服务、商品包装等来吸引不同层次、不同类型的目标消费者。面积达 10 万平方米乃至 50 多万平方米的摩尔（摩尔的规模往往相当于一条甚至几条传统的商业街，集中汇集着大大小小各种功能的店铺）内，几百上千家店铺自动自觉地实现了错位经营的竞争。而商业街由于统一管理在实施上的难度，使得其错位经营问题难以解决。这是现代大型商业地产项目相比于商业街的一大优势。另外，全业态全行业经营使摩尔内不但商品品种比商业街更多更全，而且消费者更容易找到自己想要购买的商品。

5.5.2 业态组合

1. 业态组合原则

1）业态的区域需求量确定原则

需求决定供应，这是市场经济的商业规则。商业地产项目的业态规划，要结合区域需求量与供应量来确定业态需求弹性，预测设置此类业态所带来的经营效益。

2）业态种类设置原则

商业地产项目业态种类的有效选定能满足消费需求。在进行有效需求分析的条件下，业态种类设置要以"全"为上，以满足消费者"多位一体"的消费需求，包括购物、娱乐、饮食等。

3）业态有机组合原则

业态在确立之后，不是简单地放在一起，而是要结合业态属性、消费者购物习性等，进行有效组合。在业态组合时应注意不同属性业态之间的搭配，避免出现相互排斥，如食品与药物不宜相邻组合摆放。

4）引导循环消费原则

商业地产项目如何引导消费者在商业地产项目内进行循环消费，是商业地产项目经营必须考虑的问题。而利用业态的空间引导，是主要方法之一。

2. 业态组合比例

商业地产项目业态组合的目标有 3 个：一是给消费者生活带来便利，二是能满足消费者生活必需，三是让消费者购物方便和愉悦。

一个商业地产项目要实现"丰富有弹性"的业态组合,应具备以下3个重要因素。

(1)将多行业的商家按照理想配置做分类,让目标消费者觉得在这里能买到自己想要的东西,且享受便利。

(2)将已经分类的商品充分地备齐品目,有针对性地确定同类别商家数量的广度和深度,让消费者能充分挑选所需要的商品。

(3)将已经分类的商品中比较有关联性(附属性)的安排在一起,让消费者方便选购。

以上是落实"丰富有弹性"的业态组合的三大重点。实现这一目标的关键,就是要对不同的商家进行合理的整合。表5-10所示为业态组合三大模式。

表5-10 业态组合三大模式

业态组合模式	组 合 特 点
互补式	按照商品的不同属性,以互相补充为原则进行业态组合,如食品与日用品等不同业态相互补充
填充式	在某个范围下属同种业态,但另一种起填充作用,如手机饰品、电池等与手机搭配
混合交叉式	商品品种多、品牌齐,形成交叉混合业态组合

1)整合一:"主力、关联、补充"分类不分家

能表现出一个商业地产项目特征的就是主力店/主力商品,主力店/主力商品是该商业地产项目销售额的主要部分。根据主力店/主力商品的性质选择其相关联的业态,根据主力、关联业态的需要配置补充商品,从而整合出一个商业地产项目的整体业态组合。例如,工艺品是工艺品主题店的主力商品,其关联商品是串珠、花边,其补充商品就是日式和西洋式的裁剪材料。又如,超级购物中心的主力店是百货店和综合超市,关联店是男女服饰店、鞋包店、食品店、音像店、书店等,补充店是银行、邮局、美容美发店等。

2)整合二:制造百分百弹性丰盈

一个商业地产项目中,商品的组合比例一般为普通商品占60%、观赏商品占10%、利润商品占15%、并列商品占15%,要想制造"丰富有弹性"的业态组合可根据这一比例选择相关的业态。

(1)普通商品指消费者熟悉的、叫得出来的商品,它们可以提高消费者的消费欲望,是增加人气和商气的主力军。

(2)观赏商品可以让消费者赏心悦目,它们可以是能挑起消费者兴趣和关心的话题性商品、高价位商品或新颖商品。此类业态的入驻,可以提高商业地产项目的地位和格调。

(3)利润商品是利润率高、纯利大的商品。这类业态还包括商业地产项目自有品牌,可由商业地产项目自行经营。

(4)并列商品是可当作主要商品的关联品或替补品,可以配置在卖场,这类商品主要是为方便消费者而引入的。

5.5.3 业态功能分布

进行业态功能的合理分布,需要深入分析消费者心理,了解、掌握影响消费者购买行为的心理活动。以"以消费者为中心"的思想为指导,根据商业业态的特点及选址要求(表5-11),发挥各个业态在经营活动中所能起到的最大功效。

表5-11 商业业态的特点及选址要求

业态商户	角色	特点	选址要求
百货店	大型商业地产项目的核心,是商业地产项目各经营项目的重中之重	百货店是大型商业地产项目的核心,租金较低,其经营的商品分类分区划分清晰,成行成市,不仅具有购物、休闲和服务的特色,而且具有连接、组合各经营项目的功能。百货店可以引进合作,但连锁经营的百货店不多,而且合作的条件非常苛刻	百货店推进的方向是先市内再市外;先选择省会城市和经济发达的中心城市,再选择其他中型城市;先选择省市级商业中心,再选择区级商业中心。首选的购物场所是集大百货、超市、专卖店、专业店、餐饮业、娱乐业于一体的大型商业地产项目
超级市场	大型商业地产项目的重要补充	超级市场大多是全国性或竞争力很强的地方连锁店,有良好的信誉,能够缴纳足够的租金。超级市场对于吸引人流的作用非常大,因此在大型商业地产项目中,超级市场是必不可少的,租金相对较低	步行10分钟,聚集10万人
大型综合商场	大型商业地产项目必不可少的组成	大型综合商场注重服务,设导购、餐饮、娱乐等服务项目和设施,功能齐全。一般占整个区域大型商业地产项目营业面积的4%。常常是全国性的连锁店,具有良好的信誉,但单位面积的销售额非常低,租金相对较低	以市级中心、地区中心、新城(县域扩大)及历史形成的商业聚集地为主
专卖店	大型商业地产项目的重要成员	专卖店坐落于商业区,具备交通便利性,商店可见度强,租金适中,租期不少于1年;格局以进深较小的长方形为佳,面积40~80平方米,根据地区不同可以有所调整;门面宽度不小于3米,且越宽越佳;橱窗位置需面向街道	商业气氛浓厚、客流量大、人气旺的高档综合商场附近;知名度及客流量俱佳的商业街;知名度高的店铺附近;大规模住宅区附近;市场配套设施齐备,同行业汇聚业绩佳的商业区
化妆品店	大型商业地产项目的一般成员	化妆品业是一个高附加值的行业,很难从产品本身来判断其价值,它包含了产品的心理诉求的特性,在以消费为导向的经济社会,化妆品概念营销显得格外重要,几乎左右着一个化妆品店的生死存亡	首先选择繁华的商业区店铺,其次选择人口高度密集区的主街道门面,最后选择大型商场或广场的店中店
餐饮业	大型商业地产项目各功能组合的有益补充	餐饮业态由分散型向聚集型发展;餐厅面积由大到小发展,这其中有餐饮企业对承租能力和成本控制的考虑,也有休闲型、家庭型、大众型、年轻化消费成为餐饮消费主流的原因。不少大型餐饮企业已经撤离大型商业地产项目,取而代之的是200~300平方米的中小型餐饮企业成为主流;餐饮菜系日趋多元化,随着消费者对各国美食的接受度提高,外国餐饮企业占比也大幅提升	选址时应考虑承租年限,周围餐饮企业的分布情况、经营品种、风味特色及效益情况,周边单位、居民及顾客的阶层情况,交通是否便利、能否停车,每月的客流量、车流量等问题。同时周围要有良好的卫生环境,不得有有毒有害气体,距离放射性物质、粉尘和其他扩散性的污染源25米以上,有排水通畅的下水道

业态的具体分布、营业场所的布置，应以便于消费者参观与选购商品、便于展示和出售商品为前提。商业地产项目管理者应将售货现场的布置与设计当作创造销售（而不仅仅是实施销售）的手段来进行。完成业态的功能分布，有以下 3 个技巧。

1）激发消费欲望

消费者的消费欲望分为隐性和显性两类。隐性消费欲望是指消费者没有明确目标或目的，因受到外在刺激物的影响而不由自主地对某些商品产生的注意。这种注意也叫无意注意，是有预定目的、不需要意志努力、不由自主地对一定事物所产生的注意。无意注意对刺激消费者购买行为有很大意义。有意识地将有关的业态邻近设置，如妇女用品、儿童用品、儿童玩具等，向消费者发出暗示，引起消费者的无意注意，刺激其产生购买冲动，诱导其购买，会获得较好的效果。

出于激发欲望的目的，也为了消费者的购物方便，具体业态分布时应将以下四类业态聚集在一起，以增强吸引力。

第一类：男士用品店，男鞋、男装、运动用品应当集中布置。

第二类：女士用品和儿童用品店，包括女装、女鞋、童装、玩具、文具等，这样便于在购买之前对商品款式、价格和颜色进行比较，同时便于配套购买，增加购物需求。

第三类：食品零售店，包括熟食店、面包店、生鲜食品类超市。

第四类：配套服务店面，包括银行、便民药店、照片冲印店、干洗店等。这些服务业态需要靠近停车场和入口，条件允许的话应集中布置，并与其他商家相对分离，以方便消费者出入。它们一般在商业地产项目营业时间之外继续营业。

2）结合业态特点及购买规律

频率高、交易零星、选择性不强的业态，应设在消费者最容易感知的位置，以方便消费者购买、节省购买时间。花色品种复杂、需要仔细挑选的业态及贵重物品，要针对消费者求实的购买心理，设在售货现场的深处或楼房建筑的上层，以利于消费者在较为安静、人流量相对较小的环境中认真仔细地挑选。百货店、超级市场等商业企业可在以后的经营活动中每隔一段时间调动柜组的摆放位置或货架上商品的陈列位置，使消费者在重新寻找所需商品时受到其他商品的吸引。

3）主力店优先，辅助店随后

对于购物中心、超级购物中心而言，主力店能有力地引导人群，其布局直接影响整个商业地产项目的形态，故其位置需先行确定。一般大型商业地产项目的主力店适合放在线型步行街的端点，才能达到组织引导人流的效果，不适合集中布置在中间。

5.5.4 业态品牌组合

品牌的组成包括要素品牌、侧重品牌、品牌扩充等。开发商必须根据项目区域现有品牌业态状况和对未来商业发展趋势的把握，充分利用自身可能整合的各种招商资源，为楼盘作为房地产项目实现销售和该项目作为商业地产日后能够成功运营，而对项目各功能分区和各楼层的业态进行品牌规划，并由品牌组合定位选取相对应的品牌商家，使之形成对项目的市场依托，并由此将各商家品牌嫁接为项目的整体品牌，实现"1+1>2"的组合功效，最终达到整个项目的持续经营。但是，目前很多商业地产项目仅依赖个别国内经营商家的参与，而没有进行品牌组合，或没有进行有效的品牌布局，最终无法做到旺场或只能部分旺场。基于此，开发商应制定一个品牌组合对项目产生的预期效应，并根据这些效应制定品牌组合计划。

1. 品牌组合要达到的预期效应

（1）通过业态组合，形成项目经营品种的完整性。
（2）对品牌进行布局分区，形成各自的主题广场系列。
（3）引进每种业态领头羊的品牌商家或新的品牌商家。
（4）通过品牌商家的业态组合，形成自身的经营卖点。
（5）通过品牌商家的业态组合，形成项目人流动线的合理规划。
（6）通过品牌商家的合理布局，吸引客流的步行最大化流向。
（7）对品牌商家进行业态整合，形成"1+1>2"的品牌凝聚效应。
（8）依托品牌商家的品牌辐射力，形成项目的前期核心吸引力。
（9）把品牌商家的个体品牌嫁接为项目的强势品牌，最终形成项目持续经营的核心竞争力。

2. 品牌组合步骤

（1）决定哪个品牌应该包括在内。
（2）以五个问题来检验，将每个品牌分类。
① 这类品牌在本项目所要描绘的品牌组合中，对经营商家及消费者的购买决策有多重要？
② 这类品牌正面或是负面的影响？
③ 这类品牌在组合中相对于其他品牌，是什么样的市场定位？
④ 这类品牌与组合中的其他品牌有什么样的联结？
⑤ 本项目对这类品牌有什么样的控制？
（3）根据对这些问题的回答来完成整个品牌的组合，从而实现成功招商。

5.5.5 楼层主题设计

大型的综合商业地产项目楼层较多，业态丰富，各个楼层的主题确定并不是随意的，而是有科学依据可循的。

（1）从商品流动性考虑，一般流动性强的、日常需求量较大的商品被安排在较低的楼层，如食品超市往往安排在负一层，服装、鞋帽等大多安排在一层或二层。
（2）从商业地产项目的经营效益考虑，低楼层的租金一般较高楼层高，故低楼层以利润率较高的商品为主，如化妆品、首饰、服装、鞋帽等。

（3）从业态性质考虑，一般主题式业态多安排在高楼层，如果能经营成为某类主题商品的聚集地，消费者可能会为了该类主题商品远道而来，完成特定消费行为，往下走的过程中再顺便完成其他随机消费。这类主题商品以 IT 产品、家具家电产品居多。另有一些文化类业态需要相对安静的环境，也多安排在比较高的楼层，如书城。

（4）从消费者的行为考虑，一般逛完低楼层后人会出现疲劳状态，如果高楼层继续以购物为主，就很难吸引消费者继续向上走，故高楼层一般安排餐饮、娱乐等消费型业态。

表 5-12 是大型综合商业地产项目楼层主题分布的参考方案。

表 5-12　大型综合商业地产项目楼层主题分布的参考方案

楼　层	主　题
地下层	大型综合超市
一、二层	主力百货店、专业超市、各类品牌专卖店、首饰店、化妆品店等
三层	数码城
四层	家居城
五层	书城、文化长廊
六层	美食城
七层	名品打折专区、折扣商品区
八层	影城、娱乐城、连锁俱乐部
九层	室内公园

5.6　商业地产项目开发投资财务分析

在商业地产项目开发之前，要进行关于成本估算的经济分析。对于商业地产项目开发程序而言，经济分析分为两个部分：一是指标测算；二是财务分析，得出项目财务可行性。

5.6.1　财务指标测算

项目成本管理的基础是编制财务报表，主要有投资估算表、销售收入估算表、现金流量表、利润表、资金来源与运用表、贷款偿还计划表等。其中，项目的现金流量表是最重要的项目管理报表。通过现金流量分析，可以计算项目的财务净现值、投资回收期、财务内部收益率等指标，从而对项目的决策做出判断。

1. 现金流量分析

对房地产开发公司而言，因为行业经营周期很长，对于现金流量的分析也就尤其重要。经营性现金流量是公司业绩的重要指标，它的好坏直接关系到公司收益的可靠性及公司持续经营和变现的能力。

2. 财务净现值

财务净现值是指按基准收益率将各年净现金流量折现到建设起点的现值之和。它是评价项目盈利能力的绝对指标，反映项目在满足基准收益率要求的盈利之外所获得的超额盈利的现值，也可直接利用 Excel 软件提供的财务净现值函数计算。若得到的财务净现值大于或等于 0，则表明项目的盈利能力达到或超过基准计算的盈利水平，项目可接受。

3. 投资回收期

投资回收期是指投资引起的现金流入现值累计到与投资额相等所需要的时间。它是反映项目真实偿债能力的重要指标，是指以项目的净收益抵偿项目全部投资所需要的时间；在现金流量表中，它是累计现金流量现值由负值变为零的时点。投资回收期越短，表明项目的盈利能力和抗风险能力越强。

4. 财务内部收益率

财务内部收益率是考虑货币的时间价值的财务分析评价方法，它是根据方案的现金流量计算出的，是方案本身的投资报酬率，是指能够使项目未来现金流入量现值等于未来现金流出量现值的贴现率，或者说是使投资方案净现值为零的贴现率。它的计算通常需要采用"逐步测试法"：首先估计一个贴现率，用它来计算方案的净现值，如果净现值为正数，说明方案本身的报酬率超过估计的贴现率，应提高贴现率后进一步测试；如果净现值为负数，说明方案本身的报酬率低于估计的贴现率，应降低贴现率后进一步测试，寻找出使净现值接近于零的贴现率，即为方案本身的内部报酬率。

5.6.2 盈亏平衡分析

盈亏平衡分析是分析如何确定盈亏临界点有关因素变动对盈亏临界点的影响等问题。它是根据项目正常生产年份的产品产（销）量、固定成本、变动成本、税金等，分析建设项目产量、成本、利润之间变化与平衡关系的方法。当项目的收益与成本相等时，即为盈亏平衡点。盈亏平衡分析可进一步分为线性盈亏平衡分析和非线性盈亏平衡分析，我们通常只做线性盈亏平衡分析。

5.6.3 敏感性分析

敏感性分析主要是分析商业地产的产品售价、产量、经营成本、投资、建设期等发生变化时,项目财务指标(如财务内部收益率)的预期值发生变化的程度。通过敏感性分析,可以找出项目的最敏感因素(一般以某因素的曲线斜率的绝对值大小来比较),使决策者了解项目建设中可能遇到的风险,从而提高决策的准确性和可靠性。

5.7 商业地产项目开发投资风险分析

5.7.1 商业地产项目开发投资风险概述

商业地产项目开发投资风险分析是在对商业地产项目开发投资进行了财务评价和不确定性分析的基础上,进一步综合分析识别投资项目在将来建设和运营过程中潜在的主要风险因素,揭示风险来源,判别风险程度,提出规避风险的对策,从而降低风险损失。

1. 风险的含义

风险所反映的是人们在生产建设和日常生活中遭遇能导致人身伤亡、财产损失及其他经济损失的自然灾害、意外事故和其他不可测事件的可能性。风险是对未来行为的决策及客观条件的不确定性而可能引致后果与预定的目标之间发生的多种负偏离的综合。这种负偏离是指在特定的客观条件下,在特定的时期内,某一实际结果与预期结果可能发生的偏离或差异的程度,差异程度越大,风险就越大。这种负偏离可以用两个参数来描述:一是发生偏离的方向与大小,即后果;二是发生偏离的可能性,即事件发生的概率。因此,大致可以对风险做这样的表述:风险是某种不利事件或损失发生的概率及其后果的函数,用数学函数可以表述为

$$R=F(P, K) \tag{5-2}$$

式中,R——对风险的度量;

P——各种不确定性事件发生的概率;

K——该事件发生的后果,即所有不确定结果的数量值;

F——R、P、K 之间的某种函数关系。

在经济生活中,人们对风险的关注主要是为了进行很好的风险决策,避免风险事故的发生,减少风险事故导致的损失。风险决策是在多种不确定性因素作用下,对两个以上的行动方案进行选择。由于不确定性因素的存在,故行动方案的实施结果其损益值是不能预先确

定的。

风险决策可以分为两类：若自然状态的统计特性（主要指概率分布上）是可知的，则称为概率型决策；若自然状态的统计特性是不可知的，则称为不定型决策。风险决策的方法中虽然有一些较为成熟的方法，但风险决策主要取决于决策者对风险的态度，因此，风险决策带有明显的主观认识。而影响这一"主观认识"的因素是复杂的，所以风险决策的过程往往非常复杂，从逻辑上讲，大致要经历风险识别、风险评估和风险决策3个阶段，如图5.3所示。

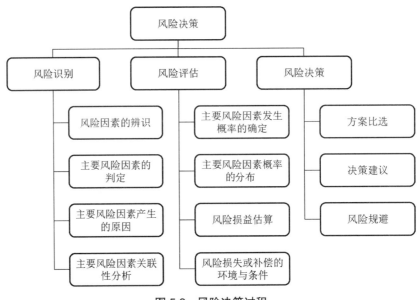

图 5.3　风险决策过程

2. 商业地产项目开发投资风险的含义

根据上述对风险含义的理解，商业地产项目开发投资风险的含义是：从事商业地产项目开发投资而造成的不利后果和损失的可能性大小，这种不利结果和损失包括所投入的资本的损失与预期收益没达到的损失。

就投资者而言，商业地产项目开发投资风险在投资的不同阶段的表现是不完全相同的，它随着各个阶段主要工作的发生而产生。例如，在论证设计阶段，主要风险来自市场研究与项目经济分析及预测的准确性；在资金筹措阶段，资本结构的变化会对未来收益产生很大的影响；在项目建设阶段，承包商的项目控制与管理能力、通货膨胀及不可预料事件的发生对投资目标的实现构成威胁。

从投资的角度看，商业地产项目开发投资风险不但存在着风险损失，同时也存在着风险报酬，尽管风险报酬不是一种现实的报酬率，而是一种可能的未来的报酬，或者说是一种只有在风险目标实现之后才能获得的报酬，但正是由于风险报酬的存在，才使得商业地产项目开发投资者在风险损失与风险报酬之间进行权衡，并在决策的过程中在两者之间寻求到一个平衡点。这正是商业地产项目开发投资风险分析的过程。

5.7.2 商业地产项目开发投资风险识别

1. 商业地产项目开发投资风险的分类

1）系统风险

商业地产项目开发投资首先面临的是系统风险，投资者对这些风险不易判断和控制，如通货膨胀风险、市场供求风险、周期风险、变现风险、利率风险、政策风险、政治风险和或然损失风险等。

（1）通货膨胀风险。通货膨胀风险也称购买力风险，是指投资完成后所收回的资金与初始投入的资金相比，购买力降低给投资者带来的风险。由于所有的投资均要求有一定的时间周期，尤其是商业地产项目开发投资周期较长，因此只要存在通货膨胀因素，投资者就要面临通货膨胀风险。由于通货膨胀风险会直接降低投资的实际收益率，因此商业地产项目开发投资者非常重视此风险因素的影响，并通过适当调整其要求的最低收益率来降低该风险对实际收益率影响的程度。但商业地产项目开发投资的保值性又使投资者要求的最低收益率并不是通货膨胀率与行业基准折现率的直接相加。

（2）市场供求风险。市场供求风险是指投资者所在地区商业地产市场供求关系的变化给投资者带来的风险。市场是不断变化的，商业地产市场上的供给与需求也在不断变化，而供求关系的变化必然造成商业地产项目价格的波动，具体表现为租金收入的变化和商业地产项目价值的变化，这种变化会导致商业地产项目开发投资的实际收益偏离预期收益。更为严重的情况是，当市场内结构性过剩（某地区某种商业开发项目的供给大于需求）达到一定程度时，商业地产开发投资者将面临商业地产项目积压或空置的严峻局面，导致资金占压严重、还贷压力日增，这很容易最终导致商业地产项目开发投资者的破产。

（3）周期风险。周期风险是指商业地产市场的周期波动给投资者带来的风险。正如经济周期的存在一样，商业地产市场也存在周期波动或景气循环现象。商业地产市场周期波动可分为复苏与发展、繁荣、危机与衰退、萧条4个阶段。研究表明，美国商业地产市场的周期为18～20年，日本约为7年。当商业地产市场从繁荣阶段进入危机与衰退阶段，进而进入萧条阶段时，商业地产市场将出现持续时间较长的商业开发项目价格下降、交易量锐减、新开发建设规模收缩等情况，从而给商业地产项目开发投资者造成损失。商业地产项目价格的大幅度下跌和市场成交量的萎缩，常使一些实力不强、抗风险能力较弱的投资者因金融债务问题而破产。

（4）变现风险。变现风险是指急于将商品兑换为现金时由于折价而导致资金损失的风险。商业地产项目属于非货币性资产，销售过程复杂，流动性很差，其拥有者很难在短时期内将商业地产项目兑换成现金。因此，当投资者由于偿债或其他原因急于将商业地产兑现时，由于商业地产市场的不完备，必然使投资者蒙受折价损失。

（5）利率风险。调整利率是国家对经济活动进行宏观调控的主要手段之一。通过调整利率，政府可以调节资金的供求关系、引导资金投向，从而达到宏观调控的目的。利率调升会对商业地产项目投资产生两方面的影响：一是导致商业地产项目实际价值的折损，利用升高的利率对现金流折现，会使投资项目的财务净现值减少，甚至出现负值；二是会加大投资者的债务负担，导致还贷困难。利率提高还会抑制商业地产市场的需求数量，从而导致商业地产项目价格下降。

（6）政策风险。政府有关商业地产项目投资的土地供给政策、地价政策、税费政策、住房政策、价格政策、金融政策、环境保护政策等，均会对商业地产开发投资者收益目标的实现产生巨大的影响，从而给投资者带来风险。

（7）政治风险。商业地产项目的不可移动性，导致商业地产项目开发投资者要承担相当程度的政治风险。政治风险主要由政变、战争、经济制裁、外来侵略、罢工、骚乱等因素造成。政治风险一旦发生，不仅会直接给建筑物造成损害，而且会引起一系列其他风险的发生，是商业地产项目开发投资中危害最大的一种风险。

（8）或然损失风险。或然损失风险是指火灾、风灾或其他偶然发生的自然灾害引起的置业投资损失。尽管投资者可以将这些风险转移给保险公司，但是在有关保单中规定的保险公司的责任并不是包罗万象的，因此有时还需将洪水、地震、核辐射等灾害单独投保，盗窃险有时也需要安排单独的保单。

2）个别风险

（1）收益现金流风险。收益现金流风险是指商业地产项目开发投资实际收益现金流未达到预期目标要求的风险。对于开发投资者来说，未来商业地产市场销售价格、开发建设成本和市场吸纳能力等的变化，都会对开发商的收益产生巨大的影响。

（2）未来经营费用风险。未来经营费用风险是指物业实际经营管理费用支出超过预期经营费用而带来的风险。由于建筑技术的发展和人们对建筑功能要求的提高会影响到物业的使用，使后来的物业购买者不得不支付昂贵的更新改造费用，而这些在初始评估中是不可能考虑到的。因此，商业地产项目开发投资者已经开始认识到，即使对新建成的甲级物业投资，也会面临着建筑物功能过时所带来的风险。其他未来会出现的经营费用包括由于建筑物存在内在缺陷导致结构损坏的修复费用和不可预见的法律费用（如租金调整时可能会引起争议而诉诸法律）。

（3）资本价值风险。资本价值在很大程度上取决于预期收益现金流和可能的未来经营费用水平。然而，即使收益和费用都不发生变化，资本价值也会随着收益率的变化而变化。这种情况在证券市场上最为明显。商业地产项目开发投资收益率也经常变化，虽然这种变化并不像证券市场那样频繁，但是在几个月或更长一段时间内的变化往往也很明显，而且从表面上看这种变化和证券市场、资本市场并没有直接联系。商业地产项目开发投资收益率的变化很复杂，人们至今也没有对这个问题给出权威的理论解释。但是，预期资本价值和现实资本价值之间的差异即资本价值风险，在很大程度上影响着商业地产项目开发投资的绩效。

（4）比较风险。比较风险（又称机会成本风险）是指投资者将资金投入商业地产项目开发后，失去了其他投资机会，同时也失去了相应的可能收益时给投资者带来的风险。

（5）时间风险。时间风险是指商业地产项目开发投资中与时间和时机选择因素相关的风险。商业地产项目开发投资强调在适当的时间、选择合适的地点和物业类型进行投资，这样才能使其在获得最大投资收益的同时使风险降至最低限度。时间风险的含义不仅表现为选择合适的时机进入市场，还表现为物业持有时间的长短、物业持有过程中对物业重新进行装修或更新改造时机的选择、物业转售时机的选择及转售过程所需要时间的长短等。

（6）持有期风险。持有期风险是指与商业地产项目开发投资持有时间相关的风险。一般来说，投资项目的寿命周期越长，可能遇到的影响项目收益的不确定性因素就越多。很容易理解，如果某商业地产项目的持有期为1年，则对于该商业地产项目在1年内的收益及1年后的转售价格很容易预测；但如果持有期是4年，那对4年持有期内的收益和4年后转售价格的预测就要困难得多，预测的准确程度也会差很多。因此，投资者的实际收益和预期收益之间的差异是随着持有期的延长而加大的。

上述所有类型的风险都应引起投资者的重视，而且投资者对这些风险将给投资收益带来的影响估计得越准确，其所做出的投资决策就越合理。

2. 风险对商业地产项目开发投资决策的影响

风险对商业地产项目开发投资决策的第一个影响，就是使投资者要根据不同类型商业地产项目开发投资风险的大小，确定相应的目标投资收益水平。由于投资者的投资决策主要取决于对未来投资收益的预期或期望，因此不论投资的风险是高还是低，只要同样的投资产生的期望收益相同，那么无论选择何种投资途径都是合理的，只是对于不同的投资者，由于其对待风险的态度不一样，因而采取的投资策略也会有所差异。

风险对商业地产项目开发投资决策的另外一个影响，就是使投资者尽可能规避、控制或转移风险。人们常说，商业地产项目开发投资者应该是风险管理的专家，实践也告诉人们，投资的成功与否在很大程度上依赖于投资者对风险的认识和管理。实际上，在日常工作和生活中，几乎每件事都涉及风险管理，甚至横穿马路也会涉及风险的识别和分析。人们的行动往往依赖于其对待风险的态度，但也要意识到，不采取行动可能是最大的风险。

3. 风险识别

1）风险识别的基本概念

风险识别是风险管理和风险决策过程的第一步，也是基础的一步，只有全面、正确地识别经济单位所面临的风险，风险衡量才能进行，风险管理和风险决策才有意义。风险识别是指在风险事故发生之前，人们应用各种方法系统地、连续地认识所面临的各种风险及分析风险事故发生的潜在原因。风险识别过程包含感知风险和分析风险两个环节。

（1）感知风险，即了解客观存在的各种风险，它是风险识别的基础，只有通过感知风险，才能进一步在此基础上进行分析，寻找导致风险事故发生的条件因素，为拟定风险处理方案、进行风险管理和风险决策服务。

（2）分析风险，即分析引起风险事故的各种因素，它是风险识别的关键。

风险识别作为风险管理和风险决策过程的第一环节，所要回答的主要问题如下。

① 哪些风险需要考虑？
② 导致风险损失的风险事故有哪些？
③ 引起风险事故的主要原因和条件是什么？
④ 风险事故所导致的后果如何？
⑤ 识别风险的方法有哪些？
⑥ 如何增强识别风险的能力？

风险识别的目的是便于实施风险管理和风险决策的第二阶段，即风险评估。进行风险识别也是为了选择最佳的风险处理方案。

2）风险识别的方法

风险识别常用的方法主要包括以下几种。

（1）专家调查法。专家调查法也称德尔菲法，它是一种通过匿名方式反复征求专家意见，以最终取得一致性意见的风险识别方法。它主要适用于一些原因比较复杂、影响比较重大的商业开发项目的风险识别问题。专家调查法简单、易操作，它凭借分析者（包括可行性研究人员和决策者等）的经验对项目各类风险因素及风险程度进行估计。专家调查法可以通过发函、开会或其他形式向专家进行调查，对项目风险因素、风险发生的可能性及风险对项目的影响程度进行评定，将多位专家的经验集中起来形成分析结论。由于比一般的经验识别法更具客观性，因此专家调查法应用较为广泛。该方法的具体步骤如下。

① 拟定调查表。为了对具体的商业开发项目进行风险识别，应先结合商业开发项目的特色拟定风险因素专家调查表，具体见表 5-13。在表中拟定一些风险因素，列出调查提纲，同时适当地提供所分析的商业开发项目的背景资料，以便专家掌握项目的特点，了解项目的概况，做出客观的判断。但要注意，所列的风险因素要明确，避免因素间的重复和交叉。

表 5-13 风险因素专家调查表

序号	风险因素名称	出现的可能性				出现后对项目的影响程度			
		高	强	适度	低	高	强	适度	低

② 选择调查对象，即选择专家。选择的专家能否胜任，是专家调查法成败的关键。一般应选择熟悉商业地产行业和所评估的风险因素、专业工作年限较长、有预见能力和分析能力、有一定声望、客观公正的专家，同时也可吸收一些相关领域的专家。为了减少主观性，选择的专家应有一定的数量，一般在 10~20 位。

③ 寄发调查表反复征询和反馈。调查方式一般采用通信法，将拟定的调查表寄发给已选定的专家，请他们答复。第一轮调查表由专家填好寄回后，调查组织者将各种不同意见进行综合整理，并列出经过加工后的新调查提纲，再反馈给各位专家，征求他们的新意见。这种征询的过程是征询—答复—反馈—再征询。如此反复征询 3~5 轮，以使意见渐趋一致。在调查中，专家只与调查组织者有联系。调查表最后一轮的回收率达到 60% 以上，调查就算成功。

④ 编写调查报告。调查组织者将最后一轮征询答案的中位数作为预测结果，写出综合性的调查报告。

（2）情景分析法。情景是对一个投资项目或某个开发商未来状态的描述，或者按年代的梗概进行的描述。其研究的重点是：当某种因素变化时，整体情况会怎么样？会有什么危险发生？就像电影的一幕幕场景一样，供投资者研究比较。运用这种方法可以帮助识别在商业地产项目开发投资中引起危险的关键因素及其影响程度，它的具体应用分为筛选、监测和诊断 3 个步骤。

情景分析法适用于：提醒商业地产项目开发投资者注意某种措施或政策可能引起的风险或危险的后果；建议需要进行监测的商业地产项目开发投资风险范围；研究某种关键性因素对未来商业地产项目开发投资决策过程的影响。

（3）问卷调查法。问卷调查法也称访问法，是商业地产项目开发投资风险识别的一种常用方法。该方法是预先设计问卷调查表，通过答卷、谈话、电话等方式，获悉被调查者对问卷上所提出的问题的看法，并综合分析这些看法，得出对问题的初步结论的识别方法。科学设计问卷调查表和有效地运用访问技巧是此方法成功的关键。

问卷调查表主要反映投资者的决策思想，其设计一般分为 5 个步骤：①根据开发商的经营战略和投资项目的特点，明确列出问卷调查表所需要收集的信息；②按照所需要收集的信息设计问题，并确定每个问题的次序；③按照问题的类型、难易程度选择题型，并设计询问问题的次序；④选择一些调查者进行调查表的初步测试，请他们先做题，然后召开座谈会或个别谈话征求意见；⑤按照测试结果，再对问卷调查表做必要的修改，得出正式的问卷调查表。

在设计问卷调查表时要注意以下事项：①问卷调查表中设计的问题要简短明了，一目了然；②每个问题只包含一项内容；③在问题中，不要使用专业术语，概念要通俗易懂；④每个问题的选择答案不要过多，问题的含义不要模棱两可，一个问题只代表一件事；⑤注意问题提出的方式，有些问题可以直接提问，有些问题应间接提问。

3）感知风险

感知风险应首先明确感知风险的出发点。对开发商而言，其出发点有两个，即企业风险感知和项目风险感知。

基本上，感知风险的基础条件有以下几项。

（1）了解企业本身：企业发展的目标及发展战略；企业活动的性质；企业的经营方式；企业的经营环境。

（2）了解项目：项目生产全过程；项目运行特征；项目经营形式；项目主要的差异性表现。

在以上条件下，对开发商而言，感知风险应从3个层面来识别风险因素。

（1）从宏观上认识和预测政策风险和市场风险，以明确企业或项目可能的系统风险。

（2）从中观上认识和预测所在城市的发展潜力、方向、规划和市场变化等，以确定企业的市场风险。

（3）从微观上进行企业或项目分析，以确定未来可能的经营风险。

4）分析风险

分析风险要回答的主要问题是引起风险事故的主要原因和条件是什么，风险事故所致后果如何，也就是必须详细研究引起风险事故的条件潜在因素。

5.7.3 商业地产项目开发投资风险评估

风险评估是风险管理和风险决策的重要阶段。

1. 风险评估的主要内容

1）背景风险评估

背景风险评估是指项目所处的经济社会背景的未来风险分析，主要包括政策风险、市场风险等。

2）项目风险评估

项目风险评估分析主要针对以下几项。

（1）市场预测：①产品定位，产品的差异性，竞争分析；②预期成本和售价，价格水平和现有消费水平是否相适应；③市场吸纳量。

（2）财务分析：项目的现金流量、投资回报率、资金需求量及筹措方式。

（3）敏感性分析：①销售量变化对效益的影响；②成本、价格变化对效益的影响；③开发计划的变化对效益的影响。

（4）风险评估：①管理风险，即企业家和管理班子的素质及经营水平，管理人员的激励机制；②技术风险，指项目运行所采用技术的可行性、技术难度等；③市场风险，指市场需求、市场规模及进入市场的途径；④财务风险，即投入的已有资金、固定资产状况、资信程度、负债情况等。

3）外部风险评估

外部风险评估主要针对以下几项进行分析。

（1）开发商与建筑商及材料供应商的关系。

（2）开发商与销售代理商的关系，可以从以下几个方面着手。

① 开发商能否提高自身吸引力，以吸引代理商主动上门，使自己占据有利地位。

② 开发商是否经常为代理商提供各种便利服务，如是否召开产品推介会、相关论坛、促销活动等。

③ 开发商与代理商是否保持经常接触、加强信息交流等。

④ 开发商能否很好处理与代理商之间的冲突。

（3）开发商与消费者的关系，尤其是与业主的关系。

（4）开发商同金融界的关系，如开发商是否树立了良好的形象，效益是否好，是否守信用，使银行感到放心；是否同银行联系密切；是否熟悉银行业务和各种金融工具，能否巧妙地利用银行信用发展商业信用解决资金问题。

（5）开发商同政府的关系，具体表现为：同政府打交道是否懂政策、讲艺术；是否经常向政府汇报工作，让政府了解企业的困难、要求和成绩，同时也从政府那里获得税收、物价、金融等信息。

（6）开发商与其他相关部门（如交通部门、电信部门、自来水部门、电力部门、燃气部门、城管部门等）的关系。

2. 风险概率估计与测度

概率是表示某一随机事件发生可能性大小的数量化指标。假设对某一随机事件进行了 n 次试验与观察，其中随机事件 A 出现了 m 次，那么随机事件 A 出现的频率为 $\frac{m}{n}$；通过多次重复试验，随机事件 A 的频率 $\frac{m}{n}$ 越来越接近于某稳定值 P，P 即为随机事件的概率。风险估计的一个重要方面，就是要判断不确定性因素，或者说风险事件发生的概率及其后果的严重程度，因此，风险与概率密切相关。概率是随机事件的函数，必然事件，其概率为 1；不可能事件，其概率为 0；一般性的随机事件，其概率在 0 和 1 之间。

风险估计可以分为主观概率估计和客观概率估计两种。主观概率估计是指人们对某一风险因素发生可能性的主观判断，用介于 0 和 1 之间的数据来描述。客观概率估计是根据大量的试验数据，用统计的方法计算某一风险因素发生的可能性，它是不以人的主观意志为转移的客观存在的概率；客观概率估计需要足够多的试验数据做支持。在商业地产项目开发投资的经济评价中，要对项目从初始投资到项目运营期结束的整个计算期内的全过程进行预测。由于不可能获得足够的时间与资金对某一事件发生的可能性做大量试验，且因事件是将来发生的，也不能做出准确估计，因此在商业地产项目开发投资经济评价和可行性研究阶段，风险估计最常用的方法是主观概率估计。下面只对主观概率估计进行简单介绍。

1) 主观概率估计

主观概率是人们根据自己的知识和经验，以及对事件的了解和认知，对预测对象未来发生的可能性大小做出一个主观概率估计值。主观概率与客观概率一样有以下两个重要特性。

第一，所有可能发生的事件 E_i 中每个事件发生的概率值 $P(E_i)$ 应大于或等于0且小于或等于1，即

$$0 \leqslant P(E_i) \leqslant 1 \quad (i=1, 2, \cdots, n) \tag{5-3}$$

第二，各种可能发生概率的总和必须等于1，即

$$\sum_{i=1}^{n} P(E_i) = 1 \tag{5-4}$$

通常采用主观概率估计的情形有以下两种。

（1）当预测对象仅有一个可能发生的事件时，可直接进行主观概率估计。综合参加预测人员意见的主观概率估计值公式如下。

$$P = \frac{\sum_{i=1}^{n} P_i}{N} \tag{5-5}$$

式中，P——某一事件的主观概率估计值；

P_i——第 i 个预测人员对该事件的主观概率估计值；

N——参加预测的人员数。

【例 5-2】某开发商对其开发的商业用房在明年内销售量超过10万平方米的可能性进行预测，共请了8位有经验的市场营销人员参与预测，其主观概率估计值分别为2/3、3/4、2/3、3/5、1/4、3/5、2/5、3/5。试求该开发商明年商业用房销售量超过10万平方米的主观概率估计值。

解：根据式（5-5），该开发商明年商业用房销售量超过10万平方米的主观概率估计值为

$$P = \frac{2/3 + 3/4 + 2/3 + 3/5 + 1/4 + 3/5 + 2/5 + 3/5}{8} \approx 0.57$$

该开发商明年商业用房销售量超过10万平方米的主观概率值为0.57，即只有57%的把握程度。

（2）当预测对象有多个可能发生的事件时，常用平均概率密度函数和累积概率分布函数来描述主观概率。

假定预测对象有 m 个可能发生的事件，即 $E_1, E_2, \cdots, E_m$；$P(E_i)$ 为各事件发生的概率，将这一组概率 $P(E_i)(i=1, 2, \cdots, m)$ 称为概率密度函数，常用图5.4及表5-14进行描述。

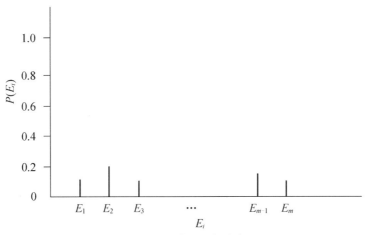

图 5.4 概率密度函数分布图

表 5-14 概率密度函数分布表

可能发生的事件	E_1	E_2	E_3	…	E_{m-1}	E_m
发生概率	$P(E_1)$	$P(E_2)$	$P(E_3)$	…	$P(E_{m-1})$	$P(E_m)$

累积概率分布函数为

$$F(E_i) = \sum_{j=1}^{i} P(E_j) \quad (j=1, 2, 3, \cdots) \qquad (5-6)$$

式中，F——累积概率；

E_i——可能发生的事件；

P——事件发生的概率。

首先在向一组参加预测的专家进行调查时，通常是以调查表的形式征集专家们主观预测的 m 个可能发生事件的概率，其次运用算术平均数或加权平均数的方法，对同一事件综合专家们的意见，最后得出一组专家集体提出的主观概率估计值，即平均概率密度函数和累积概率分布函数。平均概率密度函数可以预测各事件发生的可能性；累积概率分布函数则可以预测某一范围内事件发生的可能性。把平均概率密度函数和累积概率函数绘出图形，就可以清楚地看到主观概率估计值。

【例 5-3】某研究机构通过市场研究认为，某城市明年商业地产的销售均价增幅有 8 种可能，见表 5-15。为了判断房价增幅每种可能性的概率，该机构选聘了 10 位专家进行主观概率估计，并请每位专家将个人的看法填入表 5-16 中[注意 $\sum_{i=1}^{8} P(E_i) = 1$]。

表 5-15 预测表

房价增长	E_1	E_2	E_3	E_4	E_5	E_6	E_7	E_8
增幅 /%	5.0	5.5	6.0	6.5	7.0	7.5	8.0	8.5
主观概率估计值								

解：各位专家根据表 5-15 分别做出判断后，将各位专家的调查表汇总，见表 5-16。

表 5-16 主观概率调查表汇总

专家编号	E_1 5.0	E_2 5.5	E_3 6.0	E_4 6.5	E_5 7.0	E_6 7.5	E_7 8.0	E_8 8.5
1	0.00	0.00	0.05	0.05	0.30	0.40	0.10	0.10
2	0.00	0.05	0.05	0.10	0.30	0.30	0.10	0.10
3	0.05	0.00	0.00	0.20	0.20	0.40	0.10	0.05
4	0.00	0.00	0.10	0.10	0.40	0.30	0.10	0.00
5	0.00	0.00	0.05	0.10	0.20	0.20	0.40	0.05
6	0.05	0.00	0.20	0.30	0.30	0.10	0.05	0.00
7	0.00	0.05	0.10	0.05	0.40	0.10	0.20	0.10
8	0.00	0.00	0.05	0.10	0.20	0.30	0.40	0.05
9	0.00	0.00	0.10	0.30	0.30	0.30	0.00	0.00
10	0.00	0.00	0.10	0.05	0.50	0.20	0.10	0.05
平均 $P(E_i)$	0.01	0.01	0.08	0.13	0.31	0.26	0.155	0.045
平均 $F(E_i)$	0.01	0.02	0.10	0.23	0.54	0.80	0.955	1.00

通过表 5-16 可以得出 10 位专家的平均概率密度函数和累积概率分布函数的图形，分别如图 5.5 和图 5.6 所示。

图 5.5 表示的是房价各种增幅发生的可能性，如增幅可能性最大的是 7%，其相应的主观概率估计值为 31%。图 5.6 表明房价增幅在不同范围内的可能性，如房价增幅低于 5% 或高于 8.5% 是不可能的，即增幅等于或低于 8.5% 的可能性是 100%，增幅等于或低于 7.5% 的可能性是 80%，增幅为 6%~8% 的可能性是 85.5% 等。

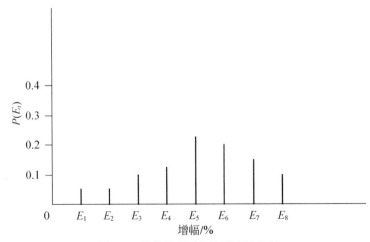

图 5.5 房价增幅平均概率密度函数

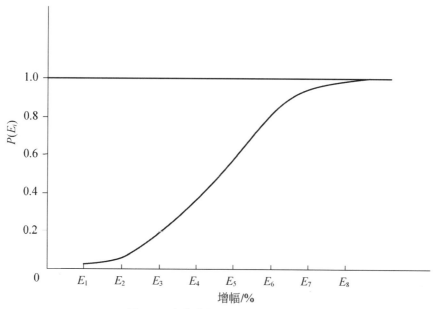

图 5.6 房价增幅累积概率分布函数

在缺乏或没有历史统计资料的情况下,主观概率估计是帮助人们进行风险估计的一种有效工具,在运用主观概率估计时要注意以下 3 个问题:一是对于主观概率,由于各人的知识、经验及看法不一样,因此不同的人对同一事件发生的概率可能会有不同的主观估计。因此,在用主观概率估计进行预测时,要选取较多的人员进行主观估计判断,并综合各位参加预测人员的意见;二是主观概率估计是先由参加预测的人员对所预测事件发生的概率做出主观概率估计值,然后计算出估计值的统计平均值,并以此作为对事件预测的结论;三是主观概率估计通常与调查研究预测等结合使用,调查人员应根据调查目的预先制作相应的调查表。

2)商业地产项目开发投资风险的测度

在基础数据不确定的前提下,商业地产项目开发投资经济分析中计算得到的各项财务指标都是不确定的,它们都是随机变量,因此可以用概率论的知识来测度投资风险的大小。下面介绍几个主要的测度风险大小的指标。

(1)期望值。

期望值是随机变量(离散型随机变量)可能值的加权平均值数,即各种可能值的概率分布中心,通常用数学期望值来描述,其一般公式为

$$E = \sum_{i=1}^{n} X_i P_i \tag{5-7}$$

式中,E——随机变量的期望值;

X_i——随机变量第 i 个可能值;

P_i——随机变量取 X_i 的概率;

n——随机变量可能值的个数。

显然,随机变量的期望值是随机变量可能取值的以相应概率为权数的加权平均值。期

望值是商业地产项目开发投资风险分析中用到的一个很重要的概念。由于基础经济数据的不确定性,作为随机变量,往往可以取若干个可能值,当进行风险分析时,总是用基础数据的期望值去计算商业地产项目开发投资的财务指标(如净现值、内部收益率、利润等)。由于计算得到的财务指标也是随机变量,因此在进行风险分析时,也是用财务指标的期望值去评价项目的财务可行性和经济合理性。

如果随机变量是净现值、内部收益率、利润等盈利性指标,则其期望值称为损益期望值,它是在综合考查了项目的损失和收益后的可能净效益值。在互斥方案比选中,如果方案风险大小相同,一般应选损益期望值最大的方案。

(2)标准差。

各项财务指标的不确定,意味着作为随机变量,它们可以取不同的可能值。在这种情况下,我们一般将财务指标的期望值作为项目实施后的预期值,以决定项目的取舍。由于期望值只是财务指标各可能取值的加权平均值,而非财务指标的实际取值,因此财务指标的实际取值只能取各可能值中的一个。因此,在用财务指标的期望值来决定项目的取舍时,会由于财务指标的实际取值有可能偏离期望值而使项目产生风险。项目的风险大小可以用财务指标的标准差来测度。标准差大,意味着财务指标各可能取值偏离期望值的离散程度大,概率分布密度程度低,财务指标的不确定性程度大,项目的风险大;反之,标准差小,则意味着项目的风险小。标准差的计算公式为

$$\sigma = \sqrt{\sum_{i=1}^{n}(X_i - E)^2 \cdot P_i} \qquad (5-8)$$

式中,σ——随机变量的标准差;

其他符号的含义同前。

【例5-4】设有两个投资方案,其年平均利润可能值及其发生的概率见表5-17,试进行投资方案风险决策分析。

表5-17 年平均利润可能值及其发生的概率

i	市场需求	发生概率 P_i	年利润 X_i/万元	
			投资方案1	投资方案2
1	大	0.25	70	30
2	中	0.50	8	7
3	小	0.25	-50	-10

解:(1)根据式(5-7)得出两投资方案的利润期望值为

$$E_1 = 70 \times 0.25 + 8 \times 0.5 - 50 \times 0.25 = 9.0(万元)$$
$$E_2 = 30 \times 0.25 + 7 \times 0.5 - 10 \times 0.25 = 8.5(万元)$$

因为$E_1 > E_2$,似乎应选投资方案1,但进一步分析其利润的标准差,就会发现选择投资方案1并非上策。

(2)根据式(5-8)计算两投资方案利润的标准差为

$$\sigma_1 = \sqrt{(70-9)^2 \times 0.25 + (8-9)^2 \times 0.5 + (-50-9)^2 \times 0.25} \approx 42.44 \text{（万元）}$$

$$\sigma_2 = \sqrt{(30-8.5)^2 \times 0.25 + (7-8.5)^2 \times 0.5 + (-10-8.5)^2 \times 0.25} \approx 14.22 \text{（万元）}$$

显然，σ_1 比 σ_2 大得多，也即投资方案1的风险比投资方案2的风险大得多，而两个投资方案的利润期望值又很接近，所以应当选择投资方案2。

需要特别注意的是：在用标准差来测度和比较两个（或两个以上）投资方案的风险大小时，要求两个（或两个以上）投资方案的财务指标期望值相同或相近；当两个（或两个以上）方案的财务指标期望值不相同也不相近时，则要用变异系数来测度和比较风险的大小。

（3）变异系数。

变异系数也称投资风险度，等于标准差与期望值之比。在用标准差来测度投资项目风险时，可能会出现一个投资成本较高、预期现金流量较大的投资方案，通常投资成本较小的投资方案有较大的标准差，但它的风险并不比投资方案小的风险大，只有在两个方案的期望值相等或相近的情况下，利用标准差来测定风险的大小才有意义。这种情况下，用变异系数来测度相对风险的大小可以弥补标准差的不足。所以，标准差是用来测度和比较"绝对风险"的，变异系数是用来测度和比较"相对风险"的。变异系数的计算公式为

$$V = \frac{\sigma}{E} \tag{5-9}$$

式中，V——变异系数；

其他符号的含义同前。

变异系数越大，投资方案的风险越大；反之，投资方案的风险越小。

【例5-5】某开发商欲在城市投资一商业开发项目，该项目有两个投资方案：方案一是投资兴建一座写字楼，方案二是投资兴建一座商业大厦。建成后，两个投资方案均以出租的方式经营，经市场研究和预测，这两个投资方案的年净收益率和市场状况概率见表5-18。试通过计算这两个投资方案年净收益率的标准差和变异系数，比较这两个投资方案的风险大小。

表5-18 投资方案的年净收益率和市场状况概率表

投资方案	年净收益率/%			市场状况概率		
	需求旺 X_1	需求一般 X_2	需求弱 X_3	需求旺 P_1	需求一般 P_2	需求弱 P_3
一	30	20	8	0.3	0.5	0.2
二	40	18	10	0.2	0.7	0.1

解：（1）根据式（5-7）计算两个投资方案年净收益率的期望值。

$$E_1 = 30\% \times 0.3 + 20\% \times 0.5 + 8\% \times 0.5 \approx 20.6\%$$

$$E_2 = 40\% \times 0.2 + 18\% \times 0.7 + 10\% \times 0.1 \approx 21.6\%$$

（2）根据式（5-8）计算两个投资方案年净收益率的标准差。

$$\sigma_1 = \sqrt{(30\% - 20.6\%)^2 \times 0.3 + (20\% - 20.6\%)^2 \times 0.5 + (8\% - 20.6\%)^2 \times 0.2} \approx 7.64\%$$

$$\sigma_2 = \sqrt{(40\% - 21.6\%)^2 \times 0.2 + (18\% - 21.6\%)^2 \times 0.7 + (10\% - 21.6\%)^2 \times 0.1} \approx 19.0\%$$

（3）根据式（5-9）计算两个投资方案年净收益率的变异系数。

$$V_1 = \frac{7.64\%}{20.6\%} \approx 0.37$$

$$V_2 = \frac{19.0\%}{21.6\%} \approx 0.88$$

通过计算比较结果，投资方案一的变异系数数为0.37，投资方案二的变异系数为0.88，因此，投资方案二即投资兴建商业大厦的风险比兴建写字楼的风险程度高，且兴建商业大厦的风险程度大约是兴建写字楼的2.4倍。

要完整地描述一个随机变量的统计特征，需要确定其概率分布类型。在商业开发项目投资风险的估计中，也需要对财务指标的概率分布类型进行分析。常用的概率分布类型有二项分布、泊松分布、指数分布、均匀分布和正态分布。其中前两种属于离散型随机变量的概率分布，后三种属于连续型随机变量的概率分布。在自然现象和社会现象中，大量的随机变量都服从或近似地服从正态分布。在商业地产项目开发投资经济评价和投资决策中，起着重要作用的正态分布得到了最广泛的使用。

3. 商业地产项目开发投资风险评价

商业地产项目开发投资风险评价是对投资项目风险进行综合分析，是依据风险对项目经济目标的影响程度进行项目风险分级排序的过程。它是在项目风险识别和估计的基础上，通过建立项目风险的系统评价模型，列成各种风险因素发生的概率及概率分布，确定可能导致的损失大小，从而找出该项目的关键风险，确定项目的整体风险水平，为如何处置这些风险提供科学依据。风险评价的判别标准有以下两种类型。

1）以财务指标的累积概率、标准差、变异系数为判别标准

财务指标的累积概率、标准差及变异系数的计算方法前面已经做了介绍，其判别标准如下。

（1）投资项目的财务内部收益率大于或等于基准收益率的累积概率值越大，风险越小；标准差越小，风险越小；变异系数越小，风险越小。

（2）投资项目的财务净现值大于或等于零的累积概率值越大，风险越小；标准差越小，风险越小；变异系数越小，风险越小。

2）以综合风险等级为判别标准

风险等级的划分既要考虑风险出现的可能性，又要考虑风险出现后对投资项目的影响程度。综合风险等级有多种表达方法，我们常用矩阵列表法划分风险等级。矩阵列表法简单直观，它是将风险出现的可能性及对项目的影响程度构造一个矩阵，表中每个单元对应一种风险的可能性及其影响程度。为适应现实生活中人们常以单一指标描述事物的习惯，一般将风险的可能性与其影响程度综合起来，用某种级别表示，具体见表5-19。该表是以风险应对的方式来表示风险的综合等级。所示风险等级也可采用数学推导和专家判断结合确定。

表 5-19 综合风险等级分类表

综合风险等级		风险影响程度			
		严重	较大	适度	低
风险的可能性	高	K	M	R	R
	较高	M	M	R	R
	适度	T	T	R	I
	低	T	T	R	I

综合风险等级分为 K、M、T、R、I 五个等级。

K（Kill）表示项目风险很强，出现这类风险就要放弃项目。

M（Modify Plan）表示项目风险强，需要修正拟议中的方案，通过改变项目定位或设计采取补偿措施等。

T（Trigger）表示风险较强，设定某些指标的临界值，指标一旦达到临界值，就要变更设计或对负面影响采取补偿措施。

R（Review and Reconsider）表示风险适度（较小），适当采取措施后不影响项目。

I（Ignore）表示风险弱，可忽略。

落在表 5-19 左上角的风险会产生严重后果；落在表 5-19 左下角的风险，发生的可能性相对小，必须注意临界指标的变化，提前防范与管理；落在表 5-19 右上角的风险影响虽然相对适度，但是发生的可能性相对大，也会对项目产生影响，应注意防范；落在表 5-19 右下角的风险，损失不大，发生的概率也小，可以忽略不计。

5.7.4 商业地产项目开发投资风险应对

对商业地产项目开发投资风险进行识别、估计和评价后找出的关键风险因素对项目的成败具有重大影响，需要采取相应的应对措施，尽可能降低风险的不利影响，实现预期效益。

1. 商业地产项目开发投资风险应对的原则

1）连续性原则

商业地产项目开发投资，从投资机会选择与决策阶段，到前期工作阶段，到建设阶段，再到租售和经营阶段，是一个连续的经济行为过程。在这个连续的过程中，每个阶段都将面临各种投资风险。因此，商业地产项目开发投资风险应对应贯穿于投资的整个过程中，从项目的可行性研究开始就要采取规避和防范风险的措施，防患于未然。

2）针对性原则

商业地产项目开发投资的类型复杂多样，不同的投资项目具有不同的特点和不同的抗风险能力。因此，风险对策研究应有很强的针对性，要结合投资项目的不同类型，针对特定项目主要的或关键的风险因素提出必要的措施，将风险因素的影响降低到最小限度。

3）可行性原则

在商业地产项目开发投资可行性研究阶段所进行的风险应对研究应建立在现实客观和对商业地产市场充分研究的基础之上，提出的风险应对措施在财务、技术等方面是切实可行、可操作的。

4）经济性原则

规避和防范风险是要付出代价的，如果提出的风险应对措施所花费的费用远大于可能造成的风险损失，该应对措施将毫无意义。在风险应对研究中应将规避和防范风险措施所付出的代价与该风险可能造成的损失进行权衡，旨在寻求以最少的费用获取最大的风险效益。

2. 商业地产项目开发投资风险的主要应对方法

1）风险自留

风险自留是指商业地产项目开发投资者以自身的财力来负担未来可能的风险损失。风险自留包括两个方面的内容，即承担风险和自保风险。承担风险和自保风险都是商业地产项目开发投资者以自己的财力来补偿风险损失，区别在于后者需要建立一套正式的实施计划和一笔特别的损失储备（或者基金），前者无须建立这种实施计划和损失储备（或者基金），当损失发生时，直接将损失摊入成本即可。

（1）承担风险。承担风险是指某种风险不可避免或该风险的存在可能获得较大利润或较少支出时，企业本身将风险承担下来，自身承受风险所造成的损失。它分为两类：一是消极的自我承担，是由于没有意识到风险的存在，因而没有处理风险准备时，或明知风险存在，却因某些原因低估了潜在的损失程度时，所产生的风险自留；二是积极的自我承担，是指企业自己承担风险比其他风险应对更经济合理，或者预计损失不大，企业有能力自我承担的情况。承担风险要考虑企业的财务承受能力，其适用范围为：①用其他方法处理的成本大于自我承担风险的代价；②有些风险虽然也会带来经济损失，但由于损失规模较小，对商业地产项目开发投资者影响不大；③不可能转移出去的风险；④风险管理人员由于缺乏规避和防范风险的技术知识，或疏忽处理而造成的风险损失。

（2）自保风险。自保风险是企业本身通过预测其拥有的风险损失发生的概率与程度，并根据企业自身的财务能力预先提取基金以弥补风险所致损失的积极的自我承担。自保风险用于应对那些损失较大的商业地产项目风险，由于这些风险带来的损失较大，无法直接摊入成本，所以需要采用自保风险的办法。自保风险通常是根据对未来风险损失的测算，采取定期摊付、长期积累的方式在企业内部建立起风险损失基金，用以补偿这些风险带来的损失。自保风险与保险经营的基本原理基本一致，但是由于自保风险的损失成本在一个企业内部进行，因而商业地产项目开发投资者只需支付实际损失额，而免除了保险公司的利润和管理费。自保风险主要有以下3种表现形式：①将风险损失摊销计入成本；②建立和使用内部风险损失基金；③组织和经营专业自保公司，降低企业总体风险水平，提高收益能力。

2）风险转移

风险转移是指商业地产项目开发投资者以某种方式将风险损失转移给他人承担，是商业地产项目开发投资者处理风险的一种重要方法。对于任何一个商业地产项目开发投资者而言，因其财务能力有限，故其风险自留的能力也有限。在商业地产项目开发投资活动中，有些商业地产项目的风险可能会给投资者带来灾难性的损失，以商业地产项目开发投资者自身的财务能力根本无法承担，因此，商业地产项目开发投资者必须采用风险转移的方法将商业地产项目开发投资的风险转移出去。商业地产项目开发投资风险的转移可采用多种方法，如参加保险、租赁等。风险转移的主要形式是通过契约或合同将损失的财务负担和法律责任转移给非保险业的其他人，以达到降低风险发生频率和缩小损失程度的目的。

（1）契约性转移。在商业地产项目开发投资中，契约性转移主要包括预售、预租，出售一定年限的商业地产项目使用权，项目工程总包与分包等方式。投资者在开发过程中通常采用预售、预租这两种销售方式将风险转移出去，这样可以把房价下降、租金下降及项目空置带来的风险转移给客户、承租人。出售一定年限的商业地产项目使用权是把物业一定年限的使用权出售出去，到期后投资者收回该商业地产项目的使用权。这种做法一般多见于商业物业，这种风险转移的方式可以为投资者筹集资金，加快资金流动。项目工程总包与分包是指投资者与开发商签订总承包合同后，开发商将承揽的工程再分包给各建筑商进行施工建设。投资者使用这种方式可以把因工期延长、建筑施工质量低下引起的风险转移给承包商。

（2）项目资金证券化。项目资金证券化是指商业地产项目的直接投资转化为有价证券的形态，使投资者与标的物之间由直接的物权关系转变为以有价证券为承担形式的债券债务关系。用商业地产项目资金证券化转移风险一般有以下两种途径。

① 发行股票、债券等有价证券筹集项目资金。这种方法能较好地转移风险。首先，通过发行股票，每个持票人都是该项目的股东，股东在分享权益的同时，也承担项目的风险，从而把项目一定比例的风险转移给了其他股东。其次，发行债券，虽然债券到期可以兑换，但发行债券可以把在持有期内因利率变动所引起的融资成本加大的风险转移出去。最后，股票可以转让，这可以增加不动产的流动性，发行股票的筹资者可以在自己认为必要时，随时抛售自己所占的股票份额来转移投资风险。

② 成立商业地产项目投资信托机构。投资者将项目资金交给商业地产项目开发投资信托机构，并得到相应的有价证券，投资者凭有价证券收取相应的利润。这样投资者就能把自己开发经营所引起的风险转移给商业地产项目开发投资信托机构。

3）风险组合

这种方法是将那些类似的但不会同时发生的风险集中起来考虑，从而能较为准确地预测未来风险损失发生的状况，并使这一组合中发生风险的损失部分，能得到其他未发生风险损失且取得风险收益部分的补偿。例如，商业地产项目开发投资者分别将资金投入住宅与办公楼，如果投入住宅的部分遭受损失，而投入办公楼的部分不但没有遭受损失，而且获得了较高的收益，则投入办公楼部分的收益就可以用来补偿投入住宅部分遭受的损失。

风险组合可以通过投资者将所面临的风险单位进行空间与时间的分离来达到减轻风险损失的目的。商业地产项目独立性的增加和相关性的降低，在其他因素不变的情况下，是能够减轻风险的。风险组合也可以通过增加风险单位数量来提高企业预防未来损失的能力，商业地产项目开发投资者可以通过企业合并或内部扩大规模从事多种经营来规避风险。

4）风险预防

风险预防是投资者在商业地产项目开发投资风险发生前采取某些具体措施，以消除或减少引致风险损失的各项风险因素，从而实现降低风险损失概率，同时达到降低风险损失程度的作用。风险预防是商业地产项目开发投资风险管理中最适用的一种方法，在整个商业地产项目开发过程中的各个阶段都有广泛的应用价值。风险预防一般有以下主要措施：一是防止危险因素的产生；二是减少已经存在的危险因素并对其进行监控；三是对风险因素进行时间和空间上的隔离；四是加强投资方保护能力；五是稳定、修复和更新受损对象；六是风险预防的评价；七是对下一步的预防目标进行审核和规划。

5）风险回避

风险回避是指商业地产项目开发投资者通过对商业地产项目开发投资风险的识别和估计，发现某项商业地产项目开发投资活动可能带来巨大的风险损失，采取事先避开风险源或改变投资方式，主动放弃或拒绝实施这些可能导致风险损失的投资活动，以消除风险隐患。这是一种相对最为彻底的处理手段，是一种完全自给自足型的风险管理技术，有效的回避措施可以在商业地产项目投资风险事件发生之前完全消除其给投资者造成某种损失的可能，而不再需要实施其他风险管理措施。

但是，风险回避虽然可在一定程度上有效地消除风险源，但它的应用却有很大的局限性。例如，风险回避只有在投资者对风险事件的存在与发生、风险损失严重性完全确定时才有意义，而投资者不可能对商业地产项目投资中所有的风险都能进行准确的识别和估计。又如，采用风险回避能使公司遭受损失的可能性降为零，但同时也会使获利的可能性降为零。因此，一般来说，只有在某些迫不得已的情况下才采用风险回避。

3. 商业地产项目开发投资风险的防范策略

商业地产项目开发投资风险管理的最终目的在于对商业地产项目开发投资风险采取有效的防范措施，以减少和避免商业地产项目开发投资风险。在商业地产项目开发投资的实际运行中，最常用的风险防范策略如下。

1）保险策略

向专业保险公司投保是防范商业地产项目开发投资风险的一种十分重要的策略。商业地产项目保险业务主要是指以房屋设计、营建、销售、消费和服务等环节中的房屋及其相关利益和责任为保险标的的保险。对于商业地产项目开发投资者来说，购买保险是十分必要的，它是转移或减少风险的主要途径之一。保险对于减轻或弥补商业地产项目开发投资者的损失，实现资金的循环运动，保证商业地产项目开发投资者的利润等方面具有十分重要的意义，尤其对于增强投资者的信誉，促进商业地产项目经营活动的发展具有积极作用。

2）投资分散策略

投资分散策略是以分散投资的方法防范商业地产项目的投资风险，其做法一般如下。

（1）投资区域分散。商业地产项目的特点决定了商业地产项目市场具有很强的区域性特点，由于各个地区、各个城市的经济政策、投资政策、地理区位、市场条件和资金供求等各不相同，对商业地产项目开发投资收益的影响也就各不相同。经济景气程度在各个地区之间也存在着很大的差异，将商业地产项目开发投资分散于不同的地区，就能避免在某一特定地区经济不景气对商业地产项目经营的影响，从而达到降低商业地产项目开发投资风险的目的。

（2）投资种类分散。商业地产项目开发投资虽然有风险，但在一定时期内，并不是所有的商业地产项目开发投资都必然遭受损失，风险只是不利事件发生的可能性，并不一定都能变成现实。在同一时期内，有些商业地产项目开发投资风险将变为现实，有些则不一定，而且各种不同类型的商业地产项目开发投资的风险大小不一，可能获得的收益也大小不一。对投资者来说，分散商业地产项目开发投资种类可能使得一种商业地产项目开发投资风险发生了，但另一种商业地产项目开发投资风险却没有发生，而是获得了可观的风险收益，这样就使得商业地产项目开发投资者的整体风险降低了。

（3）投资时间分散。确定一个合理的商业地产项目开发投资时间间隙，以避免因市场变化而带来的损失。一般来说，当商业地产项目开发投资先导指标发生明显变化时，如经济增长率和人均收入从周期谷底开始回升、贷款利率从高峰开始下降等，则预示着商业地产项目开发投资将进入扩张阶段，此时为商业地产项目开发投资的有利时期。

3）融资策略

投资于某项商业地产项目，若其风险较大，超过投资者自身的承担能力，或者经营某项商业地产项目的前景难以把握，高风险与利润交织在一起，则商业地产项目开发投资者就可以采取融资策略防范风险。融资策略就是运用发行股票的方式，融入股本，并将风险分散于社会——每个股东。

4）联合策略

联合策略就是组织多个商业地产项目开发投资者，联合起来共同对某商业地产项目进行开发投资，它要求合作者共同进行开发投资，利益共享，风险共担，充分调动投资各方的积极性，最大限度地发挥各自的优势，从而减轻独自经营该项目的风险。

总之，商业地产项目开发投资风险应对及防范可以归纳为两大途径：一是在风险损失发生之前，采取各种预防措施，力求避免或减少风险；二是在风险损失发生之后，采取一定的措施对风险损失进行补偿。

小 结

本学习情境主要对商业地产项目进行介绍，要求学生熟悉商业地产市场分析、开发规划设计分析，掌握商业地产项目开发定位分析、业态组合分析等，能够熟练编制全部投资现金流量表、自有资金现金流量表、资金来源与运用表、利润表、借款还本付息表，准确计算基本的财务指标，并根据财务指标进行可行性分析，初步进行风险决策分析。

练 习 题

一、单项选择题（每题的备选答案中只有1个最符合题意，请把正确答案的编号填在对应的括号中）

1. 在某商业地产项目开发建设过程中，如果不能如期取得政府的相关许可，则该商业地产项目将面临（   ）。

  A. 政策风险　　　　　　　　　　B. 市场风险
  C. 财务风险　　　　　　　　　　D. 信用风险

2. 甲、乙两个商业地产项目2020年10月的价值均为1 100万元。预计2021年10月甲项目的价值为1 200万元和1 000万元的可能性均为50%，乙项目的价值为1 300万元和900万元的可能性也均为50%。甲、乙两个项目投资风险比较的结果是（   ）。

  A. 甲项目投资风险大

  B. 乙项目投资风险大

  C. 甲、乙两个项目的投资风险相同

  D. 难以判断甲、乙两个项目的投资风险大小

3. 某商业地产项目开发投资有甲、乙、丙三个方案，经测算，三个方案净现值的期望值分别为 $E_甲$=1 500万元、$E_乙$=1 800万元、$E_丙$=2 200万元，净现值的标准差分别为 $\sigma_甲$=890万元、$\sigma_乙$=910万元、$\sigma_丙$=1 200万元，则该项目投资方案的风险从小到大排列顺序正确的是（   ）。

  A. 乙＜丙＜甲　　　　　　　　　　B. 甲＜乙＜丙
  C. 丙＜甲＜乙　　　　　　　　　　D. 乙＜甲＜丙

二、多项选择题（每题的备选答案中有2个或2个以上符合题意，请把正确答案的编号填在对应的括号中。全部选对的，得2分；错选或多选的，不得分；少选且选择正确的，每个选项得0.5分）

1. 下列风险中，属于商业地产项目开发投资系统风险的有（　　）。
   A. 市场供求风险　　　　　　　B. 变现风险
   C. 利率风险　　　　　　　　　D. 时间风险
   E. 资本价值风险

2. 在利用预期收益的期望值和标准差进行项目比选时，下列表述中正确的有（　　）。
   A. 期望值相同，标准差小的为优　　B. 标准差相同，期望值小的为优
   C. 标准差相同，期望值大的为优　　D. 标准差系数大的为优
   E. 标准差系数小的为优

三、计算题（要求写出计算过程；需按公式计算的，要写出公式；仅有计算结果而无计算过程的，不得分。计算结果保留到小数点后两位）

某开发商购得一宗商业用地的使用权，期限为40年，拟建一商场出租经营。据估算，项目的开发建设期为2年，第3年即可出租。经过分析，得到以下数据。

（1）项目建设投资为1 800万元。第1年投资1 000万元，其中资本金为400万元；第2年投资800万元，其中资本金为230万元。每年资金缺口由银行借款解决，贷款年利率为10%。建设期只计息不还款，从第3年开始采用等额还本并支付利息的方式还本付息，分3年还清。

（2）第3年租金收入、经营税费、经营成本分别为2 000万元、130万元、600万元。从第4年起每年的租金收入、经营税费、经营成本分别为2 500万元、150万元、650万元。

（3）计算期（开发经营期）取20年。

请根据以上资料，完成下列工作。

（1）编制自有资金现金流量表（不考虑所得税）。

（2）若该开发商要求的目标收益率为15%，计算该投资项目的净现值（设所有的投资和收入均发生在年末）。

实 训 题

结合当地城市发展情况，帮助某企业出具一份商业地产项目的开发投资分析报告。

一、实训的意义和目的

商业地产项目开发投资分析实训是整个教学过程中不可缺少的重要环节，也是对学生进行实际工作能力培养的重要途径，使学生毕业后能很快进入角色，适应工作。同时，商

业地产项目开发投资实训也是检验学生在校期间的理论知识是否与实践结合起来的有效方法，更能增强学生对专业的热爱和职业的责任感。

实训的主要目的：使学生能把所学专业知识的基本理论、基本知识和基本技能应用到实际工作中，锻炼和提高学生综合运用所学知识解决实际问题的能力。

二、实训任务和要求

1. 实训任务

以小组为单位完成某商业地产项目的开发投资分析报告，具体内容见表5-20。

表5-20 具体内容

序号	项目名称	具体内容
1	商业地产市场调查	（1）商业地产项目投资环境：政治、法律、经济、文化教育、自然条件、城市规划、基础设施等环境，已经发生的或将要发生的重大事件或政策； （2）商业地产项目市场状况： ① 供求状况，包括相关地段、用途、规模、档次、价位、平面布置等商业地产项目供求状况，如供给量、有效需求量、空置量和空置率等。其中供给量应包括已完成的项目、在建的项目、已审批立项的项目、潜在的竞争项目及预计它们投入市场的时间； ② 商业地产项目的价格、租金和经营收入； ③ 商业地产项目开发和经营的成本、费用、税金的种类及其支付的标准和时间等
2	商业地产项目策划	项目区位、开发内容和规模、开发时机、开发合作方式、项目融资方式和资金结构、商业地产项目产品经营方式的分析与选择
3	商业地产项目开发投资与成本费用估算	（1）开发建设投资，主要包括土地费用、前期工程费、基础设施建设费、建筑安装工程费、公共配套设施建设费、财务费用、管理费用、销售费用、开发期税费、其他费用及不可预见费等； （2）开发建设投资在开发建设过程中形成以出售和出租为目的的开发产品成本和以自营自用为目的的固定资产及其他资产，应注意开发建设投资在开发产品成本与固定资产和其他资产之间的合理分摊划转； （3）经营资金
4	商业地产项目收入估算与资金筹措	（1）商业地产项目租售计划，包括拟租售的商业地产项目类型、时间和相应的数量、租售价格、租售收入及收款方式； （2）租售价格应根据商业地产项目的特点确定，一般应选择在位置、规模、功能和档次等方面可比的交易实例，通过对其成交价格的分析与修正，最终得到商业地产项目的租售价格； （3）资金筹措计划主要是根据商业地产项目对资金的需求以及投资、成本与费用使用计划，确定资金的来源和相应的数量，商业地产项目的资金来源通常有资本金、预租售收入及借贷资金3种渠道； （4）定期编制销售收入、经营税金及附加估算表，租金收入、经营税金及附加估算表，自营收入、经营税金及附加估算表，投资计划与资金筹措表
5	商业地产项目财务评价	（1）编制的基本财务报表，主要有现金流量表、资金来源与运用表、利润表； （2）财务指标测算
6	商业地产项目风险分析	（1）盈亏平衡分析； （2）敏感性分析； （3）风险分析

2. 实训要求

（1）分析报告字数不得少于10 000字；强调团队合作，更好地完成本人承担的课程实训任务。

（2）每个学生能够独立思考，能对实训内容进行深入分析，观点应有相应的论据（数据）支持。

（3）课程实训分析报告符合要求，语言恰当，符合逻辑。

（4）课程实训应注意遵守考勤纪律，服从指导教师的指导。

（5）按时完成课程实训任务。

（6）查阅相关资料，结合已学过的知识，独立完成，不得抄袭，一经发现取消成绩。

3. 成果要求

（1）每组成员做一种相对合理的方案，即出具一份可行性分析报告。

（2）项目执行团队合作，无差错，指标合理。

（3）可行性分析报告应有封面、目录、正文、附录，并在页面底端标注页码。所有提交文件的打印稿采用A4幅面，正文部分字体为宋体5号字，行距固定值22磅，封面、目录字体、字号自行设计，美观实用即可。

（4）一份完整的Excel电子表格计算表，表格之间有逻辑关系和勾稽关系，财务指标用财务函数公式计算。

（5）附录主要是实训总结。

实训总结主要是对每组本次实训的全面总结（包括个人的学习体会），字数1 000字左右，一般可按以下内容与格式来写。

① 基本情况。

对实训过程的概括介绍与说明，对实训收获与成绩的总评价。这部分要求写得简明扼要，突出要领。字数100字左右。

② 认识与收获。

是对实训的认识与收获的具体阐述，可以分为若干个方面或层次来写。写认识与收获时，不仅要写出有什么样的认识与收获，还应具体地说明这些认识与收获是通过哪些具体的实训过程而获得的，做到观点与材料相统一，既有观点，又有材料，观点统帅材料，材料说明观点。字数300~500字。

③ 问题与不足。

实训总结以肯定成绩为主，但对实训中存在的不足和今后应注意的问题也要实事求是地指出，以利于下一阶段的学习、实践和工作。字数100字左右。

④ 今后的打算。

实训总结的结尾部分，在进一步肯定成绩、明确方向的同时，针对存在的问题提出改正办法。字数100字左右。

三、进度要求及评分标准

1. 进度要求（表 5-21）

表 5-21 进度要求

序号	课程实训项目名称	课程实训训练内容	分项学时
1	商业地产市场调查	（1）地块现场勘查与分析； （2）投资环境的调查与预测； （3）市场状况的调查与预测	3
2	商业地产项目策划	（1）项目市场定位； （2）项目规划与建筑设计方案； （3）项目开发进度安排	2
3	商业地产项目开发投资与成本费用估算	（1）估算土地费用、前期工程费、基础设施建设费、建筑安装工程费、公共配套设施建设费、财务费用、管理费用、销售费用、开发期税费、其他费用及不可预见费等； （2）项目投资来源、筹措方式确定； （3）估算开发成本与经营资金估算	3
4	商业地产项目收入估算与资金筹措	（1）安排商业地产项目租售计划； （2）编制资金筹措计划； （3）定期编制销售收入、经营税金及附加估算表，租金收入、经营税金及附加估算表，自营收入、经营税金及附加估算表，投资计划与资金筹措表	2
5	商业地产项目财务评价	（1）编制的基本财务报表（电子表格）； （2）财务指标测算	5
6	商业地产项目风险分析	（1）盈亏平衡分析（电子表格）； （2）敏感性分析（电子表格）	3
7	PPT 汇报、提交成果	（1）PPT 汇报； （2）排版、打印成果	2
		合计	20

2. 评分标准（表 5-22）

表 5-22 评分标准

项目	实训表现	实训成果	实训总结
优秀	态度端正，遵守纪律，出勤率 100%	步骤完整正确、指标合理、排版好、电子表格设置合理且自动计算	内容真实，有感而发，600 字以上
优良	态度较好，遵守纪律，出勤率 95%	步骤比较正确、指标合理、排版好、电子表格设置较合理且自动计算	内容较真实，体会较深，600 字以上
较好	态度一般，遵守纪律，出勤率 90%	步骤比较正确、指标合理、排版较好、电子表格设置基本合理且自动计算	内容较真实，体会一般，600 字以上
合格	态度一般，遵守纪律，出勤率 85%	步骤基本正确、指标合理、排版一般、电子表格设置基本合理且自动计算	内容一般，体会一般，500~600 字
不合格	有较严重的违纪行为或出勤率 80%	步骤不完整或不按要求开展实训	内容空乏，无真情实感，不足 600 字

注：实训结束后，各小组将实训成果交给指导教师。指导教师根据评分标准逐项考核，表中所列考核内容均合格，则实训成绩评定为合格；有一项不合格，则实训成绩评定为不合格。

四、选题

1. 每组同学按照学号顺序从杭州市 2022 年第一期读地手册中选取一幅商业地块。
2. 每组同学按照学号顺序从杭州市 2022 年第二期读地手册中选取一幅商业地块。

附件一 可行性分析报告样例

封面

目录

一、项目总论

1. 项目背景：项目名称、开发企业基本情况、承担可行性研究工作的单位、报告编制的依据、项目建设规模及建设规划情况等。

2. 可行性研究结论及建议：宏观环境分析总结、市场前景预测、投资估算和资金筹措、项目经济效益、社会效益及其环境效益评价、项目综合评价结论及建议。

二、项目概况

项目位置、项目地块现状及地块分析、项目 SWOT 分析等。

三、项目投资环境分析

主要针对宏观经济环境、政策环境、人口环境、城市发展环境等进行分析。

四、项目区域环境分析

主要针对项目所在区域的基本状况、区域规划及重点发展区域、交通规划及重大交通建设项目、区域基础及公共配套设施状况等进行分析。

五、商业地产市场分析

1. 城市总体商业地产市场分析：主要针对城市总体市场供应、需求的数量及结构，价格分布及趋势进行分析。

2. 项目所在区域商业地产市场分析：主要针对区域市场供需的数量及结构、产品价格、客户分布及结构、项目竞争状况等进行分析。

3. 商业地产市场分析总结

六、项目市场定位

产品定位、客户定位、价格定位、项目定位评估及发展设想。

七、项目规划与建筑方案

项目总体规划、环境景观规划、建筑设计方案及布局、道路规划等。

八、项目开发建设进度安排

有关工程计划说明、项目实施安排、项目开发周期及进度计划。

九、投资估算与资金筹措

项目总投资估算、资金筹措、资金使用计划。

十、项目经济效益分析

1. 项目销售及经营收入测算。

2. 项目销售回款计划。

3. 资金来源与运用分析。

4. 项目利润测算。

5. 项目盈利能力分析。

6. 项目偿债能力分析

十一、项目风险分析

1. 项目盈亏平衡分析。

2. 项目敏感性分析。

3. 项目风险分析：项目竞争风险、投资风险、市场风险、筹资风险的分析。

十二、项目社会效益和影响分析

十三、项目可行性研究结论与建议

1. 拟建方案的结论性意见。

2. 项目主要问题的解决办法和建议。

3. 项目风险及防范建议。

参考文献

蔡云，2012. 教你成为商铺投资高手 [M]. 北京：中国建筑工业出版社．

陈建明，2003a. 商铺及商铺投资指南 [M]. 北京：经济管理出版社．

陈建明，2003b. 中国超级购物中心投资开发指南 [M]. 北京：经济管理出版社．

冯力，陈丽，2010. 房地产投资分析 [M]. 北京：化学工业出版社．

国家发展改革委，建设部，2006. 建设项目经济评价方法与参数 [M]. 3 版．北京：中国计划出版社．

黄英，2015. 房地产投资分析 [M]. 北京：清华大学出版社．

刘宁，2009. 房地产投资分析 [M]. 大连：大连理工大学出版社．

刘秋雁，2014. 房地产投资分析 [M]. 4 版．大连：东北财经大学出版社．

谭善勇，2008. 房地产投资分析 [M]. 北京：机械工业出版社．

王建红，2014. 房地产投资分析 [M]. 2 版．北京：电子工业出版社．

王胜，2014. 工程经济学 [M]. 北京：清华大学出版社．

俞明轩，丰雷，2002. 房地产投资分析 [M]. 北京：中国人民大学出版社．

中华人民共和国建设部，2000. 房地产开发项目经济评价方法 [M]. 北京：中国计划出版社．

周小平，熊志刚，王军艳，2011. 房地产投资分析 [M]. 北京：清华大学出版社．